서지학에의 권유
중국의 책 사랑 문화를 배우다

SHOSHIGAKU NO SUSUME
by TAKAHASHI Satoshi
Copyright ⓒ 2010 by TAKAHASHI Satoshi
All rights reserved.
Originally published in Japan by Toho Shoten Co., Ltd.
Korean translation rights arranged with Toho Shoten Co., Ltd.
through Bestun Korea Agency
Korean Translation right ⓒ 2016 HANKOOKMUNHWASA

이 책의 한국어판 저작권은 베스툰 코리아 에이전시를 통해
일본 저작권자와 독점 계약한 '한국문화사'에 있습니다.
저작권법에 의해 한국 내에서 보호를 받는 저작물이므로
무단전재나 복제, 광전자 매체 수록 등을 금합니다.

서지학에의 권유
중국의 책 사랑 문화를 배우다

다카하시 사토시(高橋智) 지음
고인덕 옮김

┃지은이의 말┃

　이 책은 중국 문헌학의 박력을 어떻게 해서든지 일본 서지학과 융합해서 자칫하면 무미건조하다고 생각되는 책의 학문에 활기를 불어넣고 싶어서, 특히 젊은 사람이나 일반인을 대상으로 보잘 것 없는 경험을 부풀려서 가능하면 알기 쉽게, 몇 개의 기둥이 되는 문헌학의 정신을 서술해 본 것입니다. 반복해서 서술한 곳도 있지만 더욱 필요한 항목이라고 생각해주시면 감사하겠습니다.
　이 책에 제시된 기본 사항이나 기본 도서에 부딪혀보면 문헌학의 실천에 관련된 대체적인 소양을 지닐 수 있을 것으로 확신합니다. 서적의 세계는 들어가면 들어갈수록 지식만으로는 해결할 수 없지 않은가라고 생각됩니다. 어떻든 중국의 서적에 관한 학문이 아찔할 정도로 깊고 넓다는 것을 이 책을 읽는 독자들께서도 알 수 있게 된다면 다행입니다.
　이 책은 잡지 『도호東方』에 2003년 1월부터 2004년 12월까지(제Ⅰ부), 2006년 6월부터 2008년 1월까지(제Ⅱ부) 두 차례에 걸쳐서 연재한 것에 새로 쓴 것(제Ⅲ부)을 더하여 한 권의 책으로 정리한 것입니다. 도호東方서점의 가와사키 미치오川崎道雄 씨가 기획하고, 제목도 정해주셨습니다. 그러나 내용이 잡문처럼 되어서 그 기대에 충분히 보답하지 못하였습니다. 그런데도 가와사키川崎 씨는 한 권으로 정리하도록 격려해주셨으며, 또 야마모토 가즈요시山本和義 선생의 권유도 있고 하여, 정리하고자 결심하였습니다. 전체의 구성, 최종적인 장章의 체제나 작은 표제어, 교정은 편집부의 후나야마 아카네船山明音 씨가 모두 맡아주셨습니다. 저를 응원해주신 여러분들께는 이 자리를 빌려 감사드립니다.

옮긴이의 말

 흔히 '서지학'이라고 하면 전공하거나 특별히 관심을 갖고 있는 사람에게 외에는 그렇게 흥미롭다는 인상을 주지는 않는 것 같다는 생각이 역자의 편견이라면 독자들에게 미리 양해를 구한다. 물론 역자도 적을 두고 있는 연구소에서 진행하고 있는 프로젝트와 관련이 깊어서 최근 몇 년 동안에는 서지학에 관심을 가져보려고 노력하고 있기는 하지만 서지학이 그렇게 흥미롭다는 생각은 해보지 못한 것이 사실이다. 그런데 왜 감히 『서지학에의 권유』라는 제목을 가진 이 책을 번역하였는가? 그 이유로 두 가지를 들 수 있다. 하나는 역시 진행하고 있는 프로젝트와 관련이 있기 때문이고, 다른 하나의 이유는 이 책이 중국문학을 전공한 역자에게는 상당히 흥미로웠기 때문이다.
 그러면 왜 이 책이 흥미롭게 느껴졌는가? 그것도 역시 두 가지 점에 기인하는 것 같다. 첫째는, 이 책에 대하여 저자가 서지학을 전공하지 않은 일반인들도 읽을 수 있도록 쉽게 서술하였다고 지은이의 말에서 밝히고 있지만, 이 책의 내용은 어느 서지학 개론서에도 나와 있을 법한 사실들을 열거해놓은 것이 아니고, 저자가 몇 십 년 동안 책 속에 파묻혀 생활하면서 경험한 구체적 사실들 중심으로 기술되어 있기 때문이다. 여기에서 저자를 잠깐 소개하자면, 저자 다카하시 사토시 교수는 사실 역자가 유학 시절 수업도 같이 들은 적이 있는 일본 게이오대학 동문이다. 다카하시 교수는 대학원 시절부터 이미 서지학에 뜻을 두고 책을 수집하기 시작하여, 게이오대학 뿐만 아니라 도쿄도

내의 중국 고전을 전공하는 대학원생들 사이에서 유명하였다. 그 때 역자가 게이오대학이 아닌 다른 학교의 중국 고전문학을 전공하는 대학원생들에게서 들은 다카하시 교수의 별명이 '책 귀신'이었다. 집에 가면 책으로 발 디딜 틈이 없다는 얘기이었다. 그래서 일찍이 대학원 박사과정 때 서지학으로 유명한 게이오대학의 시도斯道문고에 조수로 발탁되었는데, 그 이후로 지금까지 몇 십 년 동안 책 속에 파묻혀 생활하고 있는 것이 다카하시 교수의 일상이다. 아마 모르긴 해도 역자 개인적인 생각으로는 다카하시 교수가 현재 일본의 서지학계에서 한적漢籍을 가장 많이 접해본 사람이라고 할 수 있지 않을까 싶다. 그렇기 때문에 다카하시 교수의 서지학은 지식으로 알고 있는 그 이상이라고 말할 수 있을 것이다. 당연히 그러한 경험들이 이 책에 녹아 있어서, 내용이 매우 구체적이기 때문에 상당한 흥미를 유발한다.

또 다른 하나는 저자가 지은이의 말에서 중국 문헌학의 박력과 일본 서지학을 융합하여 자칫하면 무미건조하다고 생각되는 서지학에 활기를 불어넣고 싶어서 이 책을 저술하였다고 얘기하고 있듯이, 이 책은 중국 근현대 시기 문헌학(서지학)의 역동성과 일본 서지학을 융합하여 서술함으로써 서지학을 정치 사회적인 배경 속에서 바라볼 수 있게 하여 서지학을 바라보는 시야를 넓혀준다. 중국의 문헌학이 정치적으로 나라가 안정되지 못하였던 20세기 초반 민국 시대에 전성기를 맞이하였고, 또 최근에 국가적 차원의 발양으로 부흥기를 맞고 있다는 사실은 매우 인상적이다. 이러한 부분에 특히 중국의 서적 문화의 저력이 유감없이 드러나 있다고 할 수 있을 텐데, 서지학이 이처럼 정치 사회와 밀접한 관련이 있다는 사실은 서지학은 책에만 관련된 학문일 것이라는 편견을 갖고 있는 독자들로 하여금 이 책의 내용

및 서지학에 대하여 보다 흥미를 느끼게 할 수 있을 것이다.

또한 이 책의 특징 가운데 하나로서 여기서 지적해야할 것은, 이 책이 중국과 일본의 서지학을 함께 다루고 있다는 점이다. 중국과 일본의 서지학은 당연히 서로 다른 특징이 있는데, 그것을 상징적으로 나타내주는 것은 용어이다. 즉, 중국에서는 '서지학'이라는 말을 사용하지 않으며, 그에 해당되는 것은 '문헌학'이다. 반면 일본에서는 '서지학'이라는 용어를 사용하고 있는데, 그러고 보면 한국에서 통용되고 있는 '서지학'이라는 어휘는 일본식 용어라는 것을 알 수 있다. 이 책의 본문에 의하면, 중국과 일본의 서지학은 용어뿐만 아니라 책을 대하는 태도 등 여러 가지 점에서 서로 다른데, 저자는 이 부분에 대하여 "중국에서 태어난 서적은 중국인의 감각으로 파악하지 않으면 안 되며, 그 책이 일본에 건너온다면 일본인의 감각으로 파악해야 한다."라고 특별히 강조하고 있다. 그렇다면 자연스럽게 한국의 서지학은 어떠한가라는 생각이 드는데, 만약 저자가 한국의 서지학에 대하여 잘 알고 있었으면 틀림없이 이 책에서 함께 다루었을 것이나, 거기까지는 여력이 없었을 것이니 이 부분은 한국의 서지학자들께 기대하는 바이다. 사실 역자는 서지학의 전문가가 아니어서 이 책을 번역하는 것에 대해서도 혹시 누가 되지 않을까 조심스럽다.

이 책의 또 하나의 특징은 모두 130여 매 이상의 풍부한 도판을 사용하였다는 점이다. 서지학이라는 학문의 특성상 납득이 가는 일이기는 하지만 모든 서지학 서적이 풍부한 도판을 사용하고 있는 것은 아니다. 이 것은 이 책의 본문에서도 얘기하고 있는 바와 같이 서지학의 참다운 맛은 오직 원본을 보는 것이라는 저자의 학문적 신념에 의한 것이라고 생각된다. 즉, 서지학에서 원본을 보지 않는 것은 마치 명승지에서 안으로 들어가지 않고 담장 밖에서 배회하는 것과 같다고 하는데, 원본을 볼 수 없으니 사진으로 대신하는 것이다. 즉, 사진을 보는 것이 원본을 보는 것에는 물론 못 미치겠지만, 풍부한 도판들은 결과적으로 서술에 구체성을 부여함과 동시에 독자로 하여금 더 흥미를 느낄 수 있게 할 것으로 생각된다.

저자는 이 책을 젊은 사람이나 일반인들도 읽을 수 있도록 알기 쉽게 썼다고 하는데, 역자의 입장에서는 이 책을, 특히 동아시아의 고전 공부에 뜻을 둔 젊은 학생들이 읽어주었으면 하는 바람이다. 왜냐하면 위에서 서지학에서 원본을 보지 않는 것은 명승지에서 안에 들어가지 않고 담장 밖에서 배회하는 것이라고 하였지만, 그와 비슷한 얘기로 서지학자 구팅룽顧廷龍 씨가 "학문을 하면서 목록과 판본의 학문(즉, 서지학)을 배우지 않으면, 명승지를 방문하여 담장 밖을 배회하는 것과 같다"라고 말한 것이 또 본문에 소개되었는데, 동아시아의 고전을 연구하는 사람이라면 누구에게나 어느 정도의 서지학적 소양이 필요하다고 생각되기 때문이다. 고전을 연구하다보면 어떤 지점에서는 반드시 판본의 문제, 교감의 문제 등 서지학적 문제에 부딪히게 되는데, 그러한 때 서지학적인 기초 소양이 있으면 문제 해결에 많은 도움이 될 것이기 때문이다.

마지막으로 덧붙이고 싶은 것은, 이 책을 읽고 나면 저자의 바람대로 중국 서적 문화의 저력을 잘 알게 될 것으로 생각되는데, 그 뿐만 아니라 저자인 다카하시 사토시 교수의 책에 대한 사랑과 서지학에 대한 열정도 잘 느낄 수 있을 것이다. 다카하시 교수는 또한 서지학에서 중국과 일본의 다름을 강조하면서도, 중국 서적 문화의 깊음과 넓음을 인정하고, 받아들일만한 것은 받아들이겠다는 열려있는 태도를 지니고 있는데, 이 또한 학문하는 사람의 바람직한 태도라고 행각된다. 이 책의 내용뿐만 아니라 저자의 이와 같은 태도, 서지학에 대한 높은 뜻(志)도 이 책으로 하여금 일본에서 서지학 분야의 책을 대상으로 3년에 한 번씩 수상하는 게스너 상을 받게 한 하나의 요인이 아닌가 생각된다.

  그리고 이 책을 출판해 주신 한국문화사와 시간이 넉넉지 않은 상황에서도 편집에 최선을 다해주신 한국문화사의 이은하 선생님께 감사드린다.

신촌에서
고 인 덕

• 일러두기 •

1. 고유명사 등 한글만으로는 의미파악이 어려운 어휘는 가능하면 처음 나올 때 한자를 병기하고 연이어 나올 때에는 병기하지 않았다. 다만 앞에서 나온 말이 중간에 나오지 않다가 뒤에서 다시 나왔을 경우에는 한자를 다시 병기하였다.
2. 괄호 안에 들어있는 책이름, 출판사 이름 등에는 한글음을 병기하지 않았다.
3. 도판 설명의 한자 고유명사에는 지면 관계상 한글음을 병기하지 않았다. 대부분 본문 안에 나오는 것이기 때문에(본문에서는 한글음을 병기하였음) 정보전달 만을 목적으로 가능하면 한자로 써주었다.
4. 중국의 인명은 주요 활동시기가 중화민국 성립(1912년) 이후이면 현대 중국어 발음으로, 그 이전이면 한글 발음으로 표기하였으며, 지명은 모두 중국어 발음으로 표기하였다. 다만 고유명사라고 하더라도 나라 이름 등 한글발음이 더 익숙한 것은 한글 발음으로 표기하였다.
5. 인명이나 지명 등의 고유명사와 보통명사가 합하여 만들어진 어휘는 인명이나 지명은 원어식 표기로, 나머지 부분은 한글음으로 표기하였다. 가령 '베이징도서관北京圖書館'과 같은 예이다.
6. 일본어의 인명과 지명 등의 한자 발음은 일본어 발음으로 표기하였다.
7. 번역하는 과정에서 발견한 오자 등은 저자와 협의하여 수정하였다.
8. 이 책의 주석은 역자가 붙인 역주이나, 원저의 본문 안에 들어있던 도서 정보 등을 주석에 포함시키기도 하였다.

∥차례∥

- 지은이의 말 • v
- 옮긴이의 말 • vii
- 일러두기 • xii

서지학에의 권유 ··· 1
  1. '서지학'이란 무엇인가? ··· 3
    1) 근대 중국에서의 '서지학' 부흥 ·· 3
    2) '서지학'과 '문헌학' ·· 8
  2. 중국 '문헌학'의 현황 ·· 12
    1) 원본을 배우다 - 서영書影과 영인影印 ································· 12
    2) 중화재조선본中華再造善本 ··· 17
  3. '선본善本'이 의미하는 것 ·· 21
    1) '선본'의 가치관 ·· 21
    2) '선본'을 구하는 장서가들 ·· 25
  4. 서적의 이산離散과 완벽함 ··· 29
    1) 영본零本과 족본足本 ··· 29
    2) 일본 고사본古寫本의 이산과 재회 ······································ 33
    3) 책은 사람을 부른다 ·· 37
  5. 선본에의 길 ·· 42
    1) 책의 크기와 표지의 빛깔 ·· 42
    2) 책의 무게 ··· 46
    3) 서문과 발문跋文 ··· 50
    4) 책의 봉면封面 ··· 54
    5) 행수行數와 자수字數(1) - 장뱌오江標의 발상전환 ············· 58
    6) 행수行數와 자수字數(2) - 그 문헌학적 의미ㆍ····················· 62

6. 선본의 아름다움 ··· 67
   1) 인기印記(1) - 장서인藏書印의 아름다움 ···················· 67
   2) 인기印記(2) - 문인들 미의식의 연원 ······················· 71
   3) 비교批校(1) - 그 흥성과 인쇄술의 발달 ···················· 76
   4) 비교批校(2) - 계승되는 영위營爲와 최종 목적 ············· 80
   5) 송판의 아름다움(1) - 중국 인쇄사상의 위치 ··············· 83
   6) 송판의 아름다움(2) - 시대 감정鑑定의 엄격함 ············· 87
   7) 송판의 아름다움(3) - 자양字樣의 아름다움 ················ 90
7. 서지학을 지탱하는 것 ··· 94
   1) 꿈과 현실 ··· 94
   2) 소소한 우호 ·· 98

II

서적의 생애 ·· 103
1. 서적과 여행 ·· 105
   1) 베이핑北平에서 지룽基隆으로(1911~1949) ················ 105
   2) 타이중에서 베이거우北溝로(1949~1954) ··················· 108
   3) 베이거우에서 타이베이로(1955~1966) ····················· 112
   4) 타이베이고궁박물원臺北故宮博物院의 발전(1966~1983) ·· 116
   5) 서적과 여행(1) - 양수경楊守敬·관해당觀海堂 소장본 외 119
   6) 서적과 여행(2) - 구용瞿鏞·철금동검루鐵琴銅劍樓가
      소장하였던 책 ·· 123
   7) 서적과 여행(3) - 일본에 전파된 『논어』와 『상서』 ········ 127
2. 서적의 탄생 ·· 131
   1) '서書'의 탄생과 '본本'의 탄생 ······························· 131
   2) 서적과 저자 ·· 135
   3) 서적과 서문序文·제발題跋 ·································· 139
   4) 서적(本)의 생년월일과 호적 ································· 143
   5) 사본寫本의 탄생 ·· 147
   6) 일본의 사본寫本 ·· 151
3. 서적의 종언과 재생 ·· 155
   1) 서적의 연령이란? ··· 155

2) 서적 해체 사업 - 유서類書의 편찬 ·· 159
   3) 서적의 자료 보존 - 판목版木 ··· 163
   4) 판목에 의한 연구 ·· 167
   5) 서적의 변신 ·· 171
  4. 재조再造와 감정鑑定 ··· 175
   1) '재조再造'는 복제인가, 위조품인가? ······································ 175
   2) 융화하는 '재조再造'와 '감정鑑定' ·· 179

III

서지학의 미래 ·· 183
  1. 양수경楊守敬의 서적 구입 ·· 185
   1) 양수경과 네모토 쓰메根本通明의 교류 ································· 185
  2. 서적의 집산集散(1) - 분서焚書로부터『사고전서』의
    수난까지 ·· 189
   1) 분서로부터 황소黃巢의 난까지 ··· 189
   2) 송·원·명대 ·· 194
   3)『영락대전』과 명대 장서의 수난 ·· 199
   4)『고금도서집성』과『사고전서』······································· 203
   5)『사고전서』의 재난 ··· 207
   6) 궁궐 안의 화재 - '천록림랑天祿琳琅' 등 ···························· 211
   7) 사가장서의 재난 - 강운루絳雲樓 등 ···································· 215
  3. 서적의 집산集散(2) - 일본에 건너간 서적의 귀향 ··············· 219
   1) 행운과 귀향 ·· 219
   2) 양수경으로부터 명가로(1) - 리성둬李盛鐸의 장서 ········ 223
   3) 양수경으로부터 명가로(2) - 반潘 씨 보례당寶禮堂·
    마나세曲直瀬 집안 요안인養安院의 장서藏書 ···················· 227
   4) 얻기 어려운 만남 ·· 230
   5) 류허六合 서徐 씨의 서적 구입(1) - 서승조徐承祖가 일본에
    사신으로 와서 취득한 것 ·· 234
   6) 류허六合 서徐 씨의 서적 구입(2) - 인기印記가 나타내는
    유전流轉의 실태 ··· 238
   7) 징저우荊州 톈우자오田吳炤의 서적 구입 - 푸허우伏侯가

차례 | XV

         일본에서 정력적으로 모은 것 ·· 242
4. 고적古籍의 유통사 연구와 고적 보사普查 ························· 246
   1) 고적의 유통사 - 장서인藏書印의 기능 ···························· 246
   2) 고적의 보사普查(1) - 광대한 시야 ································· 250
   3) 고적의 보사(2) - 상세한 신원 조사 ······························· 253
5. 서지학의 실현 - 총체와 상세함 ·· 257
   1) 서지학의 실현 - 총체와 상세함 ····································· 257
   2) 서지학의 미래 - 독서와 교감 ··· 261

- 參考文獻 • 266
- 주요한 한적 소장 기관 데이터베이스 • 268
- 찾아보기 • 273

I

서지학에의 권유

1. '서지학'이란 무엇인가?

1) 근대 중국에서의 '서지학' 부흥

서지학이란 도대체 무엇인지를 정의하기는 어렵다. 서적에 관한 학문인 것은 틀림없다. 근대 중국에서 서지학은 우여곡절을 겪으며 커다란 학문으로 발전하였다. 우선 그 개요를 살펴보기로 하자.

청나라 왕조가 끝나고 중화민국의 시대에 들어가자, 전통적인 목판인쇄에 의한 학술서가 연활자鉛活字에 의한 인쇄(배인排印), 서양식 장정, 서양식 연구방법을 도입한 것으로 많이 바뀌었다. 또 '기간期刊(일간을 제외한 정기 간행물)'이라고 불리는 잡지가 증가하여, 문학작품이나 학술논문을 각종 잡지에서 볼 수 있게 되었다. 문헌자료의 정리는 드디어 새로운 시대를 맞이하게 되었다. 한편 옛 서적은 청말의 사대장서가 가운데 육심원陸心源의 벽송루皕宋樓는 일본의 세카도靜嘉堂문고로 옮겨졌으며, '남구북양南瞿北楊'(장쑤성江蘇省 창수常熟 구瞿 씨의 철금동검루鐵琴銅劍樓, 산둥성山東省 랴오청聊城의 양楊 씨 해원각解源閣)과 난징南京의 정丁 씨 팔천권루八千卷樓는 그 일부가 흩어지는 것에 그쳤다. 하지만 대부분 장서가들의 책이 흩어져버렸고, 푸쩡샹傅增湘(1872~1949), 리성둬李盛鐸(1859~1934) 등 새로운 장서가가 활약하기 시작하였다. 그리고 눈에 띄는 것은, 이와 같은 옛 책과 새로운 책을 모두 지탱하는 임무를 맡은 것은 청말의 서원書院이나 학당이 개편되어 당시 여기저기에 세워진 도서관이라는 조직이었다는 점이다. 가령 베이징에는 선통宣統1년(1909)에 경사도서관京師圖書館이 성립하였다. 목록학자인 먀오취안쑨繆荃孫(1844~1919)이 감독하였으며, 돈황경敦煌經이나 『사고전서四庫全書』 등의 특수한 자료를 비롯하여, 각지의 장서가로부터 선본善本을 수집하여, 1912년에는 장환江瀚 관장의 주도로 일반인들에게 문을 열었다. 상하이에서는 나중에 동방도서관東方圖書館으로 이름이 바뀌는 함분루涵芬樓가 장위안지張元濟에 의하여 출판사 상무인서관商務印書館의 부설도서관으로서 광서光緒30년(1904)에 설립되었으며, 위대한 영인사업인 『사부총간四部叢刊』을 출판하였다. 또 1907년에 난징南京에 강남도서관江南圖書館이[1]이 성립되자, 각지에서 근대 도서관 체제가 성립하였다. 그리고 도서관의 주요한 사업은 편목반編目班에 의한 목록 제작인데, 『경사도서관선본서목京師圖書館善本書

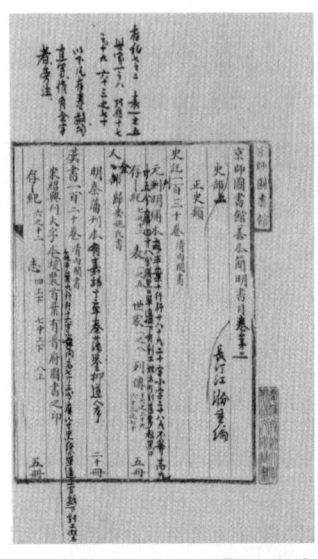

도1 江瀚이 직접 교정한 『京師圖書館善本書目』의 고본稿本

目』(도1)·『장쑤성립국학도서관도서총목江蘇省立國學圖書館圖書總

---

[1] 1907년에 먀오취안쑨繆荃孫의 총괄 아래 난징에 강남도서관江南圖書館이 설립되었으나, 신해혁명 뒤 정국 변동에 따라 이름이 여러 차례 바뀌어서, 1913년에는 장쑤성립도서관江蘇省立圖書館으로, 다시 1929년에는 장쑤성립국학도서관江蘇省立國學圖書館으로 변경되었으며, 1952년에는 국립난징도서관國立南京圖書館과 합병하여 난징도서관특장부南京圖書館特藏部가 되었다.

目』등, 각 도서관은 다투어 목록학의 성과를 발표하였다. 또한『베이핑도서관관간北平圖書館館刊』(1928~1937) 이나『도서관학계간圖書館學季刊』(1926~1937) 등, 서적에 관한 전문잡지가 도서관의 주도 아래 충실해진 것은 주목할 만하다. 요컨대 이 시기는 근대 중국 서지학의 전성기이었다고 할 수 있으며, 그 중심적 역할을 한 것이 도서관이었다는 것은 특히 강조하지 않으면 안 될 것이다. 그러나 그러한 전성기도 잠깐이었으며, 1937년의 루거우차오사건盧溝橋事件[2]을 계기로 서적 문화사업은 커다란 타격을 입었으며, 수많은 서적이 불에 타서 재가 되었다.

구팅룽顧廷龍의 활약

도2 顧廷龍선생

중일전쟁이 한창이었던 1939년, 베이징으로부터 '고도孤島' 시기[3]의 상하이上海에 이주해온 한 사람의 청년 학자가 있었다. 후에 도서관계의 중진이 되는 서지학자 구팅룽顧廷龍(도2)이다. 같은 해에 장위안지張元濟·예징쿠이葉景葵 등이 사립인 합

---

[2] 1937년 7월 7일 밤, 베이징의 루거우차오盧溝橋 근처에서 일어난 일본군과 중국군의 충돌 사건으로, 중일전쟁의 발단이 되었다.

[3] 1937년 11월 12일, 상하이가 일본군에 의하여 함락되었지만, 도시 중심부의 조계는 일본군이 침입하지 못하였기에 이를 일컬어 '고도孤島'라고 칭하였으며, 이러한 상태는 1941년 일본군의 진주만 공격으로 일본군이 조계를 침입할 때까지 계속되었다.

중도서관合衆圖書館(상하이도서관上海圖書館의 전신)을 설립하여, 구팅룽을 그 간사로 초빙한 것이다. 쑤저우蘇州의 선비 집안에 태어나, 청말의 학자 왕퉁위王同愈에게 배우고, 베이징에서 구제강顧頡剛과 함께 『고문상서古文尚書』를 연구하였던 구팅룽은 1937년에 교감학자인 장위章鈺의 장서를 정리하여, 목록학사상 특필할만한 『장씨사당재장서목章氏四當齋藏書目』을 몇 개월 만에 완성하여, 장위안지와 예징쿠이의 눈에 띄었던 것이다. 두 사람의 열의에 마음이 움직여, 구팅룽은 베이징의 옌징대학燕京大學을 떠나, 합중도서관合衆圖書館에서 자료 탐방, 정리, 목록 작성을 하게 되었다. 셋방살이인 주거와 붙어있던 서고로부터 시작하여, 그때까지는 그다지 주목받지 못하였던 명인의 필사본이나 편지, 금석金石의 탁편拓片, 일기, 족보, 기간期刊 등의 수집으로부터, 서고의 온도, 습도, 통풍 등 서적의 보존 방법에 이르기까지, 근대 문물보존의 기초를 실천하여, 『합중도서관장서목록合衆圖書館藏書目錄』의 제작을 비롯하여 많은 성과를 얻었다. 중화인민공화국 성립 후에는 '난구베이자오南顧北趙'라고 일컬어져, 상하이의 구팅룽과 베이징의 자오완리趙萬里(1904~1980)가 고서적의 감정이나 연구를 지도하였으며, 『중국판각도록中國版刻圖錄』(北京圖書館編, 文物出版社, 1960)·『중국총서종록中國叢書綜錄』(上海圖書館編, 中華書局, 1959~1962) 등 불후의 명작을 세상에 내어 놓았다. 서지학은 과연 안전하고 무사한 것처럼 보였다. 그러나 문화대혁명(1966~1976)에 의한 상처는 깊어서, 서지학은 고사하고 도서관 자체의 학술성이 박탈당하였으며, 학자들도 정신적 육체적 고통을 강요당하였다. '초가抄家'라고 칭하여 개인의 도서와 문화의 산물은 모두 압수당하였다. 그러한 압수물로부터 진귀한 자료가 발견된 것은 아이러니컬한 일인데, 구팅룽 씨는 루쉰魯迅의 손편지나 라오서老舍의 『낙타 상자駱駝祥子』의 친필원고를 발견하였던 추억을 말하였다. 특히 장칭 江青 등 사인방四人幇[4]의 수법은 악랄하였다. 즉, 상하이도서관에서 근대 잡지에 실렸던 논문의 종합 색인을 편찬하여, 그 카드로서 글자 수가 천만에 이르는 원고를 준비하였는데, 그들의 손에 의하여 모두 제지공장에 버려졌다고 한다. 구팅룽 씨의 분노는 도저히 말로 표현할 수 없다. 이 암흑시대도 드디어 1976년에 끝이 났는데, 1975년 10월 저우언라이周恩來가 병석에서 "전국의 선본총서목善本總書目을 작성하라"고 지령을 내렸다. 구팅룽 씨는 감동을 억누를 수 없었다고 한다. 스스로 주편主編이 되어 『중국고적선본서목中國古籍善本書目』(도3)의 편찬을 개시하였다. 지수잉冀淑英·선셰위안沈燮元 등을

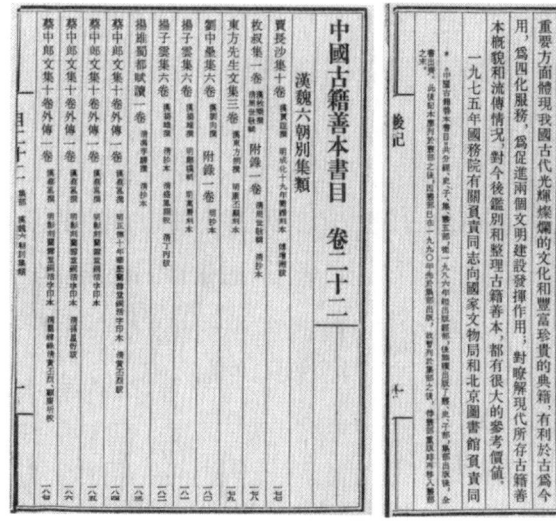

도3 『中國古籍善本書目』권22(후기는 冀淑英이 기록하였다)

---

[4] 중국의 문화대혁명이 끝난 뒤에, 정권 탈취를 기도했다는 죄목으로 체포되어 실각한 장칭江青, 왕훙원王洪文, 장춘차오張春橋, 야오원위안姚文元을 말한다.

부주편副主編으로 하여, 국가사업으로서 전국의 도서관을 끌어들이고, 각 도서관으로 하여금 젊은 서지학자를 육성하게 하여, 전국에 산재하는 13만부에 이르는 선본의 목록을 1995년까지 완성하였다.

이로써 중국의 서지학은 금자탑을 높이 쌓아서, 전성기의 부활을 맞이하게 되었다.

2) '서지학'과 '문헌학'

서지학이 부흥한 현재, 중국의 서지학은 어떠한 상태에 있는가?
그러나 그것을 기술하기 전에 먼저 문헌학이라고 하는 단어의 개념을 설명해두지 않으면 안 된다. 즉, 일본에서 말하는 서지학을 중국에서는 문헌학이라는 말로 표현하며, 중국에는 원래 서지학이라는 단어가 없다. 또 역으로 일본에서는 문헌학이라는 말은 사람들의 입에 오르내리지 않는다.

일본도 중국도 예로부터 서적을 귀중히 여겨온 나라이다. 서적을 사랑하고 연구하는 학문은 어느 쪽도 그 역사가 오래되었다. 근대에 이르러 그러한 학문을 독립된 분야로 확립하려 노력한 사람들에 의하여, 일본에서는 서지학, 중국에서는 문헌학으로 불리어져 현재에 이르게 되었다.

그러면 서적을 사랑한다는 것은 어떠한 것일까?

육심원陸心源과 시마다 간島田翰의 장서인藏書印

앞에서 언급한 청말의 장서가인 육심원陸心源(1834~1894)은, 자신의 별호와 초상을 새긴 도장(장서인)을 귀하게 여기는 귀중본에 눌렀

도4 靜嘉堂文庫에 소장되어 있는 송판 『周禮』의 陸心源 인기印記

는데, 그 도장에는 "존재存齋가 사십오 세 때의 작은 초상(存齋四十五歲小像)"(도4)이라고 쓰여 있었다. 메이지 시대 37세의 젊은 나이로 세상을 떠난 서지학자 시마다 간島田翰(1879~1915)은 "자字가 히코사다彦楨인 시마다 간이 온힘을 다하여 수집한 것(島田翰字彦楨精力所聚)"이라고

도5 무로마치 시대(16세기)의 사본 『論語』의 島田翰 인기印記

새겨진 도장을 눌렀다(도5). 책을 수집하는 데에는 금전은 물론이고 정말 정력을 다하게 되는 것이다. 사람들끼리도 인연이 있으면 금방 친밀해지지만, 인연이 없으면 만날 수 없고, 이어지지 않는다. 서적과 인간의 관계도 마찬가지이어서, 정력을 다하여 서적과 인연을 맺고 자신의 혼을 불어넣기 때문에 이와 같은 도장을 눌러서 서적과 인연을 맺는 것이다. 그렇다고는 하여도 "온힘을 다하여"라고 하는 것은 애처롭다. 시마다 간은 서적 때문에 수명도 줄어들었다. 육심원陸心源의 서적을 일본의 세카도靜嘉堂에 가져오기 위해 시마다 간은 큰 힘을 발휘하였다. 책을 아끼고 사랑하는 사람끼리의 인연이 깊었던 것을 느낀다. 이렇게 책을 사랑한다는 것은 '호사가好事家'와 같은 단어로 치부해버릴 만한 것은 결코 아니다.

그렇다면 서적을 연구하는 것은 어떠한 것인가?

독서와 교서校書

와카야마번和歌山藩의 지번支藩인 에히메愛媛의 사이조번西條藩에 야마노이 테山井鼎라는 번사藩士가 있었다. 야마노이 테는 오규 소라이荻生徂來의 명을 받아, 아시카가학교足利學校(도치기현栃木縣, 아시카가시足利市)에 가서, 『역경易經』으로부터 『맹자孟子』까지의 여덟 종류의 유가 경전에 대하여, 몇 십 종류 존재하는 텍스트를 하나씩 하나씩 글자가 어떻게 다른지를 비교하였다. 아시카가에는 출판 시대도 오래되었을 뿐만 아니라 가장 좋은 텍스트라고 알려져 있는 중국 송대(12~13세기)의 판본인, 소위 송판宋版이 구비되어 있었기 때문이다. 그리하여 비교한 결과를 정리한 것이 『시치케모시고분七經孟子考文』이라고 하는 책이었다. 이 책이 중국의 학자를 놀라게 하였다. 이 책을 본 청대의 대학자 완원阮元은 모방이나 한 것처럼 『십삼경주소교감기十三經注疏校勘記』를 편찬하였으며, 역시 청대의 노문초盧文弨는 "바다 건너 작은 나라에도 책을 읽을 수 있는 사람이 있구나."라고 감탄하였다. 그 당시 책을 읽는다는 것, 즉 독서는 글자 하나하나를 소중히 여기며 읽는 것이었으며, 그러한 독서를 위해서는 좋은 텍스트를 얻어서 텍스트의 계통을 식별하고 시대를 감정하는 것이 필요하였고, 텍스트의 비교(교서校書)를 독서의 기초라고 간주하는 견해가 있었다. 청대 중기(18~19세기)는 고증학이라고 불리는 엄밀한 독해력을 다투는 이와 같은 학문이 흥성한 시기로서, 야마노이 테의 책은 그와 같은 풍조를 크게 자극하였다. 그들에게 독서는 곧 교서校書라고 하여도 과언이 아니었다.

이와 같이 일본과 중국에서, 독서는 곧 교서校書라고 하는 상당히 특수한 인식이 같은 시기 학자들 사이에서 싹텄으며, 그것이야말로 서적을 연구하는 일이었다. 그러나 야마노이 테는 아시카가에서 3년 간 교서에 종사하였으나, 모든 힘을 다 쏟아버렸는지, 귀향한 뒤 2년 후인 교호享保13년(1728) 48세로 병사하였다. 그는 목숨을 걸고 교서 하였다.

교감학校勘學·판본학·목록학

나중에 이 교서의 학문은 '교감학'이라고 불린다. 그리고 교감학에 필요한 텍스트의 성립시대나 내용의 가치를 식별하는 학문을 '판본학'이라고 부르게 되었다. 이 판본학에는 인쇄한 서적의 역사인 인쇄사, 손으로 쓴 사본寫本이나 고본稿本의 역사, 장서가의 역사 등 광범위한 서적의 문화사가 포함된다. 또한 중국에는 도서 목록을 편찬하는 학문 전통이 내려오고 있어서, 서적의 역사를 움직이는 원동력이 되고 있음은 앞에서 얘기한 바와 같다. 한대漢代 유향劉向(BC77~BC6)의 『한서漢書·예문지藝文志』로부터 『중국고적선본서목中國古籍善本書目』에 이르기까지, 어느 나라에서도 볼 수 없는 무서우리만치 중후한 역사를 지닌 이 학문을 '목록학'이라고 부르게 되었다. 이러한 세 명칭은 모두 청대 말기, 민국民國(20세기) 무렵에 붙여지게 되었는데, 최근에는 이것들을 총괄한 학문을 '문헌학'이라고 부르게 되었다.

따라서 일본에서 메이지 시대 이후 '서지학'이라고 불린 서적에 관한 학문은 '판본학'에 가까운 것으로서, 일본에는 목록이라든가 교감이라는 말을 입에 올리는 사람은 별로 없었다. 옛날에 닌나지仁和寺의

법사法師가 이와시미즈하치만구石清水八幡宮를 방문하여, 산기슭에 있는 절과 신사神社에만 참배하고 돌아와 버린 이야기가 『쓰레즈레구사徒然草』에 있지만⁵, 이것은 마치 "학문을 하면서 목록과 판본의 학문을 배우지 않으면, 명승지를 방문하여 담장 밖을 배회하는 것과 같다"고 구팅룽顧廷龍씨가 말하고 있는 것과 상통하는 진리를 얘기해 주고 있는 듯하다.

2. 중국 '문헌학'의 현황

1) 원본을 배우다 - 서영書影과 영인影印

그러면 서지학이 부흥한 중국에서 그러한 '명승'은 도대체 어떠한 경지를 말하는 것일까? 즉, 담장 밖을 배회하는 것이 아닌, 명승지에 들어가는 것이란.

그것이야말로 서지학의 참다운 맛이라고도 할 수 있는 것일 터인데, 결론은 하나, 원본을 본다는 것이다. 즉, 명승이라는 것은 옛 서적의 원본 그 자체를 말하는 것이다.

목록·판본·교감의 학은 삼위일체인데, 원본을 접하는 것으로부터

---

5 닌나지仁和寺의 어느 법사法師가 나이를 먹을 때까지 이와시미즈하치만구石清水八幡宮에 참배하지 못한 것을 한심하다고 생각하여, 어느 날 혼자서 이와시미즈하치만구에 참배하러 갔는데, 산기슭에 있는 절과 신사가 이와시미즈하치만구라고 생각하여 그곳에 참배하고, 산 위에 있는 이와시미즈하치만구에는 참배하지 않고서 돌아와 버렸다는 이야기가 『쓰레즈레구사徒然草』에 실려 있다.

시작한다. 옛날 한대漢代에 공자가 살던 집을 부수려하자, 벽 저쪽으로부터 오래된 서적이 나타남과 동시에 불가사의한 음악이 들려왔다고 한다. 지금도 중국의 오래된 판본의 속표지를 펼치면, 형용할 수 없는 묵향이 황금색 종이에 감돌고, 빨강색의 장서인이 선명하게 눈에 들어오며, 그 불가사의한 음악이 들려오는 듯한 감각에 사로잡힌다. 그와 같은 감각을 귀중히 여기는 사람이 책을 사랑하는 사람이며, 문헌학을 지탱해주는 사람들이다.

그러나 문제는 원본을 접하는 일이 반드시 용이한 일만은 아니라는 것이다. 그러면 어떻게 하면 좋을까?

양수경楊守敬의『유진보留眞譜』

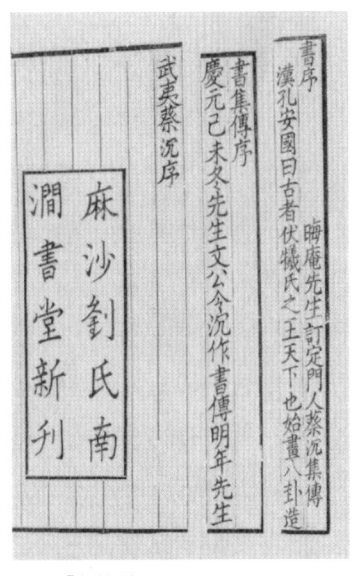

도6 『留眞譜』

옛날 책을 사랑하는 사람들은, 책을 사랑하기 때문에 누군가가 원본을 베낀 것을 또 베껴 옮기거나, 영각본影刻本(복각본覆刻本)을 만들거나 해서, 원본의 모습을 후세에 전하려고 하였다. 물론 책을 전부 베낄 수 있다면 좋지만, 불가능할 경우에는 일부분이라도 베껴서 판본학의 참고가 될 수 있도록 한다. 이것을 '서영書影'이라고 부르며, 광서光緖27년(1901) 초편初編을 낸 양수경楊守敬(1839~1915)의 『유진보留眞譜』(도6)는 그 효시이다. 틀림없이 '진眞'을 전달하는 보록譜錄으로서, 원본을 손으로 베낀 것을 다시 판목에 새긴 고심 끝에 태어난 작품이다. 그 발상은 일본인 친우인 서지학자, 모리 다쓰유키森立之(1807~1885)로부터 배웠다. 이를 계기로 하여, 민국民國 시대에『철금동검루송금원본서영鐵琴銅劍樓宋金元本書影』(창수常熟의 구瞿 씨본·1922년),『발산서영盋山書影』(난징南京의 정丁 씨본·1928년),『고궁선본서영故宮善本書影』(1929년),『중정내각대고잔본서영重整內閣大庫殘本書影』(故宮·1933년),『류청간가업당선본서영劉承幹嘉業堂善本書影』(1929년),『서위안소견송판서영涉園所見宋版書影』(陶湘·1937년) 등, 계속하여 석인石印에 의한 서영이 출현하였다. 또한 하시카와 도키오橋川時雄·구라이시 다케시로倉石武四郎에 의한 경사도서관京師圖書館의 선본 서영인『구경서영舊京書影』(1929년)은 캐비네판의 사진을 적은 부수로 제작한 귀중한 자료이었다.

백번 듣는 것보다 한 번 보는 것이 낫다고 한다. 이와 같은 서영에 의하여 판본학이 얼마나 발전하였는지 이루 헤아릴 수 없다.

구팅룽顧廷龍의 영인 사업

중국의 문화대혁명 이후 서지학이 부흥하게 되었을 때, 누구보다도 빨리 이 사업의 부활에 착수한 사람이 상하이도서관의 구팅룽 씨이었다. 구 씨는 일찍이 1941년에『명대판본도록明代版本圖錄』을 저술하여, 서영書影의 가치를 앙양한 사람이었다. 구 씨는 1978년 11월,『전국고적선본서총목全國古籍善本書總目』의 편찬 사업에 처음으로 참가하는 도서관 직원들에게, 판본의 목록은 실례를 들어서 비교하는 것이 가장 좋은 방법이라고 강조하면서, 상하이도서관이 소장하고 있던 송·원·명·청의 간본刊本, 초본抄本, 고본稿本 30종의 서영을 제작하고 해설을 덧붙여서 배포하였다.

서적을 연구하는 일에 있어서 기본이 되는 이 비교하는 자세는 서적에 대한 다양한 것들을 발견하게 하며, 그만큼 보는 눈을 길러주는 것이다. 중국에서는 이 대사업을 기초로 하여 서지학을 습득한 사람이 얼마나 많이 육성되었는지 이루 다 헤아릴 수 없다.

또한 이 정신은 현재의 중국 문헌학에 확실한 업적을 가져다주었다.

소장품으로는 『관장정품館藏精品』(上海圖書館, 1996)·『중국국가도서관고적진품도록中國國家圖書館古籍珍品圖錄』(北京圖書館出版社, 1999)·『베이징대학도서관장선본서록北京大學圖書館藏善本書錄』(北京大學出版社, 1998)·『양조어람兩朝御覽』(故宮, 1992)·『저장도서관관장진품도록浙江圖書館館藏珍品圖錄』(西泠印社, 2000)·『수도도서관관장진품도록首都圖書館館藏珍品圖錄』(學院出版社, 2001)·『베이징문물정수대계北京文物精粹大系 - 고적선본권古籍善本卷』(北京出版社, 2002)·『창수옹씨장서도록常熟翁氏藏書圖錄』(上海科學技術文獻出版社, 2000) 등이, 또 판각도록版刻圖錄으로는 『송원판각도석宋元版刻圖釋』(學院出版社, 2000)·『명대판각도석明代版刻圖釋』(學院出版社, 1998)·『청대판각도록淸代版本圖錄』(浙江人民出版社, 1997)·『중국고적고초교본도록中國古籍稿鈔校本圖錄』(上海書店, 2000), 인쇄사로는 『중국고대인쇄사도책中國古代印刷史圖冊』(文物出版社, 1998)·『인쇄지광印刷之光』(浙江人民美術出版社, 2000) 등이 있어서, 보다 원본에 가까운 색채의 서영을 볼 수 있다. 이와 같은 서적들은 서지학을 배우는 사람에게 크게 도움이 되는 바이다.

또 하나, 원본에 접근하기 위한 시도로서 책 전체를 사진으로 찍는 영인사업이 있다. 민국 시대의 석인石印이나 캘러타이프판에 의한 영인사업의 부활이다. 장위안지張元濟의 『사부총간四部叢刊』·『백납본이십사사百衲本二十四史』의 편찬을 목격한 구팅룽 씨는 그 사업의 장점과 결점을 잘 알고 있었다. 보다 나은 텍스트를 만들기 위하여, 영인을 할 때 사진의 교체나 가필 등이 행하여졌던 것이다. 원본의 모습을 그대로 전달하는 것이 중요하다고 생

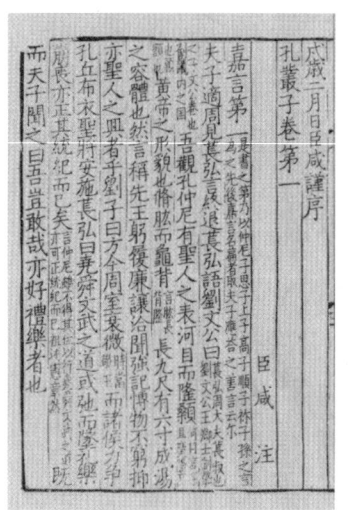

도7 『孔叢子』 영인본(試印本)

각한 구 씨는, 장정이나 종이의 질도 배려한 원본에 손을 대지 않은 영인사업을 시험하고자, 문화대혁명이 끝난 후 1970년대 후반 상하이 도서관에서 송판宋版 『당감唐鑑』·『공총자孔叢子』(도7)·『운어양추韻語陽秋』 등을 사용하여 독자적으로 인쇄하고 있었다. 이 사업이 나중에 『송촉각본당인집총간宋蜀刻本唐人集叢刊』(上海古籍出版社, 1994)이나 『고일총서삼편古逸叢書三編』(中華書局, 1982~1992) 등으로 발전하였으며, 나아가서는 『사고전서존목총서四庫全書存目叢書』(齊魯書社, 1997)·『속수사고전서續修四庫全書』(上海古籍出版社, 2002) 등의 대영인사업을 실현시켰던 것이다. 이와 같은 사업의 기초가 되는 견해가 실은 구팅룽 씨에게서 나온 것임을 강조하는 사람은 별로 없다.

어떻든 '원본을 배운다'라는 것이 중국 문헌학의 오늘날이 있게 한 철학이다.

2) 중화재조선본中華再造善本

잘 생각해보면 서적을 생산한다고 하는 일은 저자가 원고를 쓰고, 누군가가 그것을 베껴 적는 것이 기본원리이다. 읽고 싶은 사람이 너도 나도 많아지면, 베껴 적는 것으로는 부족하다. 그래서 인쇄술이 발전하였다. 그것뿐이다. 저자의 원고는 천하에 하나밖에 없다. 하나밖에 없기 때문에, 베껴 적거나(초본抄本), 인쇄하여서(인본印本) 자손을 늘린다. 그러나 원고原稿가 없어지고, 인쇄본이 하나밖에 없으면, 그것이 원조가 되어서 자손을 늘리게 된다(복각覆刻·영인影印). 그리하여 원고를 쓰는 일차 생산과 그것을 베끼는 이차 생산이 반복된다. 이것이 서적문화의 귀중한 원리이다.

중국은 옛날부터 이 원리에 있어서는 언제나 세계를 놀라게 하였다. 명대의 『영락대전永樂大典』, 청대의 『사고전서四庫全書』 등의 필사 규모를 보면 정신이 아찔해질 지경이다. 현대의 『속수사고전서續修四庫全書』를 보아도, 도대체 세계의 어느 나라에서 이러한 일을 할 수 있을 것인가. 이와 같은 놀라움은 멈출 줄을 모른다.

'원본을 배운다'는 문헌학의 자세는 이 원리와 더불어 '중화재조선본中華再造善本(중화의 선본을 다시 만들다)'이라는 경이적인 사업으로 발전하고 있는 것이다. '재조再造'라고 하는 것은 매우 흔한 단어이다. 중국에서는 '고적정리古籍整理(문헌학의 다른 이름)'와 같이 일상적인 한자에 깊은 뜻을 부여한다. 그에 비하면 일본의 '서지학'이라고 하는 것은 얼마나 어려운 말인가.

국가에 의한 고적古籍 복제 사업

2002년 5월, 중국 문화부, 재정부財政部는 '단절된 것을 이어주고 진품을 존속시키며, 선본을 세상에 전하여 학문을 앙양한다(繼絶存眞, 傳本揚學)'를 슬로건으로 내걸고 대규모의 고적 복제 출판을 결정하였다. 『중국고적선본서목中國古籍善本書目』을 이어받은 국가사업이다. 7월에는 중화재조선본공정공작회의中華再造善本工程工作會議가 베이징에서 개최되어, 이미 완성된 견본도 발표되었다.

중국에는 2750만 책의 옛 서적이 있으며, 이 가운데 250만 책이고 4만5천 종이 선본이라고 한다. '재조선본再造善本'은 「당송편」으로부터 금원金元·명·청·소수민족의 5편으로 구성되며, 앞부분의 4편이 1300여 종, 송원판은 750여 종에 이른다. 전부 477종인 「사부총간四部叢刊」보다 훨씬 많다. 그것만이 아니다. 전부 제요(해설)를 첨부하고, 종이의 질이나 장정에 이르기까지 원본에 접근하고자 한다. 틀림없이 선본을 다시 만드는(再造) 것이다. 정부의 의도는 국내 각 도서관에 선본의 분신을 배치하여, 유구한 서적문화의 전승과 보급을 도모하는 것으로, 영리는 잠시 돌아보지 않는다.

이와 같은 사업을 보면, 문헌학이라는 학문과 서적에 대한 지식보다도 문물文物로서의 서적이 파도와 같이 밀려와서 정치를 형성해온 역사에 생각이 미친다. 책을 사랑하는 정도로는 도저히 쫓아갈 수 없다. 그러나 책을 사랑하는 정신은 정치와 밀접하다. 이와 같은 인식이 바로 중국의 고문헌을 파악하는 열쇠라고 할 수 있다.

장팡녠蔣放年 씨의 인쇄공장

도8 현대의 문헌학자 傅熹年 씨(베이징의 서재)

도9 華寶齋의 주인 蔣放年 씨 (富陽 中國古代造紙印刷村의 서재)

대사업에는 반드시 중심인물이 있다. 선본의 선택은 판본을 잘 알고 있는 푸시녠傅熹年 씨(傅增湘의 손자)(도8)·리즈중李致忠 씨 등이 중심이 되었으며, 가장 곤란한 인쇄를 도맡아준 사람이 저장성浙江省 푸양시富陽市에 있는 인쇄공장 화보재華寶齋의 주인인 장팡녠 씨(도9)이다(애석하게도 몇 해 전에 서거하였다).

푸양富陽은 항저우杭州의 남서 약 30킬로 지점에 위치하며, 양질의 대나무 생산지로 유명하여, 제지공장도 많다. 장 씨는 젊었을 때부터 제지기술을 익혔으며, 단신으로 300인을 거느리는 대공장을 이룩하였다. 제지로부터 인쇄, 장정에 이르기까지 일괄 취급하는 선장본線裝本[6] 전문 공장이다. 삭죽削竹(대나무를 깎는다)·감청砍靑(대나무의 껍질을 벗긴다)·번탄飜灘(대나무를 씻는다)·춘료椿料(대나무를 부순다)·조지操紙(물에 녹은 대나무의 섬유를 한 장 크기로 떠낸다)·쇄지曬紙(말린다)·자지榨紙(눌러서 굳힌다)의 과정을 거쳐 종이가 완성되니, 즉 선지宣紙[7]가 탄생하는

---

[6] 선장본線裝本: 인쇄된 면이 밖으로 나오도록 책장의 가운데를 접고 책의 등 부분을 끈으로 묶는 방식으로 장정한 책.
[7] 선지宣紙: 서화書畵에 사용되는 중국의 종이.

것이다. 그 다음은 인쇄와 장정인데, 장정은 손으로 가지런히 하여 실로 철한다. 완성품은 원본 그 자체이다. 아니, 옛 판본이 새롭게 되살아났다고나 할까. 이제는 복제품複製品이 극한에 달했다는 느낌이 든다.

장팡녠 씨가 이 사업을 시작한 것은 나라의 보물을 보존하고 싶다는 생각과 고서古書와 선장본이 도대체 어떠한 것인지 많은 사람들에게 알리고 싶다고 생각하였기 때문이다. 1983년이었다. 구팅룽顧廷龍 씨의 지도가 있었던 것은 말할 것도 없다. 장팡녠 씨의 이와 같은 생각은 현재의 '재조선본再造善本'의 기본적인 방향과 완전히 일치하는 것이다. 그의 솜씨와 인품은 문인 학자들이 아끼는 바이어서, 국무원 고적정리출판규획소조國務院古籍整理出版規劃小組의 특별지정을 받았다. 물론 중국에 존재하는 이와 같은 인쇄공장은 하나 둘이 아니다.

중국의 서적문화를 더듬어 가면 반드시 어떤 인물을 만난다. 그 인물은 지향하는 바가 고상하고, 인격이 뛰어난다. 동지를 감화시켜마지 않는 것을 지니고 있다. 나는 지금까지 중국의 서지학을 너무 간단하게 생각하고 있었던 것 같다. 서예가인 사명하이沙孟海가 "채륜蔡倫의 위대한 업적, 심괄沈括의 고상한 풍격(蔡倫偉業, 沈括高風)"이라는 글씨를 써서, 장팡녠 씨를 비유하였다. 종이의 발명가인 한대 채륜의 위업과 11세기 북송시대의 과학자 심괄의 학풍을 이어받았다는 것이다. 이와 같은 비유는 결코 과장이 아니다. 즉, 송판宋版도, '재조선본'도 실은 같은 문화 선상에서 끊임없이 이어져 내려오고 있는 것이다.

여기까지 이르게 되면, 무언가 커다란 힌트를 얻은 것 같은 생각이 드는 것은 나 혼자만일까.

3. '선본善本'이 의미하는 것

1) '선본'의 가치관

그러면 도대체 고전적의 원본 가운데 어떠한 것이 선본일까. 이것만큼 어려운 정의는 없다. 서적을 필요로 하는 사람의 가치관에 따라 달라지기 때문이다. 그러나 실제로 서적을 수집하는 사람들의 가치관에는 농축된 엑기스처럼 공통된 인식이 존재하는 것 또한 사실이다. 일본에서는 선본을 귀중서라고 칭하는 일이 많아서, 그 가치관은 주로 서적의 탄생 시대에 중점이 놓여있다. 즉, 필사나 출판이 무로마치室町 시대 이전(16세기 이전)이라든가, 명대의 가정嘉靖 연간 이전(16세기 이전)이면 귀중서가 된다. 다만 한적漢籍에 관해서는 일본의 이와 같은 귀중서 구분은 중국으로부터 받아들인 것으로 전통적인 사상은 없는 것 같다. 역시 장서가가 스스로 목록을 만들거나 하는 풍습이 없는 것, 극단적으로 말해서 나이카쿠內閣문고(國立公文書館)에 있는 것과 같은 한적이 한적의 모든 것이라고 믿어버리는 체질이 그 원인일 것이다. 중국에서는 청대 말기 무렵에도 자주 정원에 대추나무를 심어서 가족의 시문집을 새기는 판목의 재료에 대비하였으며(소위 가각본家刻本), 상상할 수 없을 정도로 많은 분량의 서적이 이름도 없는 사람들에 의해 생산되었다.[8] 그래서 그 거대한 서적의 바다를 헤엄치고 있는 중국의 장서가들은 가치의 집약인 선본에 대하여 심상

---

[8] 王紹曾,『清史稿藝文志拾遺』, 中華書局, 2000. 李靈年·楊忠,『清人別集總目』, 安徽教育出版社, 2000. 柯愈春,『清人詩文集總目提要』, 北京古籍出版社, 2002. 이와 같은 참고서들은 그 일단을 알 수 있는 좋은 자료이다.

치 않게 신경을 써왔던 것이다.

'진眞·정精·신新'과 '오호五好'

20세기 초반 민국 시대 북방의 탁월한 장서가인 푸쩡샹傅增湘·리성둬李盛鐸·저우수타오周叔弢(1891~1984, 서재 이름은 자장엄감自莊嚴堪)는 선본에 대한 요구가 가장 엄격하여, 그 정수로서 '진眞·정精·신新'의 삼박자, 즉 위조물이 아니고 정치精緻하며 신품과 같이 보존이 잘 되어있는 것을 구하였다고 한다. 여기에 시대가 오래된 것을 더한다면 아마 거의 모든 고서는 실격일 것이다. 그것만이 아니다. 특히 저우수타오는 '오호五好'라고 하여서, 글자를 새긴 방법, 종이와 묵, 장정, 장서인藏書印, 유명인의 지어識語(題跋)가 '좋지(好)' 않으면 안 된다고 생각하였다. 정말이지 경국의 미인을 찾는 것과 같다. 그러나 그 당시에는 그것이 충족되었던 것이다. 북방의 걸출한 장서루

도10 海源閣의 장서

藏書樓, 양楊 씨 해원각海源閣의 선본이 저우수타오의 눈앞에 버티고 있었기 때문이다(도10). 해원각海源閣의 주인 양징푸楊敬夫는 1927년 산둥성山東省 랴오청聊城으로부터 톈진天津에 책을 팔러 갔다. 톈진에 살고 있었던 저우수타오는 마치 보물의 산을 만난 듯이 책을 사고 구경하였다. 그것이 37세 때의 일이니, 일찍이 심상치 않은 안목이 생기게 되었

다.[9] 그와 같은 행복은 푸쩡샹과 리성둬도 똑같이 누릴 수 있게 되었으며, 남방의 장위안지張元濟에게도 미쳤다. 푸쩡샹·리성둬·저우수타오 세 사람은 협력하여 양징푸의 특징 있는 자부子部(한적 사부 분류에서 주로 고대 사상서)의 선본을 5만원에 구입하려 하였는데, 다롄만철도서관大連滿鐵圖書館에 그 이상의 가격으로 팔렸으며, 나중에 그 일부는 소련으로 옮겨진 뒤 소식이 끊겼다. 어떻든 그 무렵 청말의 장서가 흩어지려하자, 해외 유출을 방지하고 다투어 자신의 서가에 꽂으려 하는 등, 장서가들의 노력에 의하여 근대적 '선본'이라는 가치관이 만들어졌다고 해도 과언이 아니다. 이러한 추세는 1930년대의 항일 전쟁 시기 정전둬鄭振鐸·쉬훙바오徐鴻寶 등이 고적문물古籍文物 보호를 위해 활약함으로써 더욱 가열되었다. 중화인민공화국이 성립한 뒤에는 이와 같은 장서가들의 선본은 대형 도서관에 기증되어서, 대체로 현재와 같은 대륙·타이완·홍콩 등의 선본 소장 상황으로 정리되었는데, 이제 민국시대 고적古籍의 감정과 연구에 온 힘을 다한 장서가들의 역사적 의의를 다시 한 번 확인해보는 것이 '선본'의 은혜를 입은 사람들이 해야 할 일이 아닐까 생각된다. 『장위안지푸쩡샹논서서척독張元濟傅增湘論書尺牘』(商務印書館, 1983)·『정전둬서신집鄭振鐸書信集』(學林出版社, 1992)·『근대장서삼십가近代藏書三十家』(蘇精, 臺北傳記文學出版社, 1983) 등은 그와 같은 생각을 자극해 마지않는다.

---

[9] 『叔弢藏書年譜』, 黃山書社, 2000.

서목書目에 나타난 '선본'의 사상

그러면 그러한 '선본'이 무엇인지, 장서가들에게 물어볼 수 있는 방법이 없는 이상, 그들의 목록에 물어볼 수밖에 없다. 판본에 대하여 저록하기 시작한 것은 대체로 청대 초기 전증錢曾의 『독서민구기讀書敏求記』인데, 그것은 '경經·사史·자子·집集' 사부 분류의 기준을 벗어나지 않는다. 건륭乾隆 시대(18세기) 궁중의 장서목록 『천록림랑서목天祿琳琅書目』에 이르러, 송판·영송초본影宋抄本(송판을 베껴 쓴 것)·원판·명판을 각각 사부로 분류한, 판본 종류의 분류에 의한 목록이 나타났다. 이 방법은 나중에 『고궁선본서목故宮善本書目』(1934년)에 의하여 계승되었다. 그 다음 동치同治 연간(1862~1874)에 편찬된 해원각海源閣의 『영서우록楹書隅錄』은 목차의 책 이름 위에 송판宋版·명초明抄 등 판본명을 두었다. 또 같은 양징푸에 의한 『송존서실송원비본서목宋存書室宋元秘本書目』은 송본宋本·원본元本·교본

도11 鄧邦述의 장서 목록

교본校本·초본抄本으로 분류하였다. 그리고 장서가 덩방수鄧邦述(1868~1939)는 선통宣統 연간(1910년 무렵)에 편찬된 『군벽루선본서록群碧樓善本書錄』에서 송각본·원각본·명각본·명가정각본明嘉靖刻本·초교본抄校本으로 분류하였으며, 또한 1929년에는 『한수산방죽존선본서목寒瘦山房鬻存善本書目』을 편찬하여 송본·원본·영송원초본影宋元抄本·명각본明刻本·명가정각본明嘉靖刻本·초교본抄校本·명초본明抄本·명인수초본名人手抄本·명인수교본名人手校本·자교본自校本으로 자신의 장서를 분류하여 저록하였다(도11). 이와 같은 특이한 서목에 의하여 우리는 당시 장서가들의 선본 사상을 명확하게 엿볼 수 있는 것이다.

2) '선본'을 구하는 장서가들

덩방수는 청대 동치同治7년(1868) 장쑤성江蘇省에서 태어났는데, 푸쩡샹과 같은 세대이며, 같은 해에(1898) 진사進士에 급제하였다. 광서光緖 27년(1901)에 후베이순무湖北巡撫 돤팡端方의 부하가 되었으며, 돤팡 서재의 장서에 자극받아 스스로도 서적의 수집을 시작하였다. 아마도 돤팡의 인품에도 영향을 받았을 것이다. 돤팡은 나중에 강남도서관江南圖書館(南京圖書館의 전신)을 설립한 정치가로서, 정丁 씨 팔천권루八千卷樓의 장서가 흩어지는 것을 막기 위하여 노력하였다. 덩방수는 상하이에서 송간본 당대唐代 시문집인 『이군옥집李群玉集』·『벽운집碧雲集』을 입수하자, 그 제목에서 한 글자씩 취하여 '군벽루群碧樓'라고 서재 이름을 지었다. 주로 베이징에서 책을 수집하였으며, 매일 선본을 팔러온 책장사가 수십 명씩 집 앞에서 줄을

도12 왼쪽부터 章元善·鄧邦述·宗舜年·章鈺·兪陛雲·陳漢第

섰다고 한다. 그러나 민국 시대가 되자 2만 권이 넘는 장서도 생활비를 충당하기 위하여 되팔게 되었는데, 중앙연구원中央硏究院 등에 팔고 남은 것이 앞에서 말한 『한수산방죽존선본서목寒瘦山房鬻存善本書目』이 되는 셈이다. 장서가들이 다투어 수집한 것은 황비열黃조烈(嘉慶·道光 연간·19세기 초의 대장서가)이 소장하였던 장서이었으며, 그것은 송원의 고간본古刊本[10]이다. 『이군옥집李群玉集』·『벽운집碧雲集』도 황비열의 장서이었다. 덩방수鄧邦述는 황비열의 서목 『백송일전서록百宋一廛書錄』을 본받아서, 자신의 서목에서도 송원판에는 텍스트의 글자 배열과 행간의 체제(行款)를 기록하였다. 또한 청대 도광道光 연간(1821~1850)에 장금오張金吾가 『애일정려장서지愛日精廬藏書志』에 명대 간본을 수록한 것을 본받아 명각본을 하나의 항목으로 세웠으며, 특히 명대 가정嘉靖 연간(1522~1566)에 간행된 것도 하나의 항목으로 세웠다. 이렇게 하여 '명흑구본明黑口本'[11]이라든가 '가정본嘉靖本'이라는 말이 선본을 가리키는 대명사 가운데 하나가 되었다. 가정嘉靖시대의 간본은 글자의 새김도 좋고, 교정校訂에 뛰어나다고 하는데(지금도 중국의 고서점에서는 가정판이며 하얀

---

[10] 고간본古刊本은 중국의 송원판宋元版 이전의 간행본을 말한다.

[11] '명흑구본明黑口本'의 의미는, 책의 가운데를 접어서 양면으로 나눌 때에 그 접힌 가운데 부분이 검다는 것으로, 이러한 책은 특히 명대 전기에 많았다.

종이로 된 책 이상의 좋은 책을 보지 않으면 고서古書를 알고 있는 것이 아니라는 통념이 있는 것 같다), 그 평가도 장서가들의 보통이 아닌 오랜 연구가 없었다면 알 수 없었다.

선본은 간본刊本만이 아니다. 손으로 쓴 초본抄本에도 많다. 그것은 명말청초의 모毛 씨 급고각汲古閣이 아름다운 초본(毛抄本)을 제작하였기 때문이다. 송판을 밑에 깔고 베껴 쓰는 그 기술은 바로 서양의 박물도博物圖에 필적한다. 그 안에는 인쇄라든가, 필사 등의 세계를 완전히 넘어선 미학이 담겨있다. 그러나 덩방수 등이 평가한 초본 抄本은 약간 다르다.

교감校勘과 '선본'의 가치

덩방수鄧邦述보다 3년 연상인 장위章鈺(사당재四當齋)는 서적의 고향인 쑤저우蘇州에서 태어나, 광서光緖29년(1903) 진사進士가 되었는데, 역시 돤팡端方의 부하가 되어 장쑤江蘇·즈리直隷 등을 돌았으며, 경사도서관京師圖書館·청사관편수淸史館編修를 역임하였다. 톈진天津의 거처에서 교서校書에 온 힘을 다한 교감校勘학자로서, 『호각통감교송기胡刻通鑑校宋記』(『資治通鑑』의 교감기)·『독서민구기교증讀書敏求記校證』은 그의 필생의 대작이다. 장위章鈺는 고간본과 같은 선본은 소장하지 않았으며, 입수하기 쉬운 청간본淸刊本이나 새로운 초본抄本, 또는 스스로 필사시킨 초본(산학량경실초본算鶴量鯨室抄本)을 위주로 하여, 거기에 빌려본 선본과의 비교 교감을 써넣었다. 그의 성실한 교서校書의 모습은 구팅룽顧廷龍씨가 편찬한 『장씨사당재장서목章氏四當齋藏書目』에 반영되어 있다. 판본학과 교감학이 일체인 것이 납득이 된다고나 할까. 이리하여, 황비열 곁에 고천리

顧千里라는 걸출한 교감학자가 있었듯이, 덩방수 곁에는 장위가 있었다. 명인名人이 필사하거나 교서하고, 또 스스로 선본을 가지고 교정校訂한 교본도 모두 선본의 가치가 있다는 것을 장위와 같은 학자가 입증한 셈이다. 또한 앞에서 말한 바와 같이 덩방수가 서목書目에서 10종으로 분류한 것은 당시의 선본사상을 단적으로 나타내주는 것이다. 즉, 지식만으로 총괄해버리는 후세의 고서古書에 대한 가치관은 이 무렵의 도서 목록을 '읽는' 것에 의하여, 다시 한 번 새롭게 출발할 수 있다. 중국의 목록학이라는 것은 정말로 대단한 것이다.

'선본' 사상의 변천

현대의 판본학가·장서가인 황융녠黃永年 씨(陝西師範大學 교수, 『清代版本圖錄』의 저자, 최근에 서거하였다)에 의하면, '선본善本'이라는 말의 내원은 북송시대까지 거슬러 올라간다. 엽몽득葉夢得의 『석림연어石林燕語』에서, "당 이전의 서적은 귀중품이었기 때문에, 소수의 필사본이었지만 교정이 뛰어난 선본善本뿐이었다."라고 하였다. 글자에 오류가 없는 책, 그것이 선본이었다. 그리고 시대와 더불어 그 가치는 변화하여, 문화대혁명 종료 후에는 '삼성三性'의 설이 전파하게 되었다. 즉, 역사문물성, 학술자료성, 예술대표성이 바로 그것이었다(『古籍整理概論』, 上海書店, 2001). 결국 선본이라는 것은, 교감이 잘 되어 있는 오자가 적은 판본, 보기 드문 구각본舊刻本, 명가名家의 초본抄本이나 교본校本, 옛 현인의 원고 등이며, 실제로『중국고적선본서목中國古籍善本書目』에서는 그와 같이 주장하고 있다. 요컨대 송간본, 원간본, 명대 가정嘉靖 이전의 간본, 명활자본, 명초본明抄本, 청대 전기前期의 초본抄本, 명가名家의 원고나 첨서한 책, 명대 만력

萬曆 이후의 전본傳本이 적거나 다색 인쇄 등의 아름다운 책, 청대의 가치 있고 보기 드문 책이 현대의 선본이라고 할 수 있다.

어떻든 이 사상을 지식으로서 치부해버리는 것과 선본을 귀중히 여겨 보통 책의 가치를 돌아보지 않는 것이 서지학의 가장 큰 함정이라고 나는 명심하고 있다. "사물은 보기 드문 것이 귀한 것이다"라고 하지만, 나는 "보통의 것을 진기珍奇한 것으로 삼는다"라고 비틀어서 좌우명으로 삼고 있다. 구팅룽顧廷龍 선생은 자주 말씀하시기를, "송판宋版이 반드시 가장 좋다고 할 수 없으며, 보통 책을 경시해서는 안 된다."라고 하였다. 이것은 바로 청대 말기 민국시대의 장서 이념을 되돌아보고 음미하게 하는 명언이다.

4. 서적의 이산離散과 완벽함

1) 영본零本과 족본足本

선본에 대한 구체적 기술에 들어가기 전에 이야기가 조금 복잡해진 듯하니 시각을 바꾸어보자. 중국의 서적은 대체로 대나무나 나무 조각에 필사한 죽간竹簡·목간木簡, 비단 등의 천에 써진 백서帛書를 거쳐 종이책으로 발전하였는데, 항상 독자를 괴롭혀온 문제는 서적을 어떻게 보존할 것인가라는 것이다. 둥글둥글 말아서 만든 권자본卷子本이나 경전經典에서 볼 수 있는 주름상자와 같은 경절장經折裝도 있지만, 역시 뭐니 뭐니 해도 책자 모양의 장정이 보관에도, 독서에도 편리하였다. 이러한 역사는 중국 문헌학의 가장 귀중한 상식으로 간주되지만,[12] 그 역사에는 다수의 비극이 존재하였던 것도 잊어서는 안 된다. 전쟁으로 인한 참화나 정변, 화재나 수해 등이 비극의 원인이 되는데, 책자본의 경우 한 종류의 책에 책자의 수가 많을수록 우아하다는 인식이 있지만, 역으로 책자가 많아지면 하나씩 가져가기 쉬워서 부분적인 결손도 생기기 쉽다. 인체의 손이나 발을 없애버린 것과 같이 몇 번째 책자가 결락되었다는 사태가 자주 발생하는 것이다. 중국의 북방에서는 그것을 방지하기 위하여 한 세트를 질帙(書套)로 감쌌는데, 남방에서는 습기가 많아서 가능하면 밀봉하지 않고 협판夾板[13]을 사용하기도 하였다. 그러나 그것도 인위적인 탈취 앞에서는 아무런 효과가 없다. 이와 같이 결손이 있어서 완벽하지 않은 책을 영본零本(일본에서는 단본端本이라고도 한다)이라고 하며, 남아있는 것이 1권에도 미치지 못하는 것을 영권零卷·영엽零葉 등으로 부른다. 영본을 보는 것만큼 괴로운 일은 없다. 전에는 당당하고 아름다운 모습을 자랑하였던 서적이 부분적으로 행방불명되었거나 별거를 당한 모양은 마치 도와주기를 바라고 있는 것처럼 보인다. 그 중에는 서적의 호소가 하늘에까지 미쳐서 없어졌던 부분과 재회하여 족본足本(결본이 없는 상태)이 된 보기 드문 예도 있다. 그와 같은 두 가지 실례를 『춘추春秋』라는 책을 통하여 살펴보자. 불행히도 헤어졌던 송판宋版, 그리고 비통한 외침이 하늘에 닿아 소원 성취하여 완전한 상태가 된 일본의 고사본古寫本의 경우이다.

---

[12] 李致忠, 『古書版本鑑定』, 文物出版社, 1997.
[13] 협판夾板: 사이에 책을 끼워서 보관하는 판.

산일된 청 황실의 국보

1911년 청조 최후의 황제 푸이溥儀(1906~1967)는 신해혁명이 발발함과 동시에 퇴위하였으며, 1924년에는 궁전을 쫓겨났다. 그 뒤 생가인 순왕부醇王府, 일본 공사관, 텐진의 일본 조계 등을 전전하다, 일본군의 꼭두각시가 되어 동북지방으로 이동, 1932년 창춘長春에서 만주국 황제가 되었다. 1945년 일본의 패전과 동시에 일본으로 도피하려 하였으나 소련군에 붙잡혀서 베이징으로 호송되었다. 비극의 황제라고 불렸는데, 푸이가 궁을 나올 때 가지고 나온 국보도 또한 많은 부분이 비극의 국보가 되었다. 천자는 송대 이전의 서화書畵 문물을 거느리지 않으면 위엄이 서지 않는다는 것이 중국의 문화이다. 황족이 가지고 나오는 것은 어쩔 수 없다. 류치루이劉啓瑞(1878~?)의 장서루인 식구덕재食舊德齋와 같이, 관리가 궁중에서 빼내어 시장에 나온 것은 장서가가 구입하여 극진하게 보호하였다. 푸이가 나온 뒤의 궁전은 청실선후위원회淸室善後委員會가 점검하고 보관하는 임무를 맡았다.[14] 따라서 현재 이라크의 정권이 붕괴한 후에 박물관이 약탈당했던 것과 같은 상황은 아니었다. 다만 푸이가 가지고 나온 국보는 상세한 목록이 발견되지 않았기 때문에 점검하고 보호할 방법이 없었다.

문인 황제 건륭제(재위 1735~1796)가 아꼈던 선본은 '천록림랑天祿琳琅'이라고 불렸는데, 그것들은 고궁故宮의 소인전昭仁殿에 소장되었으며, 가경嘉慶3년(1798)의 화재를 겪고 다시 수집된 상태이었다.(212쪽 참조) 불에 탄 선본이 적지 않았지만, 푸이가 가지고 나온 것은 그 이상의 손실이었다. 인재에 의한 손실은 천재보다도 막심하였다.

---

[14] 莊嚴 저, 筒井 茂德 외 역, 『遺老が語る故宮博物院』, 二玄社, 1985.

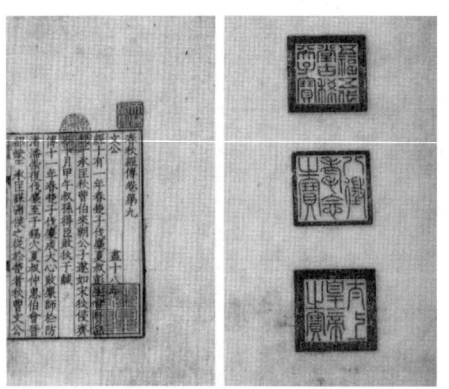

도13 송판『春秋經傳』, 그 印記는 '五福五代堂古稀天子寶'·'八徵耄念之寶'·'太上皇帝之寶'·'天祿繼鑑'·'乾隆御覽之寶'(이상 청의 황제)·'東宮書府'(원의 황제)

1945년 창춘에서 출발한 푸이는 단지 일본군에게 몸을 맡길 수밖에 없었다. 열차 몇 량에 적재한 재보에 신경 쓸 겨를은 없었음에 틀림없다. 열차는 소련군의 명에 의하여 멈춰 섰고, 화물차의 문화재는 넘치고 흐트러졌다. 푸이는 체포되었지만, 화물차의 보물이 도대체 어떻게 처리되었는지는 수수께끼이다. 우연히 그 현장에 있었던 어느 철도원이 선로 옆에서 책자를 주웠는데, 그것이 송판『춘추경전春秋經傳』(도13)이었다.

포잔수결抱殘守缺

『춘추』는 노魯의 역사를 기록한 것인데, 유교의 경전으로서 애독되었다.『춘추』에는 보통 진晉 두예杜預의 주석이 첨부되어 있으나, 위에서 언급한『춘추경전』에는 주석이 없고, 경전 본문과『좌씨전左氏傳』만으로 되어 있다. 남송 시대(13세기 무렵)의 수도 항저우杭州에서 출판되었다. 따라서 글자 모양도 아름답고, 교정도 뛰어난 매우 우수한 텍스트이며, 게다가 원대의 인기印記(장서가가 소장한 책에 날인한 도장)가 있고, 원·명·청 3대에 걸쳐서 황족이 소유해온 천하에 둘도 없는 고본孤本이다. 책의 성립·교정校訂·유전流傳 모두 탁월한 백점 만점의 선본이다. 1950년대 베이징도서관北京圖書館은 전 30

권 16책 가운데 11권 6책을 취득하였다. 1990년대 말에 고전적의 경매 붐에 힘입은 듯, 다시 8권 4책이 해외에서 발견되었다. 또 비슷한 시기에 3권 2책이 국내 시장에 나타났다. 나머지 8권 4책도 소재가 알려져 있다고 한다. 철도원이 주운 것은 어느 것일까 등의 탐색은 그만두기로 하자. 유감인 것은 이산되었던 국보가 국가도서관의 한 곳에서 만나 완전체를 이루지 못하였다는 것이다. 현존하는 것을 확인하고도 만날 수 없는 것은 인간사회와 흡사하다. 언젠가는 소인전昭仁殿에 있을 때와 같은 모습으로 돌아가기를 기원해 마지않는다. 이와 같은 이산의 실태를 조사하고, 영본零本을 소중히 여기는 것도 서지학의 중요한 측면이라고 할 수 있다. 이러한 정신을 '포잔수결抱殘守缺(모자란 것을 품에 안고 간직하다)'이라고 칭하며, 중국에서는 책을 사랑하는 사람의 미덕으로 간주된다.

2) 일본 고사본古寫本의 이산과 재회

이번에는 오랫동안의 이산 시기를 거쳐, 마침내 재회하여 옛 모습을 되찾아 족본足本이 된 일본의 고사본『춘추』를 소개해보자. 이것은 앞의 송판과는 달리, 진晉 두예杜預의 주석이 달려있는 것으로서『춘추좌씨전』이라고 되어있는 부분도 있지만, 제1권의 제목인『춘추경전집해春秋經傳集解』를 정식 서명으로 한다. 그런데 서지학에서는 제1권(권두卷頭)에 보이는 제목(내제內題라고 한다)을 도서목록에 올릴 때의 서명으로 정한다. 민국 시대에 그와 같은 암묵의 동의가 생겼으며, 판본학의 입문은 바로 서명을 정하는 것으로부터 시작한다. 그러면 같은 서명의 책이 여러 종류 있을 때에는 어떻게 할까? 그것들을 구별하기 위해서 간사년刊寫年이 필요해진다. 나아가 간년刊年도 같다면, 판식版式(반 페이지의 행行과 글자 수, 판심版心: 어미魚尾·백구白口·흑구黑口 등)을 기준으로 하는데,15 고도로 정밀해지면 실제로 인쇄된 연대나 사용한 종이의 차이로 구별하게 된다. 이와 같은 서지학의 번잡한 규칙은16 서적의 내력을 밝히기 위한 수단으로서 그 자체가 목적이 되는 것은 아니다. 따라서 서지학에서 가장 곤란한 것은 이와 같은 규칙을 익히는 것보다도 서적들 간의 성격이나 관계를 어떻게 정확하게 파악하느냐의 문제이며, 이 학문은 매우 창조적이라고 할 수 있다. 나중에 판본학의 대가가 된 자오완리趙萬里는 민국 17년(1928) 베이징도서관北京圖書館의 전신인 베이하이도서관北海圖書館의 선본부善本部에 근무하면서, 당시 판본학의 권위인 푸쩡샹傅增湘에게 가르침을 청하였다. 그리하여 1933년에는 『베이핑도서관선본목록北平圖書館善本目錄』을 편집하여 근대도서관의 선본 목록에 새로운 길을 제시하였다. 그러나 푸쩡샹의 서문에서는 "간략한 것이 다소 유감이다. 어찌 대중의 마음을 만족시킬 수 있겠는가!(微傷簡略, 豈饜群情)"라고 하여, 간년刊年의 기재가 다소 간략한 것을 유감이라고 하였다. '명간본'이라고만 쓰여 있는 같은 서명의 서적이 몇 종류나 나열되어 있는 것을 보면, 그와 같은 감상도 이유가 없는 것은 아니다. 도서 목록을 편집하는 것은 어려운 일이다.

---

15 간사년刊寫年: 책을 만들 때 간행刊行하거나 손으로 쓴 해. 판식版式: 인쇄 판면版面의 체재體裁. 판심版心: 서책書冊에서, 책장의 가운데를 접어서 양면으로 나눌 때에 그 접힌 가운데 부분. 어미魚尾: 판심 중앙에 책 이름 따위를 적고, 그 위아래를 물고기의 꼬리 모양으로 장식한 것. 백구白口: 어미魚尾의 위아래가 모두 하얀 것. 흑구黑口: 서책에서, 어미의 위쪽과 아래쪽의 빈칸이 검은 것.

16 앞에서 인용한 李致忠의 『古書版本鑑定』에 상세하다.

무로마치室町 시대 사본 『춘추경전집해春秋經傳集解』

일본에서는 가마쿠라鎌倉·무로마치 시대를 통하여 독서인은 중국으로부터 수입된 송·원시대의 출판물을 손으로 베낀 텍스트를 사용하였다. 이것을 고사본古寫本이라고 한다. 고사본은 의거한 텍스트가 송·원의 판본이라는 것, 가해진 훈점訓點[17]이 내력 있는 하카세케博士家[18]의 오코토점[19]이 많다는 사실로부터 현존하는 것은 모두 선본으로 취급된다. 고사본이 의거한 송원 판본이 이미 산일되어 전해지지 않는다면, 그 고사본은 '일존서佚存書'라고 하여 일급 선본이 된다. 『춘추경전집해春秋經傳集解』는 옛날부터 일본에 들어왔기에, 헤안平安 시대의 것이라고 추정되는 사본도 약간 남아있다. 그러나 모두 합해서 10점 정도밖에 남아있지 않기에 단편적인 영엽零葉이라도 귀중한 자료가 된다. 전체를 모두 갖추고 있는 것은 겨우 구나이초宮內廳에 있는 가마쿠라鎌倉 사본뿐이다. 쇼와昭和 14년(1939) 오사카大阪의 고서점 시카타쇼운도鹿田松雲堂는 그곳의 장서가 이토 가이후伊藤介夫 (1833~1912, 호는 유후이사이有不爲齋)가 소장하였던 책을 대상으로 입찰회를 개최하였다. 『천력간예기집설天曆刊禮記集說』 등 원간본元刊本 7종, 『당유선생문집唐柳先生文集』 등 일본 난보쿠초南北朝 시대의 간본 5점, 『조주맹자趙注孟子』 등 고사본 10점이 포함된 수백 점에 이르는 대규모의 입찰이었다. 그런데 당시 무로마치室町 시대의

---

[17] 훈점訓點: 훈독訓讀하기 위해 찍는 기호. 훈독訓讀은 한문을 일본어의 문법에 따라서, 또 한문 단어를 그에 대응되는 일본어로 읽는 것.
[18] 하카세케博士家: 고대 일본의 관학官學 대학료大學寮의 교관인 박사博士를 대대로 맡았던 집안.
[19] 오코토점(ヲコト點): 한문 훈독(訓讀)에서 한자의 읽는 법을 나타내기 위해 한자의 네 귀퉁이 등에 붙인 점이나 선의 부호.

도14 고사본古寫本 『春秋經傳集解』, 왼쪽이 새로 나온 제일 끝부분의 1책. 송 興國軍學의 원래 간기刊記를 베꼈다.

사본 『춘추경전집해春秋經傳集解』 7책이 세상에 나온 것이다(도14). 오래된 갈색 표지 안에는 에도江戶시대의 필적으로 "송대 싱궈본興國本을 필사한 것이다. 원래 전부 9책인데, 2책을 다른 사람에게 빌려주어 지금은 어디에 있는지 알 수 없다."라고 쓰여 있다. 지금의 후베이성湖北省에 있었던 송대 싱궈군興國軍(軍은 행정단위)의 학교에서 출판한 송판 『오경五經』에 포함되어 있던 『춘추』를 저본으로 필사하였다는 것이다. 이 송판은 일본에 2부가 남아있고, 중국에는 영본零本 1책밖에 남아있지 않다. 저본은 일급이다. 또한 사본에는 오래된 훈점訓點도 첨부되어 있다. 따라서 이 사본은 당연히 일급 자료이다. 그러나 유감스럽게도 저본이 된 송판의 간행년을 나타내줄 연호가 쓰여 있을 터인 최후의 1책(2책이라고 말하였지만 실제로는 1책)이 결락되어 있다. 이렇게 되면 그 가치는 반감해버린다. 에도 시대에 이미 결락되어 있었기 때문에, 이 1책은 수백 년 동안이나 별거하고 있었던 셈이다. 마지막 책만 빌려간 사람도 곤란한 사람이다. 이 표지 안의 메모를 누가 썼는지는 자세하지 않지만, 이것은 고사본의 외침으로서 책의 혼이 누군가의 붓을 빌려서 도움을 청하는 소리라고 나에게는 생각되었다. 그 다음, 이 책은 1책이 결락된 상태로 장서가 오카다 신岡田眞에게 귀속되었다. 이러한 외침도 성과가 없어, 1955년 오카다문고가 시장에 나옴과 동시에 이 책은 다시 세상에 나타났다. 오카다문고는 한적과 일본 책이 모두 뛰어나며, 폭넓은 분야에 걸쳐있었는데, 이 책은 원간元刊『예문유취藝文類聚』와 쌍벽을 이루며 주목을 받았다. 결국 1965년에 시도斯道문고에 들어오게 되었는데, 여전히 최후의 2권 1책은 결락된 상태이었다. 그러나 책의 외침이 하늘에 닿았을 것이다. 헤세平成(일본의 현재 연호, 1989~) 시대로 바뀐 어느 날, 한 고서점에서 주인의 책상 위에 놓인 눈에 익은 갈색 표지가 내 눈에 들어왔다. 설마하였지만 그것은 틀림없이 『춘추경전집해春秋經傳集解』권29·권30의 1책이었다. 떨리는 손으로 마지막까지 책장을 넘기자 거기에는 세계에서 구나이초宮內廳 쇼료부書陵部에 밖에 없는 그 싱궈군학간興國軍學刊 송판의 판각 순서와 완전히 똑같은 내용이 쓰여 있었다. 이것으로 완벽해져서, 무로마치 시대의 고사본으로 유일하게 완전무결한 판본의『춘추』가 소생하였다. 나는 한숨돌림과 동시에 다시 한번 스스로 '포잔수결抱殘守缺'의 의무를 다짐하였다.

3) 책은 사람을 부른다

기적이라고도 할 수 있는 이와 같은 책과의 만남을 생각해볼 때, 책에도 혼이 깃들어있다는 다소 평범하지 않은 발상에도 어느 정도 일리가 있다고 생각될 것이다. 그렇다, 책은 사람을 부르는 것이다. 몇 년 전에 야마가타현山形縣의 요네자와米澤시립도서관에서 조사를 하고 있을 때이다. 『시쇼와이헨四書匯編』이라는 서적을 만났다. 30책에 이르는 거질로서 저자 소네 로안曾根魯庵의 필생 대작이라고 할 만한 원고이다. 물론 출판되지 않았다. '물론'이라고 말한 것은 에도시대의 유학자는 원고를 축적하고 수정하는 일이 학문의 임무라고 생각하는 경향이 강하여서, 출판은 주요한 목적이 아니었기 때문이다. 그 점에 있어서는 청대의 학자와 체질이 다르다. 중국에서는 생전에 원고를 출판하는 것이 커다란 목표로서, 친우에게 처음 인쇄한 책을 헌정하여 정정해주기를 청한다. 그것이 즐거움이었다. 검은 먹물로 쓰는 정정訂正의 글자가 눈에 띄도록 빨강이나 남색으로 인쇄하였다. 소위 주인본朱印本·남인본藍印本이 바로 그것이다. 따라서 중국에서는 간행되지 않은 원고는 그다지 발견할 수 없다. 그러나 일본에는 지방에 거주하는 유학자의 원고로서 거의 손대지 않은 상태의 것이 잔뜩 있다. 그들은 정정하고 정서하는 것을 되풀이하여, 두 번째 원고, 세 번째 원고를 거듭해간다. 내용의 자료적 가치를 분석한다는 점에서는 도저히 따라갈 수 없을 정도이다. 서지학의 의무는 우선 자료의 존재 그 자체를 중시하는 것이다. 그러한 의미에서 에도시대를 출판문화의 시대라고 하는 것은 일면적이고 진실을 파악하고 있지 못하다.

다시 나타난 소네 로안의 『시쇼와이헨』

소네 로안은 분카文化11년(1811) 태어나서, 게오慶應4년(1868) 부신戊辰전쟁에서 전사하였다. 요네자와번米澤藩의 번사藩士이다. 『대학·중용·논어·맹자』(四書)에 대한 상세한 주석서를 편찬하였으며, 번의 학교인 고조칸興讓館에 매일 근무하여 원고 작업을 계속해가는 모습을 지어識語로부터 엿볼 수 있다. 해군 소위이었던 소네 로안曾根魯庵의 아들은 부친의 유고의 출판을 기대하고, 메이지 시대가 되자 청의 학자인 하여장何如璋에게 서문을 청하여, 『시쇼와이헨』에 첨부하였다. 많은 학문적 가치를 지녔지만, 결국 문운의 쇠퇴에는 저항하

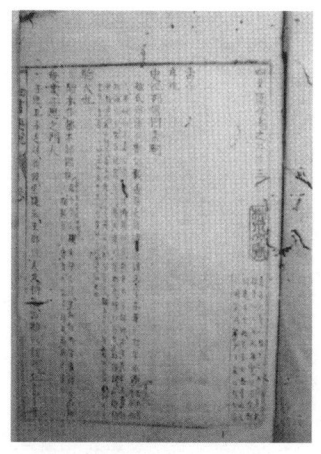

도15 『四書匯編』의 고본稿本

지 못하고, 이 책은 세상에 타나나지 못하였다.

조사를 마치고 도쿄로 돌아온 이튿날, 발 디딜 틈도 없이 고서가 흩어져 있는 고서 전시회의 즉석 판매장에 가서 깜짝 놀랐다. 발에 밟히는 영본零本 속에 『시쇼와이헨』(도15)의 원고가 섞여있는 것이 아닌가? 어제 차분하게 보고 있었던 그 필적을, 지금 잡다한 고서 시장 안 지척의 거리에서 다시 보고 있다. 기분이 좋은 것인지 나쁜 것인지, 어떻든 1책 300엔씩에 입수하였다. 돌아오는 길은 멍한 상태이었다. 아마도 정서하기 이전의 초고가 흩어진 것일 것이다. 책의 혼인가, 아니면 소네 씨의 혼인가, 나를 부른 것은 도대체 누구인가!

일본으로 건너온 정丁 씨 구장본舊藏本

이것도 최근의 일이다. 중국의 난징도서관에서 열람의 기회를 얻었다. 앞에서 얘기한 바와 같이 이 도서관은 청말 장서가인 정병丁丙 팔천권루八千卷樓의 장서가 그 주축이 된다. 정병丁丙은 저장성浙江省 항저우杭州 사람으로 선대부터의 풍부한 장서를 형인 정신丁申과 함께 집대성하였다. 도광道光 13년(1833)에 태어나서, 광서光緖 25년 (1899)에 세상을 떴다. 그 지방에 유래하는 문헌, 즉 저장 지방 선현들의 문헌, 장서가로부터의 폭 넓은 수집, 명·청의 그다지 유명하지 않은 저작, 그리고 뭐니 뭐니 해도 건륭제가 『사고전서』를 만들었을 때

도16 丁丙의 인기印記
(상) '四庫著錄'이라는 인기
(하) 팔천권루八千卷樓의 장서인藏書印

저본으로 한 텍스트, 이러한 것들의 풍부함으로는 으뜸이었다. 더하자면, 일본이나 조선의 판본 및 사본 수집에 힘을 기울인 것으로는 그 밖에 예를 찾아볼 수 없을 정도이다. 사대장서가 가운데 특이한 성격을 지니고 있다. 서지학의 재료가 되는 것은 무엇이든 지니고 있다는 식의 장서이다. 함풍咸豊11년(1861) 태평천국군이 항저우杭州를 공격하자, 『사고전서』를 보관하고 있었던 황제의 서재 문란각文瀾閣이 황폐해졌다. 『사고전서』는 휴지가 되었으며, 전차에 깔리고, 밥을 짓는 불쏘시개가 되었다. 이것을 걱정한 정 씨 형제는 매일 밤 어둠을 틈타 수십 리 길을 왕복하며 『사고전서』를 운반하여, 안전한 상하이로 옮겼다. 그 다음 전쟁이 끝나자 잃어버린 부분을 다시 필사하는 작업을 개시하여, 7년 동안 수천 종을 복원하였다. 정 씨는 이것을 기념하여 자신의 소장본으로서 『사고전서』에 수록되어 있는 것에는 '사고저록四庫著錄'(도16 상)이라는 도장을 찍었으며, 이것들을 '가혜당嘉惠堂'이라고 불리는 서고에 안치하였다. 문란각文瀾閣『사고전서』를 복원한 공로로 청 정부로부터 받은 '가혜예림嘉惠藝林'이라는 말로부터 따온 이름이다. 광서光緒33년(1907) 정병丁丙의 자손이 사업에 실패하여 장서를 팔아서 빚을 갚게 되었다. 정병丁丙이 세상을 뜨고서 아직 8년 밖에 지나지 않았다. 호시탐탐 그것을 노리고 있었던 것은 일본의 재벌이었다. 같은 해에 육심원陸心源의 벽송루皕宋樓 소장서가 일본에 팔렸다. 사대장서가 중 둘이 없어지면 강남의 고서적 분야는 껍질만 남게 된다. 그래서 정치가인 돤팡端方이 7만3천원으로 사들여서 강남도서관江南圖書館을 설립, 난징도서관南京圖書館의 전신이 되었다.

이와 같은 역사를 생각하면서 정 씨의 팔천권루본八千卷樓本을 난징南京에서 보고 있으니, 일찍이 정 씨가 동분서주하던 모습이 눈에 보이는 듯하다. 그리고 귀국한 다음날, 내가 근무하는 대학[20]의 귀중본 서고에서 별 생각 없이 손에 들고 책을 펼친 뒤 나도 모르게 탄성을 지르고 말았다. 게초慶長9년(1604)에 원의 지정至正 연간(1341~1370) 간본을 복각한 『대광익회옥편大廣益會玉編』의 권두에 팔천권루의 장서인(도16 하)이 선명하게 찍혀있는 것이다. 어제 생각하였던 것이 오늘의 놀라움으로 일전하였다. 책의 혼인가, 아니면 정 씨의 혼인가.

부언하자면 최근 일본의 어느 대학 교수가 자신이 소장하고 있던 정 씨 구장본을 난징도서관에 기증하였다고 한다. 예원의 진실로 아름다운 이야기이다. 박수갈채를 보내고 싶다.

---

[20] 저자가 근무하는 연구소는 게이오慶應대학의 시도斯道문고이다.

5. 선본에의 길

1) 책의 크기와 표지의 빛깔

　원래의 이야기로 되돌아가자. 대체로 선본이란 어떠한 의미를 지닌 책인가에 대하여 설명하고 있었다. 그러나 선본을 판별하는 것은 지식으로 정리될 정도로 용이한 일이 아니다. 선본이라는 것은 요컨대 '좋은 책'이라는 것이다. 서지학에서 좋은 책이라는 것은 내용이 좋다는 것만을 의미하는 것은 아니다. 그래서 내용을 모르니까 서적을 판단할 수 없다는 것은 다소 성급한 결론이다. 내용을 모르면서 책을 만지작거리고 있는 것뿐이라고, 그것을 완물상지玩物喪志라고 하여 서지학을 경원해버리는 경우도 적지 않다. 완물상지라는 것은 『상서尙書』에 보이는 말인데, 사물을 가지고 놀면서 지志를 잃어버리는 것을 뜻한다. 그러한 경우에는, 아니 그렇지 않고, 가짜를 찾고 있습니다 라고 대답해 줄 용기가 있으면 된다. 그렇다, 만지작거린다는 것에 깊은 의미가 있는 것이다. 선장본의 고서적을 손에 들고 처음에 느끼는 것은 무엇일까. 역시 그 책의 크기에 신경이 쓰일 것이다. 크고 훌륭한 책은 좋은 책임에 틀림없다고 생각하는 것은 극히 자연스럽다. 겉만 번지르하다는 말도 있지만 크기 때문에 보존할 때 별치본이 되고 선본에 들어가는 일도 왕왕 있다. 그러면 실제로 책의 크기에 의미가 있는 것일까?

당본唐本 제작과 명대의 대형본

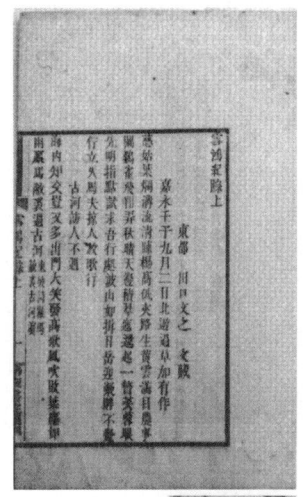

도17 중국식으로 제작한 시집. 막부 말기의 목활자에 의한 인쇄로서 세로가 기다랗다. 판심에 '파쇄擺刷'(활판活 版의 의미)라는 중국식 표현을 사용하였다.

일본에서는 일본 고유의 종이에는 반지판半紙判과 미노판美濃判이라는 규격이 있으며, 그것을 절반으로 접은 것을 각각 반지본半紙本·대본大本, 다시 그 절반을 소본小本·중본中本이라고 불러서 책 크기의 표준으로 삼았다.[21] 중국에는 오히려 이러한 규격이 없어서, 건상본巾箱本(특히 작은 책) 등을 제외하고는 서적의 크기에 대하여 이러쿵저러쿵 얘기하지 않는 편이다. 중국식 장정의 특징이라고 한다면 일본식으로 장정한 화본和本에 비하여, 가로가 짧고 세로가 길다. 가로가 짧고 세로가 기다란 것을 다테나가縱長라고 하며, 에도 시대에는 이것을 모방한 크기의 책이 많이 나왔다. 특히 막부幕府 말기에는 중국식 제작이라고 하여 인기가 많았으며, 얼마간 멋스럽다는 이미지가 있었다(도17).

서적의 판형에서 『영락대전永樂大典』과 같은 특수한 것을 제외하고 특필할만한 것은, 명대 궁중의 출판소인 경창經廠에서 출판된 것으로

---

[21] 정확한 규격은 정해져 있는 것이 아니지만 대체로 반지판半紙判은 약 242×334mm 이며, 미노판美濃判은 약 273mm×393mm 정도이다.

판식版式이 큼직하고 당당한 대형본이다. 이것을 경창본經廠本이라고 한다. 경창이란 환관이 지배하는 관청의 하나로서 사례감司禮監에 속하는 기관이며, 황실의 불교관계 행사나 황제에 관련된 서적의 출판을 담당하였다. 사례감司禮監은 의례儀禮·상주문上奏文을 관리하는 절대 권력을 가지고, 금전·인력에서 공전의 규모를 자랑하였다. 따라서 경창은 사치스러웠으며, 『불장佛藏』·『도장道藏』·『대명일통지大明一統志』 등 대규모의 서적을 출판하는 데에 있어서 고급스러운 면지綿紙[22]를 사용하여 커다란 판목에 여유 있게 글자를 새겼다. 그러나 그 내용을 교감하는 데에 있어서는 그다지 정치하지 못하였다. 명대에 대하여 덧붙이자면, 난징과 베이징에 국자감國子監이 있어서 『십삼경十三經』이나 『이십일사二十一史』 등 학술적으로 유익한 책의 출판에 관여하였다. 남감본南鑑本·북감본北鑑本이라고 통칭하는데, 이것도 대형 판본이다. 또한 황제의 아들이 각지에 번왕藩王으로서 봉해진 제도를 배경으로 각 번부藩部가 훌륭한 책을 출판하였다. 이것을 번부본藩部本이라고 한다. 가령 9대 헌종憲宗의 아들 공왕恭王 우휘祐楎의 세력이 흥성하였던 산둥山東 칭저우靑州의 형번衡藩에서는, 개국의 선조 홍무제洪武帝의 칙령으로 편찬한 자서字書 『홍무정운洪武正韻』을 가정嘉靖·융경隆慶 연간(16세기 중반)에 몇 번이고 복각覆刻하였다(도18). 이것들은 특별히 대형이라고까지는 할 수 없지만, 장정이나 종이의 질에 있어서는 매우 사치스럽다. 명대의 출판에 관해서는 『명대출판사고明代出版史稿』(繆咏禾, 江蘇人民出版社, 2000) 등을 참조할 수 있다. 어떻든 명대의 서적 형태는 대형이

---

[22] 면지綿紙 : 일종의 나무껍질 섬유로 만든 종이로서, 색깔이 하얗고 부드러우며 질기다. 섬유가 가늘고 길며 솜과 같아서 이와 같은 이름으로 불린다.

도18 형번衡藩의 각본각본. 표지는 비단이며, 종이도 질이 좋은 호화로운 책이다.

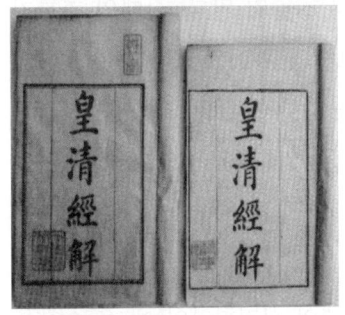

도19 청대의 경서에 관한 논문의 집대성인 『皇淸經解』(阮元 편). 왼쪽이 도광9년의 초인본. 오른쪽은 함풍11년의 보각본補刻本. 초인본은 사이즈가 크다.

었던 경향이 있는데, 이것은 일종의 시대적인 특징이었던 것을 알아둘 필요가 있다. 명대의 서적 형태는 또 조선이나 일본에도 영향을 미쳤다. 일본에서는 게초慶長 시대 (17세기 초)에 목활자에 의한 대형본(古活字版)이 유행하였다. 당당함이 명 왕조의 것에 뒤떨어지지 않는다. 그러나 역시 시대에 따른 변화가 찾아와서, 서적의 형태도 전성기를 지나자 그 크기가 점점 작아졌다. 즉, 에도 시대의 초기보다는 중기, 중기보다는 후기, 명대보다도 청대, 초인본初印本보다도 후인본後印本(도19)과 같이, 시대가 뒤로 갈수록 책의 크기도 작아졌다. 불가사의한 일이다. 책 표지의 색상도 그러하다. 에도 시대에는 초기부터 빨강색이나 갈색이 유행하였는데, 시대가 흘러갈수록 그 색상이 점점 엷어졌다. "왜 그럴까?"라는 우스갯소리가 유행하였지만 마치 그와 같다. 그 이유를 밝혀내는 일 자체는 그다지 의미는 없지만, 매우 자연스러운 현상이다. 서적에 이러한 일이 일어나는 것은 하나 둘이 아니다. 그 말로 표현할 수 없는 진실을 체득하는 것이 서지학의 묘미라고 할 수 있다. 커다란 것은 좋은 것이다. '커다란 책'이 좋은 것은 시대가 오래되어서 '좋은 책'인 것이다.

표지도 색상이 진한 것은 시대가 오래되어서 '좋은 책'이다. 옛 서적의 가로와 세로의 크기를 측정하면 이상하게 여기는 경우도 있다. 그러나 그것으로 초인본과 후인본을 구별할 수도 있다. 이것도 '좋은 책'을 식별하기 위한, 어엿한 의미 있는 연구행위인 것을 알아야한다.

2) 책의 무게

앞에서 책을 만지작거리는 일이 의미가 있음을 말하였다. 그러나 고서적의 원본을 너무 만지작거리는 것도 좋지 않다. 손때의 기름기가 책의 종이에 스며들기 때문이다. 고서의 종이는 약간의 수분이나 먼지에는 강하지만 기름때는 절대 떨어지지 않는다. 손을 씻고서 고서를 열람하도록 하는 것은 그 기름때를 경계해서이다. 그렇지만 고서가 실용적인 책이었던 시대에는 이러한 가치관도 의미가 없다. 오히려 읽혀지고 읽혀져서 기름때에 찌든 책이 책으로서는 오히려 행복했을지도 모른다. 청대 말기와 민국 시대의 서지학자인 예더후이葉德輝는 후난湖南의 창사長沙에서 35만 권의 선본을 보유하고 있었다. 제자를 모아놓고, 옛날 판본의 감별·고사본古寫本의 시대·서명의 변천·인쇄의 역사 등에 대하여 침을 튀기면서 간곡하게 설명하였다. 식사 시간이 되면 재빨리 해치우고 강의를 계속하니, 제자들도 그와 함께 역시 식사를 얼른 해치웠다. 이것은 2차 대전 전에 만철도서관滿鐵圖書館에서 고서를 수집하였던 마쓰자키 쓰루오松崎鶴雄가 창사長沙에서 예더후이 씨에게 배웠을 때의 모습으로, 그의 저서 『비의 추억(雨の思い出)』(座右寶刊行會, 1946)에 보이는 풍경이다. 그 기름진 음식과 열정적인 강의를 상상하면, 에너지와 서적이 혼합된 소우주

도20 『宋版東坡詩集』, 무로마치 시대의 학승에 의한 메모가 쓰여 있다.

안에서 수많은 옛 서적의 책장을 넘기고 만지작거리는 장면이 떠오르는데, 이것이야말로 장서가의 세계인가라는 생각이 들기도 한다. 일본의 무로마치 시대는 학승에 의한 학문의 전성기이었다. 책이 적었기 때문에, 중국에서 수입되는 신간인 원판元版이나 명판明版은 귀중품으로, 스승으로부터 제자에게 건네어져 계속 읽혀졌으며, 훈점訓點이나 메모를 써넣어서 강의의 자료로 하였다(도20). 메모할 여백이 없어지면 종이를 위 아래로 이어 붙여서 또 써넣는다. 이와 같은 일이 몇 대에 걸쳐서 반복된다. 그 깨알 같은 글씨를 보면, 밀도 짙은 집중으로 인한 기름땀 냄새가 도망치고 싶을 정도로 전해오는 것이다. 현재 사쿠라佐倉의 역사민속박물관에 소장되어 있는 국보인 송판『사기史記』는 바로 이와 같은 책으로서, 그것을 손으로 집었을 때의 묵직함은 지금도 내 손의 감촉에 남아있다. 송판 그 자체는 말할 것도 없고, 거기에 더해진 학승들의 독서에 의한 기름때의 묵직함이야말로 국보의 가치를 지니고 있을 것이다. 일본 중세의 학승은 참다운 의미로 중국의 학문을 받아들였다. 기름땀투성이가 되어 끈기 있게 열중하지만 그다지 집착하지는 않으며, 휙 하고 해결 정리한 뒤 앞으로 나아가 껄껄 웃고 있는, 그러한 모습이 상상된다. 예더후이와 중세 학승들을 비교하는 것은 당돌할지도 모르지만, 나는 이 공통점이 중일 서적 문화의 출발점이라고 생각한다.

『고일총서古逸叢書』 초쇄본의 무게

그런데 그 '무게'가 문제가 된다. 앞에서 커다란 책이 '좋은 책'이라고 했는데, 무거운 책도 '좋은 책'이라고 말하면, 매우 비과학적인 발언이라고 비난할지도 모르지만, 이것도 하나의 진리인 것을 원본을 손으로 만지는 많은 사람들은 경험하였을 것이다. 책이 크니까 무겁다, 종이가 두꺼우니까 무겁다는 등, 여러 가지 이유는 있을 것이나, 이유를 따지기 전에 책이 좋고 나쁜 것을 판단하는 것도 서지학의 중요한 방법의 하나이다. 청대 광서光緖 연간 초기(19세기 말), 중국번曾國藩의 제자인 여서창黎庶昌(1837~1897)이 외교관으로서 일본에 갔을 때, 양수경楊守敬과 함께 일본에 있는 선본을 복각覆刻하였다. 그것을 『고일총서古逸叢書』라고 하는데, 양국의 학계로부터 절찬을 받았다. 밑글씨·각공·종이, 모두 일본의 기술을 사용하여, 도쿄의 대사관에서 초판을 출판하였다. 기획력도 뛰어나지만, 그 출판 기술은 놀라울 정도이다. 종이는 상질의 히초고로쿠가미斐楮交漉紙인데, 중국의 서지학계는 이 종이를 최상의 것으로 높이 평가하였다. 학자들은 이 종이를 미노가미美濃紙[23]로서 중히 여기고, 갖고 싶어했다고 한다. 에도 시대에 진상하는 책 등에 사용된 먹이 잘 먹는 양질의 종이이다. 나중에 이 책은 판목이 중국으로 옮겨져 중국의 종이로 자주 인쇄되었으며, 소위 후인본이 유행하였다. 지금 시험 삼아서 이 총서의 하나인 『복송본광운覆宋本廣韻』의 초쇄본과 후인본을 비교하면, 무려 900 그램과 645 그램으로 차이가 난다. 초쇄본의 묵직함은 비교」

---

[23] 미노가미美濃紙: 미노美濃에서 생산되는 닥나무로 만든 일본 전통종이의 총칭. 종이 질이 튼튼하고 서적 등의 목판인쇄를 비롯하여 문서 필사나 포장지, 문창지 등에 적합하다.

할 바가 없다.

쓰다 호케津田鳳卿의 『간시군코韓子訓詁』 초쇄본

　가가가나자와번加賀金澤藩의 번사藩士로 쓰다 호케津田鳳卿라는 사람이 있었다. 고카弘化4년(1847)에 69세로 세상을 뜬, 번藩의 학교 메린도明倫堂의 선생이다. 그의 저서 『간시군코』는 『한비자韓非子』의 주석서이다. 일본의 『한비자』 주석서는 호사카 세소蒲坂青莊의 『간피시산분韓非子纂聞』, 오타 젠사이太田全齋의 『간피시요쿠제韓非子翼毳』 정도로서 숫자가 적다. 모두 사본으로 전해졌는데, 『간시군코』는 분카文化 연간(19세기 초) 사설 학교에서 초판을 출판하였으며, 나중에 오사카의 출판사가 후인본後印本을 대량으로 인쇄하여 베스트셀러라고 해도 과언이 아니었다. 따라서 초쇄본은 숫자가 적었으며, 후인본은 같은 판목版木이면서 훈점訓點 등을 정정하여, 텍스트로서는 후인본이 뛰어났다. 그렇지만 사설 학교에서 처음에 출판한 판본의 모습을 알 수 있기에, 서지학적으로는 초쇄본을 선본으로 간주한다. 그러면 무게를 달아보자. 초쇄본이 1440그램, 후인본은 1280그램이다. '좋은 책'이 반드시 내용이 좋다고는 할 수 없다. 그러나 초쇄본의 눈에 띄는 선명한 먹의 빛깔과 그 묵직함은 선본의 빠뜨릴 수 없는 요소 가운데 하나이다.

　요컨대, 예를 들자면 끝이 없지만 옛 서적의 무게는 시대가 뒤로 갈수록 가벼워지는 경향이 있다.

3) 서문과 발문跋文

책에는 당연히 표지라는 것이 있다. 말하자면 책을 감싸는 옷과 같은 것이다. 그래서 중국에서는 책의 표지를 서의書衣(책의 옷)라고 부른다. 서의는 보통 부드러운 대나무로 만든 종이를 사용하며, 한 손으로 잡고 페이지를 넘길 수 있게 되어 있다. 일본의 고서적은 모두 표지로서 단단한 종이를 사용하기 때문에 한 손으로 표지를 접을 수 없다. 고서적을 대하는 방법과 그에 대한 이미지에 있어서, 중국과 일본의 차이점을 잘 알아두지 않으면 여러 가지 엇갈리는 점이 생겨나기 때문에 주의해야한다. 중국 문인의 이미지는 왼손에 선장본을 들고 오른손에는 붓을 들고 있는 씩씩하고 시원스러운 모습임에 비하여, 일본의 한학자는 근엄하게 정좌하여 독서대를 향하고 있는 이미지이다. 실제로는 여러 종류의 사람들이 있지만, 접하는 고서적이 송판이든 석인본石印本이든 이러한 이미지의 차이점이 서적을 감정하는 데에 커다란 의미가 있다. 송판이든 원판이든 일본에서는 일찍이 학승이 메모를 가득 적어놓고 교과서로 사용하였던 것은 앞에서 기술하였다.(47쪽 참조) 그러나 중국에 전해 내려오는 송·원의 고판본은 매우 깨끗하여서 메모를 써넣은 것은 그다지 찾아볼 수 없다. 문자가 쓰여 있는 지면을 더럽히는 것을 싫어한 듯하다. 본문에 비평과 주석을 써넣은 판본은 청대 이후에 많아진다. 그러면 씩씩하고 시원스러운 모습으로 붓과 책을 양손에 들고 있는 것은 왜일까? 그것은 발문跋文을 쓰기 위해서이다. 그래서 일본에서는 옛날에 본문에 써넣은 메모는 중시되지만, 중국에서는 그것보다는 발문을 중시하는 풍습이 있는 것을 하나의 이미지로서 이해하지 않으면 안 된다. 일반적으로 서

문이나 발문이라고 하는 것은 책과 함께 인쇄되는 것이라는 고정관념
이 있지만, 이것들은 원래 손으로 써서 더해진 것이다. 책이 한 권
성립되면 선생이나 친우에게 보여주고 서문이나 발문을 청한다. 서문
이 앞에 오고 발문이 뒤에 온다고 정해진 것도 아니다. 서문이나 발문
을 저자 자신이 쓰는 경우도 있다. 책이 성립된 시점에 써진 서문과
발문은 책의 출판과 크게 관련되며, 책이 간행될 때 함께 인쇄되는
것이다. 그래서 일본의 서지학에서는 서문이나 발문이 써진 연도를
취하여 도서 목록에 '서간序刊'이나 '발간跋刊'이라고 기록하고, 그것
을 책의 간행년으로 삼는 일이 있다. 중국에서는 특히 서문과 발문을
중시하기 때문에 '서간序刊' 등의 단어는 사용하지 않고, 서문과 발문
의 연도를 그대로 책의 간행 연도로 삼는다. 다만 주의할 점은, 나중에
원래의 서문과 발문을 그대로 복제하여 새롭게 책을 출판할 경우(重
刊)에는 당연히 원래의 서문과 발문의 연도로써 책의 간행년으로 삼
을 수 없게 되는 것이다. 중간할 때 더해진 서문과 발문의 연도를 찾
지 않으면 안 된다. 이것은 당연한 것 같지만, 사실상 목록을 기술할
때의 오류는 대체로 여기에 기인한다. 요컨대 서문과 발문은 책과 함
께 인쇄되어 존재하는 것이라는 관념이 재앙이라고 할 수 있다. 서문
과 발문은 책이 성립된 다음에 쓰여져서 책에 더해진다는 것을 전제
로 하여, 눈앞에 있는 고서적이 얼마나 오래 되었는가와 서문·발문의
연도를 저울로 달아서 같은 시대인지 아닌지를 판단한다. 이것이 서
지학의 참다운 맛이다. 가령 송대 구양수歐陽脩의 문집에 제자인 소
식蘇軾의 서문이 첨부되어 있다고 하자. 이 책의 실체가 도저히 송대
의 것이라고 생각되지 않는다면, 소식 서문의 연도를 책의 간행년으
로 할 수 없다. 그러나 매우 오래된 것처럼 보인다면 소식의 서문 간

행년도를 근거로 판단하여도 좋다. 만약 그렇다면 국보급 물건이라고 할 수 있다. 대체로 명·청 시대 저자의 것은 서문과 발문이 책의 간행 연도에 가까운 것으로 보고 시작하며, 원대 이전 저자의 것은 우선 그 서문과 발문의 연도를 간행 연도로 보지 않는다. 이것이 원칙이다. 고간본의 서문·발문의 연도가 서적 간행 연도와 일치하는 것은 초일류급 물건이라고 보아도 좋다.

서문·발문과 선본의 가치

도21 汲古閣 초인본으로 8종의 서문을 첨부하고 있는 『十三經注疏』

서문을 나중에 더하여 간행하는 일은 적으며, 처음에 여러 건을 합하여 한꺼번에 새기는데, 시대가 흘러가면서 서문의 숫자는 줄어든다. 명말의 유명한 장서가 급고각汲古閣의 모진毛晉(1599~1659)이 출판한 『십삼경주소十三經注疏』는 초인본에 8~9종의 서문이 붙어있다. 『십삼경주소』의 인쇄 지면은 눈이 튀어나올 정도로 아름답다(도21). 상하이의 푸단復旦대학과 일본의 호사蓬左문고에 소장되어 있다. 이 판본은 청대 후기까지 인쇄되는데, 서문은 하나만 남아있거나 전부 없어지게 되었다. 요컨대 서문의 숫자가 많을수록 초인본에 가까워서 선본으로서의 가치가 있다. 그래서 한 손에 책을 든 씩씩한 중국의 문인이 기록한 발문은 출판과 관계없이 써진 것이기에, 손 글씨 그대로 남게 되는데, 이것을 수발手跋이라고 부른다. 유명한 문인의 수발이 있으면 보통 판본이라도 선본으로 인정된다. 서적보다도 발문을 중시하는 셈인데, 이것은 중국 서지학의 특징이다. 또한 발문만을 모으는 학문도 발전하였는데, 가장 선호하는 것은 청대 중기의 대장서가 황비열黃丕烈의 수발이다. 이것을 손에 넣기 위하여 이후의 장서가는 이런 저런 방법을 모두 사용하였다. 일본에서는 세카도靜嘉堂문고가 소장하고 있는 육심원陸心源 구장본舊藏本에 가장 많이 포함되어 있는 외에, 몇 건이 여기

도22 黃丕烈의 수발수발. '士禮居主人'··'復翁' 등으로 칭하였다.

저기 흩어져 있다. 황비열 수발의 매력은 부드럽고 따뜻한 느낌의 글자에 있는데, 여기에 황비열의 책에 대한 애착이 나타나 있는 듯하다 (도22). 『사례거장서제발기士禮居藏書題跋記』(書目文獻出版社, 1989)·『요포장서제지蕘圃藏書題識』(上海遠東出版社, 1999) 등 황비열의 발문을 모은 명저가 있다. 이와 같은 서문·발문의 학문은 『국립중앙도서관선본서발집록國立中央圖書館善本序跋集錄』(國立中央圖書館, 1992~1994), 『국립중앙도서관선본제발진적國立中央圖書館善本題跋眞跡』(國立中央圖書館, 1983) 등의 성과를 얻고 있다. 이상으로 중국 문인의 서적에 대한 이미지는 선본을 알기 위하여 빠뜨릴 수 없는 요소인 것을 알 수 있을 것이다.

4) 책의 봉면封面

책의 표지는 현재 중국어로 봉면封面(현대 중국어 발음은 '펑몐')[24]이라고 한다. '封面'이라는 말이 언제부터 생겼는지는 분명하지 않지만, 책의 첫머리, 즉 책의 얼굴을 '덮다·감싸다'라는 의미로서 '봉하다(封)'라는 말을 사용하였다. 즉, 원래 겉표지의 안쪽이 현재의 표지 역할을 하였기에, 현재 책 겉표지에 쓰여 있는 서명, 저자명 등의 사항이 고서적에서는 표지 안쪽에 쓰여 있었으며, 이것을 봉면封面이라고 하였다. 현대 중국어에서는 이 '감싸다'라는 의미를 지닌 '封面'이라는 옛 단어로써 그대로 서명 등이 쓰여 있는 겉표지를 나타내게 되었다. 따라서 '封面'이라는 말은 중국에서는 매우 애매한 용어이다. 요컨대 책의 외면에 대해서는 그다지 구애받지 않는 것 같다. 구애받는 것은 유명인의 발문이라든가 제자題字[25] 등이며, 표지는 어디까지나 책 전체를 감싸는 옷에 지나지 않았다. 제첨題簽[26]이나 책의 목차를 인쇄하여 겉표지 위에 붙이는 일도 자주 있었는데, 오랜 세월이 지나면 벗겨지고 없어져버리는 것이 보통이다. 그래서 그러한 것들을 보호하기 위하여, 다시 바깥쪽에 표지를 덧씌웠는데, 책이 성립되었을 무렵의 표지를 원표지元表紙(원장原裝)라 하고, 나중에 덧씌운 표지를 개장改裝이라고 불러서 구별한다. 중국에는 송대의 표지가 남아있는 것도 있으며, 황실용으로 주문 제작한 호화스러운 표지도 있지만,

---

[24] 봉면封面: 선장본線裝本 옛 서적에서는 속표지를 말하고, 신식 양장본 책에서는 책뚜껑인 겉표지를 말한다.
[25] 제자題字: 책의 첫머리나 그림, 족자, 비석 따위에 쓴 글.
[26] 제첨題簽: 표지에 직접 쓰지 않고 다른 종이쪽지에 써서 책의 앞표지에 붙이는 제목 등의 문구.

도23 봉면封面에 서명·저자명 등이 쓰여 있다.

도24 왼쪽 아래에 출판자 이름이 들어간다.

이러한 예는 희귀하고 거의 모든 고서는 개장이기 때문에, 표지를 선본 감정의 자료로 삼는 일은 적다. 일본에서는 표지에 구애받는 일이 많아서, 표지의 모양이나 제첨, 색상과 시대 등이 책의 구성요소에서 차지하는 비율이 제법 크다. 또한 표지의 바깥쪽과 안쪽을 구별하여 안쪽을 '미카에시'[27]라고 하며, 안에 표지가 하나 더 있으면 그것을 '도비라扉'라고 한다. 그리고 이와 같은 중국과 일본의 의식 차이는 봉면(일본의 미카에시)에 있어서 현저하였다. 책을 손에 들고 표지를 열면 바로 눈에 들어오는 것은 커다란 서명이다. 앞에서 얘기한 바와 같이 중국에서 봉면은 원래 서명, 저자명을 기록하는 표지의 역할을 담당한 것으로, 그 이상의 것은 아니었다(도23). 그런데 나중에 출판인이 자신의 서재명을 더하여 선전하는 습관이 생겼다(도24). 일본에서는 에도 시대 출판업이 흥성하게 되자 이 습관을 강조하여 모방하였기에, 일본에서는 미카에시가

---

[27] 미카에시: 일본 전통 책의 표지 안쪽에 붙이는 천 또는 종이. 저자명·서명·발행소명 등을 표시하며, 또는 장식으로 그림 등을 그려 넣는다. 양장본洋裝本에서는 표지와 본문과의 사이에 2페이지 크기의 종이를 각각 끼우는데, 반(한 페이지 분량)은 표지 안쪽에 붙이고 나머지 반은 본문과 접한다.

도25 실제로는 책 이름과 달리 '六臣全註'가 아니다.

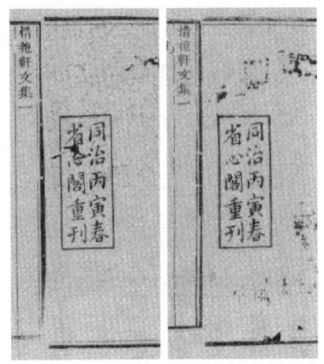

도26 왼쪽과 오른쪽은 같은 판목版木이 아니다

서적 출판의 정보를 전달하는 가장 중요한 곳이라고까지 생각하게 되었다. 실제로 봉면(일본의 미카에시)에는 출판 연도나 출판한 사람이 기록되어 있기에, 서지학에서 유익한 부분이지만, 중국과 일본의 차이점을 인식하여야 한다. 또한 중국의 봉면은 어떠한 점에서는 오히려 일본의 미카에시보다 더욱 주의하지 않으면 안 된다. 도판에서 제시한 『문선文選』은 명대 말기의 급고각汲古閣본을 건륭乾隆59년(1794)에 중간重刊한 것인데(도25), 『육신전주六臣全註』라고 하는 것은 사실이 아니다. 『문선』에는 당대 이선李善의 주를 더한 판본, 당대 5인의 학자가 주를 더한 오신주본五臣注本, 이선과 다섯 학자의 주를 더한 육신주본六臣注本이 있는데, 이 급고각汲古閣본은 이선李善이 단독으로 주를 가한 것으로, 육신주본이 아니다. 청대 동치同治5년(1868)에 성심각省心閣이 출판한 청 요내姚鼐의 『석포헌문집惜抱軒文集』(도26)은 도판의 왼쪽과 오른쪽이 똑같은 것처럼 보이지만 같은 판목이 아니다. 즉, 둘 가운데 어느 한 쪽이 봉면의 연도까지 그대로 복각覆刻한 것이다. 어느 한 쪽이 1868년보다 나중에 간행된 것이다. 이와 같이 간행 연도를 사각으로 둘러싼 것을 목기木記라고 하는데, 어떻든 봉면의 기록을 그대로 믿어서는 안 된다.

가각본家刻本과 봉면封面

그러면 봉면에 담겨있는 가치는 어디에 존재하는 것일까? 그것은 앞에서 기술한 가각본에서 봉면은 그 진가를 발휘한다. 중국 출판의 근거가 가각본인 것은 앞에서 기술한 바와 같다. 조상이나 가족, 또는 자신의 저술을 자비로 출판하는 것이 실은 중국 출판 문화사에서 가장 화려하고 힘이 들어간 한 측면이었다. 상업출판은 가각본이 발전한 한 형태이며, 가각본에 대한 집념은 중국의 서적 출판에 뿌리 깊게 살아있었다. 그처럼 정성을 다한 가각본에 붙어있는 봉면을 보면 아무튼 놀라울 정도이다. 중국과 비교하여 일본의 장서가는 봉면을 중시하기 때문에 봉면을 다른 종이로 덮어서 보호하여 봉면이 잘 보이지 않는 경우가 많아 복사하기 어렵다. 가령 청대 가경嘉慶13년(1808)에 송 육전陸佃의 『이아신의爾雅新義』를 자손인 육지영陸芝榮이 삼간초당三間草堂에서 간행한 것 등은 수백 년 내려온 가학을 출판한 것으로 매우 아름다워서, 시대는 오래되지 않았지만 선본이라고 한다. 청의 고증학자인 초순焦循(1763~1820)의 저작은 가경嘉慶25년(1820)에 세상을 떠난 다음, 집안의 반구서숙半九書塾에서 계속 출판하여 가학을 강조하였다(도27). 청 건륭

도27 청 焦循의 유저遺著

도28 청 吳玉綸의 문집

乾隆 연간의 정치가 오옥륜吳玉綸은 건륭60년(1795)에 자신의 문집을 『향정문고香亭文稿』라는 서명으로 집안의 자덕당滋德堂에서 간행하였다(도28). 학문과 문예에 대한 정성과 우아함은 이러한 가각본에서 그 본령이 유감없이 발휘되며, 봉면은 그 증거로서 보는 사람에게 무엇인가를 얘기해준다. 시대가 어떠하든 송·원판과 마찬가지로 가각본이 선본으로 인정되는 이유이다.

5) 행수行數와 자수字數(1) - 장뱌오江標의 발상전환

중국의 문헌학을 배우는 데에 있어서 잊어서는 안 되는 사람으로 장뱌오江標(1860~1899)가 있다. 장쑤성 쑤저우蘇州(元和) 사람으로 광서光緖15년(1889)의 진사進士이며, 후난湖南 학정學政(청대 각 성의 교육행정 장관)으로 근무하였다. 광서21년(1895) 후난에 부임하였을 때 경세치용經世致用의 학문을 추진하고자 하였다. 때마침 양무운동이 일어나 서양화의 물결이 밀려들어 왔지만, 1895년 일본과 청일전쟁을 겪고서 점점 청나라 정부에 정치개혁을 요구하는 움직임이 강해졌다. 유신파라고 불리는 이 일련의 운동은 광서24년(1898)의 무술유신戊戌維新으로 발전하여, 광서제光緒帝의 명을 받아 새로운 정치를 단행하였는데, 자희태후慈禧太后의 반대로 실패하여 백일유신百

日維新이라는 이름을 얻게 되었다. 지도자격인 캉유웨이康有爲·량치차오梁啓超는 해외로 도피하였는데, 탄쓰퉁譚嗣同 등은 목숨을 잃었다. 이러한 과격한 결과를 초래한 개혁의 거점 가운데 하나가 후난 창사長沙이었던 것은, 중국의 서적 문화에 있어서는 불행한 일이었다.

청말의 정치대립과 서지학자들

광서光緒21년(1895) 후난湖南 순무巡撫(知事)가 된 천바오전陳寶箴은 서양의 학문을 적극적으로 도입하려고 하였던 장뱌오江標의 교육개혁을 지지하였다. 천바오전은 군기대신軍機大臣 웡퉁허翁同龢와 함께 유신파의 거물이었다. 광서23년에는 염법도鹽法道(염업이나 수운을 다스리는 장관)인 황쭌셴黃遵憲 및 탄쓰퉁譚嗣同도 창사長沙에서 유신을 행하였으며, 또한 시무학당時務學堂을 열었고, 량치차오를 초빙하여 『상학보湘學報』라는 잡지를 발간, 서양문화의 교육과 선전에 힘썼다. 그러나 창사의 대유학자 왕셴첸王先謙(『속황청경해續皇淸經解』를 편찬, 서재는 허수당虛受堂)과 앞에서 기술한 장서가이자 문헌학 대가인 예더후이葉德輝(46쪽 참조)의 강렬한 반대로, 왕셴첸·예더후이의 악록서원岳麓書院과 장뱌오·량치차오의 교경서원校經書院·시무학당時務學堂으로 교육이 분열되었다. 예더후이는 장뱌오의 제자인 스쭈이류石醉六, 류환천劉煥辰을 감금하여 장뱌오로부터 분리시키려 획책하였다. 이러한 정치대립의 원인이 무엇인지 기술할 순서는 아니지만, 서지학의 매력적인 인물들이 정쟁의 한 복판에서 대치한 사실은 안타깝다.

쟈뱌오江標의 『송원본행격표宋元本行格表』

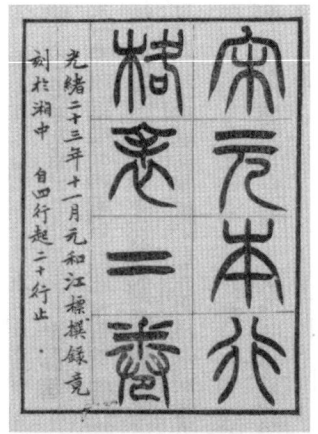

예더후이는 『관고당휘각서觀古堂彙刻書·소간서所刊書』라는 총서를 출판하여, 도서목록이나 희귀본의 복간에 특별한 공적을 남겼다. 이와 같은 시기에 창사에서 쟈뱌오는 『영겸각총서靈鶼閣叢書』를 편찬 출판하였다. 『오대리아주신지澳大利亞洲新志』·『일본화족여학교규칙日本華族女學校規則』 등 기이한 것도 있지만, 도서목록이나 문헌학연구에서 알려지지 않았던 분야를 공간한 유익한 총서이다. 엽창치葉昌熾의 『세서기사시歲書紀事詩』나 황비열黃丕烈의 『사례거장서제발기士禮居藏書題跋記』는 지금도 이 총서에 힘입은 바가 많다. 서양화를 외쳤지만 책을 사랑하는 마음이 깊어서 대장서가 황비열의 연보를 제작하여, 장서가 연구에 새로운 길을 제시하였다. 그러나

도29 江標의 『宋元本行格表』

지금 기술하지 않으면 안 되는 것은 쟈뱌오가 저술한 『송원본행격표宋元本行格表』(도29)라는 책이다. 위에서 기술한 두 파벌이 대립한 광서23년(1897) 창사에서 출판하였다. 서문을 쓴 류자오위劉肇隅는 예더후이의 제자인데, 쟈뱌오가 창사에 온 뒤에는 쟈뱌오를 스승으로 모셨다. 류자오위는 쟈뱌오가 이학異學이 흥성하여 고서적이 황폐해

버리는 것을 깊이 염려하였기 때문에 본서를 저술하였다고 말한다. 또 본서를 예더후이에게 보여주었더니, 완전하여 부족함이 없다고 평하였다고 한다. 두 스승을 중재한 배경은 상상할 수 있는데, 역시 책을 좋아하는 사람은 정치를 초월하여 서로 이해할 수 있는 것일까.

그런데 옛 책은 한 장의 인쇄면을 한가운데에서 반으로 나누어 접는다. 그 한가운데를 판심版心이라 부르며, 거기에 페이지(丁)가 쓰여 있다. 따라서 각 페이지는 바깥(表)과 안(裏)으로 나뉘며, 바깥과 안이 서로 대칭이 된다. 각 페이지에는 본문을 둘러싸는 테두리선(광곽匡郭)이 있으며, 계선으로 행간을 나눈다. 또 판심은 검게 칠하기도 하고, 다양하게 궁리한다. 이러한 지면 형식을 관식款式·판식版式 등으로 부르며, 서지학의 중요한 기준이 된다(권말의 부도 「중국 간본의 명칭」참조). 특히 반 페이지(좌우 대칭이어서 반쪽을 셈하면 된다)의 행수와 각 행의 글자수는 커다란 의미를 지닌다. 행수와 글자수를 기록하는 것만으로 텍스트의 차이점을 알 수 있기 때문이다. 『팔행본주역주소八行本周易注疏』라고 하면 남송시대 간행된 것, 『십행본주역주소十行本周易注疏』라고 하면 원대에 간행된 것을 의미하는 것과 같은 이치이다. 장뱌오는 송·원의 출판물을 그때까지 아무도 생각하지 못하였던 행수별 분류로써, 4행부터 20행까지 정리하였다. 원래 중국 목록의 발전은 '서명·책수冊數'로부터 '서명·저자명·책수', '서명·저자명·간행년·책수'와 같은 과정을 거친다. 청대 중기, 서지학은 손성연孫星衍의 『평진관장서기平津館藏書記』 등을 비롯한 상세한 목록으로 변화하여, 책의 관식款式을 기록하게 되었다. 행수별로 정리하면, 각 목록에 있는 동일한 서명의 책 가운데, 어느 것이 같은 텍스트인지 일목요연해진다. 오늘날과 같은 정보화시대에는 당연한 발상인지 모르겠지만, 당시 이러한 발상 전환이 가진 힘은 평범한 것이 아니었다. 예더후이도 놀랐음에 틀림없다. 장뱌오가 서양문화에 대해서도 이해하고 있었기에 이와 같은 발상의 전환이 가능하였을 것이다. 일본의 한적에 대해서도 나가사와 기쿠야長澤規矩也씨가 이 방법을 이어받았다. 일본의 『논어』를 예로 들면, 가장 오래된 『쇼헤본正平本』이 6행, 게초慶長(1596~1615) 연간의 활자본이 7행으로부터 8행으로, 그리고 에도 시대의 『논어집주論語集注』는 초기의 8행으로부터 전기前期의 9행으로, 등과 같이 시대가 흘러감에 따라 행수가 늘어나는 문화도 파악할 수 있는 것이다. 아마도 장뱌오의 발상 전환이 근대 서지학에서 선본을 파악하는 방법의 근간이 된 것은 틀림없을 것이다. 같은 판본인가, 다른 판본인가와 같은 문제의식도 이러한 기초 작업의 결과로 인해 생겨난 것이라고 나는 생각한다.

6) 행수行數와 자수字數(2) - 그 문헌학적 의미

장뱌오가 『송원본행격표宋元本行格表』에서 고서적의 행수를 정리한 것은 매우 의미 있는 발상이었다고 앞 절에서 말하였다. 각 페이지는 몇 행으로 나누어져 있는가? 실제로 그것이 어느 정도 큰 의미를 지니고 있는지 예를 들어보자.

간다神田의 진보초神保町라고 하면 세계적으로 유명한 고서점 거리인데, 특히 한적을 전문으로 다루는 집은 그렇게 많지 않다. 그 가운데 잇세도一誠堂서점은 한적 중에서도 일급품만을 취급하는 오래된 서점이다. 그 잇세도가 몇 년 전에 100주년을 맞이하여 그 기념으로 진귀한 소장품 75점을 판매하였다. 거기에 한적 몇 점이 들어있었는

도30 『李元賓文集』

데, 그 중 하나가 송판『이원빈문집李元賓文集』5권1책이었다(도30). 당대 이관李觀의 문집으로 송판은 중국에 남아있지 않아서, 현재는 이 판본뿐인 말 그대로 고본孤本이다. 어느 정도 읽혀졌는지는 분명하지 않으나 옛날부터 일본에서 전해온 듯하며, 명·청 장서가의 손을 거친 흔적은 없는 것 같다. 국보로 지정되어야할 선본이다. 그러나 귀중한 송판인 것은 분명하지만, 그 이상의 가치가 있는 것인지 나는 알 수 없었다.

행수에 의한 가치 판단의 실제

뭔가 근질근질한 느낌을 불식시킬 수 없었기에, 그 서영書影을 가지고 베이징의 푸시녠傅熹年 선생(조부는 민국 시대의 대장서가 푸쩡샹傅增湘)을 찾아갔다. 선생은 사진을 보자마자, "이것은 촉蜀(지금의 四川省)에서 출판된 것입니다"라고 하였다. 즉, 촉간본蜀刊本(蜀刻本)이라는 것이다. 중국의 서지학에서는 이와 같이 출판지를 매우 중시한다. 특히 촉 지방은 출판의 역사가 오래되어서 오대십국五代十國(10세기) 후촉後蜀의 고급 관리 무소예毋昭裔가 그 당시 벌써『문선文選』등을 간행하였다는 기록이 남아있을 정도이다. 남송 시대(12세기 이후)가 되어서는 수도인 항저우杭州(저장성)나 푸젠성, 장시성江西省 등이 출판의 중심지가 되었으며, 각각의 특색을 지니고 일세를 풍

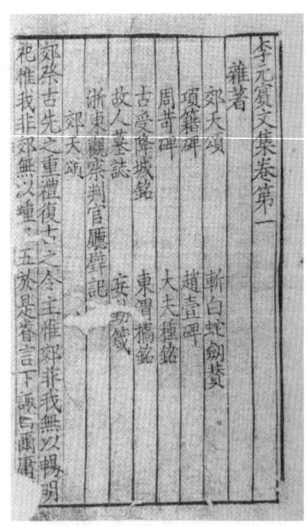

도31 『王摩詰文集』

도32 『李太白文集』

미하였다. 그 특색으로 가장 두드러지는 것은 글자의 풍격으로, 촉은 안진경顏眞卿(709~785), 저장은 구양순歐陽詢(557~641), 푸젠은 유공권柳公權(778~865), 장시는 이 셋을 겸한 것이라는 식으로 당대唐代 대서예가의 글자를 모방하여 새겼다. 안진경체는 필획이 두터우며, 구양순체는 스마트하고, 유공권체는 오른쪽이 올라가는 날카로운 솜씨가 그 특징이다. 송판의 분석은 우선 이러한 것으로부터 들어가지 않으면 안 된다. 아니, 원대 이후의 출판물도 중국에서는 출판지나 서체에 구애받는 경우가 많다. 과연 『이원빈문집』은 두터운 안진경체의 풍격을 지니고 있었다. 푸시녠傅熹年선생은 계속하여, "몇 행본입니까"라고 물었다. 나는 급히 서영書影의 반 페이지 행수를 세었다. "11행입니다."라고 대답하자, 선생은 천천히 일어나서, 『중국국가도서관 고적진품도록中國國家圖書館古籍珍品圖錄』(北京圖書館出版社, 1999)을 꺼내어, 송판 『왕마힐문집王摩詰文集』 10권 (당의 王維)(도31) · 『이태백문집李太白文集』 30권(당의 李白)(도32)

의 도판을 보여주며, "이것과 같은 계열의 것입니다."라고 하였다. 이러한 반응의 민첩함과 명석함, 이것이 바로 중국 일류 서지학의 진면목이다. 우리가 서지학을 배울 때, 개개의 서적을 조사하여 그 서적들에 대하여 깊은 지식을 얻는 것은 가능하지만, 많은 서적에 대해 연구하여 유기적으로 연결시켜나가는 것은 상당히 어렵다. 단지 책을 좋아한다는 것만으로는 해결되지 않는다. 선생은 이어서 말하기를,

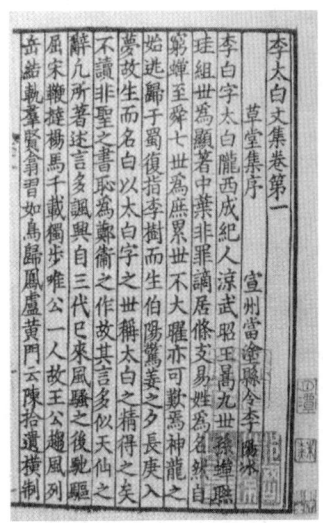

도33 『駱賓王文集』

"촉간본 당인唐人 시문집에는 두 계통이 있는데, 하나는 11행본이고, 다른 하나는 12행본입니다. 11행본은 북송 말기에서 남송 초기까지 출판된 것으로『낙빈왕문집駱賓王文集』(도33)『이태백문집』『왕마힐문집』의 3종 밖에 알려져 있지 않습니다. 12행본은 남송 초기에서 중기까지 출판된 것으로, 맹호연孟浩然·이장길李長吉·황보지정皇甫持正·손가지孫可之 등 20종 정도 알려져 있으며,『송촉각본당인집총간宋蜀刻本唐人集叢刊』(上海古籍出版社, 1994)에 영인되어 있습니다. 행수는 적당히 정하는 것이 아닙니다. 11행으로 이 글씨체라면 이 3종과 같은 계열이라고 생각됩니다. 다시 한 종류가 더해진 셈이니, 대단한 발견입니다."라고 설명하였다. 머릿속을 시원한 바람이 스치고 지나간 듯, 매우 상쾌한 느낌이었다.

행수가 나타내는 선본의 계통

분명히 『중국국가도서관고적진품도록中國國家圖書館古籍珍品圖錄』의 해설에, "반 페이지 11행, 1행 20자, 백구白口, 좌우쌍변左右雙邊, 광곽匡郭 안 세로 18.8센티, 가로 11.1센티"[28]라고 쓰여 있어서, 잇세도의 『이원빈문집』에 대한 해설과 똑같았다. 따라서 이 송판『이원빈문집』은 고본孤本임과 동시에 북송 말기로부터 남송이 된 바로 초기 무렵 쓰촨四川의 메이산眉山 지역에서 출판된 당인唐人 시문집의 하나라는 가치를 지니고 있다는 것을 알 수 있었다. 곁들여 얘기하자면, 다른 3종은 모두 베이징국가도서관 소장이며, 그 중 『이태백문집』은 일본 세카도靜嘉堂문고에도 베이징국가도서관의 것과 같은 판본이 있다. 다만 베이징의 것은 완전하지 않다. 세카도문고 소장본은 육심원陸心源 구장본으로 중요문화재로 지정되어 있다. 세계에서 가장 유명한 선본 중의 하나이다.

요컨대 행수가 지닌 의미는 위와 같은 경우 제대로 살아나는 것이며, 단지 편리하게 정리하기 위한 숫자로 된 기준인 것만이 아니고, 출판사상 깊은 문헌학적 의미를 지니고 있다는 것을 이해하지 않으면 안 된다. 나도 이번에 그것을 절실히 느꼈다.

---

[28] 백구白口: 목판 서적의 한 가운데 접힌 곳의 위와 아래가 하얀 것을 말함.
좌우쌍변左右雙邊: 둘레 4변 중 상하에 한 개의 선이 있고, 좌우에 겹선으로 둘러진 것.
광곽匡郭: 목판 서적에서 본문의 둘레를 에워싸는 외곽.

6. 선본의 아름다움

1) 인기印記(1) - 장서인藏書印의 아름다움

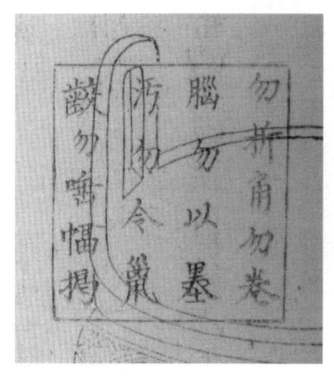

도34

중국의 서적은 아름다움이 추구된다. 그것은 호화로운 아름다움이 아니고, 중국 문인의 감각을 체현한 아름다움이다. 더럽지 않다, 곰팡이 냄새가 나지 않는다, 벌레 먹지 않았다, 등과 같은 차원의 판단 기준이 아니다. 예를 들면 "책의 귀퉁이를 접지 말라, 책의 철한 부분을 접지 말라, 먹으로 더럽히지 말라, 쥐에게 뜯기지 말라, 침을 발라서 페이지를 넘기지 말라."라는 인기印記[29]가 있다(도34). 이러한 일들은 틀림없이 책의 아름다움을 보전하기 위하여 하지 않으면 안 되는 일이기는 하다. 그러나 이 사람 자신이 책에 도장을 눌러서 책을 더럽히고 말았다는 것을 알아야 한다. 중국 서적에서 추구되는 것은 차원이 전혀 다른 아름다움이다. 안정되고, 차분한……. 이것은 아름다운 고서적에 익숙해지면 이해하기 용이하지만, 말로 표현하기 어려운 경지이다. 현대 중국어로 말하자면 '피아오량(漂亮, 아름답다)'이 아니고 '수푸(舒服, 편안하다)'의 감각이라고 할 수 있을지 모르겠다. 개인적인 일이어서 죄송하지만, 나는 이 감각을 배우고 싶어서 중국에 유학하였다. 어떤 주목

---

[29] 인기印記: 장서가가 소장하는 책에 날인한 도장.

할 만한 성과는 없었지만, 배운 것을 약간 여기에 소개해본다.

텍스트의 가치와 책의 가치

중국의 문헌학자에는 청조 말기 이래의 장서가의 풍격을 이어받은 사람과 근현대의 새로운 서지학을 익힌 전문가의 두 유형이 있다. 전자는 이제 얼마 남지 않은 유로遺老인데, 이 사람들은 책에 대한 견해가 매우 엄격하다. 모든 책을 귀중히 여기지만, 아름답지 않은 책에 대해서는 엄격한 평가를 내린다. 그것은 책 자체에 책임이 있는 것이 아니고, 소장한 사람에게 책임이 있기 때문이다. 책의 아름다움을 모르는 사람이 책을 망쳤다라고 평가한다. 역으로 텍스트로서는 아무런 가치가 없지만, 소장자가 아름다움을 끌어내어 선본으로 취급받는 경우도 자주 있다. 이러한 유로들의 아름다움에 대한 가치관은 정리된 아름다움이다. 여기에 선장본인 새 책이 한 권 있다. 이것을 다른 텍스트와 비교하여, 그 다른 점을 먹이나 빨강 글씨로 공란에 써넣는다. 글자는 작은 편이 좋다. 유명한 학자의 설을 이곳저곳에 인용하여도 좋다(이것을 비교批校라고 한다). 최후로 본서의 가치나 자신이 본서를 입수하게 된 경위를 기록한다(수발手跋). 또 기념으로 친우나 스승에게 한 문장 써주기를 요청하여 덧붙인다. 그리고 표지와 장정을 정리하고, 표지에 서제書題[30]를 기록한 뒤, 몇 군데에 장서인을 누르면 완성이다. 이렇게 하여 책은 비로소 선본으로서 되살아나 아름다움을 손에 넣은 것이 된다.

---

[30] 서제書題: 책의 표제標題, 서적의 앞이나 뒤에 써넣는 문자.

장서인의 각풍刻風과 배치

도35

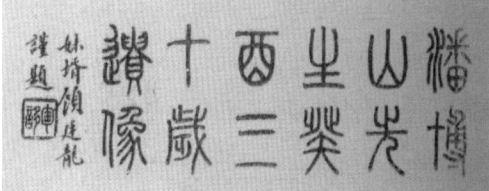

도36 顧廷龍 선생의 글씨(篆書에 특히 뛰어나다)

그런데 그렇다고 해서 무턱대고 써넣거나 인기印記를 더한다고 해서 좋은 것은 아니다. 도대체 무엇을 아름답다고 생각하는 것인가? 추상적인 것이 아닌 구체적인 감각을 알고 싶다. 장서인의 예를 들어보자. 나는 거리에 있는 전각가篆刻家에게 자신의 장서인을 새겨서 책에 날인하고, 스승인 구팅룽顧廷龍 선생에게 보인 적이 있다(도35). 결과는 책을 쓸모없이 만들었다는 것이었다. 글자가 좋지 않다. 글자의 배치가 좋지 않다. 글자의 새김이 좋지 않다. 책을 아름답게 하지 않는다. 언뜻 생각하기에, 이와 같은 평가는 아무래도 미술적이라든가 예술적이라든가, 그러한 이야기는 아닌 것 같았다. 내게 장서인을 새겨준 전각가도 상당히 이름 있는 사람이었고, 가격도 싸지 않았다. 구팅룽 선생에게 그러한 평가의 이유를 들어보니, 우선 전서篆書가 어떠한 것인지 소양이 있는 사람이 새기는 것이 중요하며, 글자의 조그만 변화도 전문가가 보면 금방 알 수 있다고 한다. 글자의 배치는 매우 어려워서, 글자를 알고 있는 사람이 아니면 조화롭지 않다. 글자의 굵기는 일정하지 않으면 안 된다. 직선은 조금이라도 구부러져서는 안 된다. 책을 아름답게 하고, 먹의 색상을 살려주며, 본문의 글자와 판식을 방해하지 않는 차분함이 필요하다는 것이었다. 선생은 전서篆書에 대

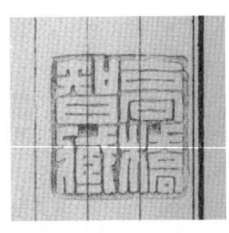 

도37　　　　　도38

한 소양이 깊어서, 청말의 반조음潘祖蔭(1830~1890)·오대징吳大澂·왕퉁위王同愈 등 쑤저우蘇州 금석문자학金石文字學의 전통을 이어 받았다(도36).

선생이 앞의 것 대신 특별히 글자 배치를 안배하여 준 것이 〈도37〉이다. 과연 납득이 가지 않는가? 이것을 새긴 것은 쑨위안커孫元可라는 사람인데, 그가 새긴 것으로 선생의 마음에 드는 다른 인장도 보여주었다(도38).

그런데 쑨孫 씨는 어떻게 이와 같이 인장을 잘 새기는가? 그는 저명한 전각가 천쥐라이陳巨來(1905~1984)의 자손이라고 한다. 전각가라고 하면, 우창쉬吳昌碩와 치바이스齊白石 등이 떠오르는데, 천陳 씨의 전각 풍격은 그들과 전혀 달랐다. 근현대의 전각가 자오수루趙叔孺(1874~1945)의 풍격을 이어받아, "세밀하고 정돈되어 있어 우아하며, 온화하고 아름답다.(工穩典雅，平和秀潤)"라고 평가 받는다. 자오趙 씨도, 최근 세상을 떠난 스저춘施蟄存도, "천陳 씨의 원주문元朱文[31]은 근대 제일, 나라의 보

 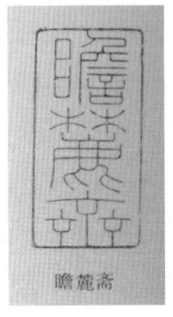

도39　(좌) 陳巨來 씨가 새긴 글씨, (우) 趙叔孺가 새긴 글씨

---

[31] 원주문元朱文: 원대의 양각 인장의 간략한 칭호. 나중에 인장 전각篆刻 풍격의 유파를 형성하였다. 그 풍격은 "고요하고 우아하여 뛰어나며. 정교하고 섬세하며 아름답다(靜雅秀逸，工致雋美)"라고 평가받는다.

물"이라고 칭찬하고 있다. 요컨대 자오수루·천쥐라이의 전각 풍격은 선의 아름다움, 글자의 정돈을 중심으로, 질서와 배열이 명쾌하고 유창하며 차분한 아름다움을 추구하고 있는 것이다(도40). 그리고 이러한 풍격이 책을 사랑하는 사람들에게 가장 사랑받는 감각이었다. 이 인장을 서적 글자의 여러 가지 요소, 즉 글자의 크기·광곽匡郭의 폭·공백의 여유 등을 고려하여 날인한다. 그러면 예시한 도판과 같이 안정감 있는 문인 취미가 배어나오는 것이다. 〈도40〉은 앞 장에서 기술하였던 장뱌오江標의 장서인이다. 또 그 위의 '汪鳴瓊印'이라고 되어 있는 것은 장뱌오 아내의 장서인이다.

2) 인기印記(2) - 문인들 미의식의 연원

천쥐라이陳巨來가 새긴 도장을 날인한 '吳湖颿潘靜淑珍藏印'(도39)은 쑤저우蘇州의 화가 우후판吳湖颿(1894~1968)과 그의 아내인 화가 판징수潘靜淑의 장인藏印이다. 우후판은 오대징吳大澂의 조카이며, 판징수는 반조음潘祖蔭의 조카이다. 모두 청말의 고관이며, 금석서화金石書畵의 대가를 숙부로 두었다. 판징수는 결혼 혼수로서 유명한 송대의 탁본인 구양순歐陽詢의「화도사탑명化度寺搭銘」·「구성궁예천명九成宮醴泉銘」·「황보탄비皇甫誕碑」를 가지고 갔으며, 우후판은 오대징으로부터 역시 송대

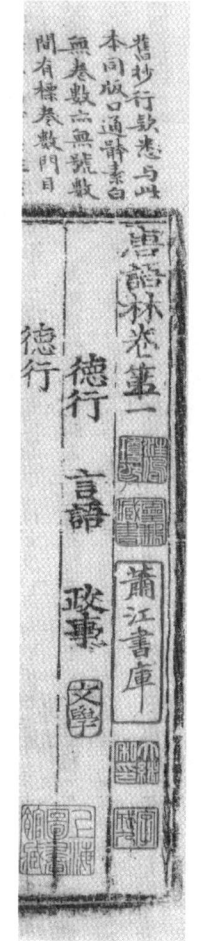

도40 江標의 장서인('蕭江書庫'··'靈鶼藏書')

도41 陳巨來 씨가 새긴 '梅景書屋'

탁본인 구양순의 「우공공비虞恭公碑」를 양도받았다. 두 사람은 이 탁본들로 인하여 자신의 집을 '사구당四歐堂'이라고 부르고, 또 판潘 씨 가문이 소장하고 있던 송 경정景定 시대(1260~1264) 간본인 「매화희신보梅花喜神譜」(上海博物館藏)와 관련지어 '매경서옥梅景書屋'이라고 칭하였다. 문인 기질의 극한이라고나 해야 할 것인데, 천쥐라이가 새긴 '梅景書屋'이라는 인장은 특히 일품이라고 평가받고 있다(도41). 우후판은 그 화풍과 인품으로 교우관계가 넓었으며, 매경서옥은 1920년대부터 선인모沈尹默·장다첸張大千 등의 유명한 화가, 예공춰葉恭綽·진자오판金兆蕃 등의 문인, 메이란팡梅蘭芳과 같은 예술가 등 각 방면 문화인들에 의하여 살롱을 형성하였다. 그리고 이와 같은 청 말기의 기질을 이어받은 민국 시대 문인들이 공통적으로 지니고 있던 미의식을 배경으로 하는 인기 印記의 아름다움이 있었다. 천쥐라이의 전각 풍격은 그러한 미의식을 잘 전달하고 있다. 서적을 아름답게 하는 장서인이라는 요소도 더듬어 보면 그 연원이 있으니, 중국 서지학의 깊이는 정말로 헤아릴 수 없는 것이다.

판징정潘景鄭 선생의 장서인

그런데 판징수의 조상인 쑤저우 우현吳縣의 판潘 씨는 건륭 연간의 장원 반세은潘世恩, 함풍咸豊 연간의 진사進士 반조음潘祖蔭 등을 배출한, 청대에 학문과 정치로 이름을 날린 집안이었다. 그러나 그와 같은 판潘 씨의 학문도 2003년 11월 15일, 판징정 선생(도42)이 97세

도42 潘景鄭선생

로 세상을 떠나자 끝이 났다. 징정鄭 선생은 형 보산博山과 함께 판 씨 가문에 내려오는 고적 문물의 모든 것을 이어 받아, 장서루 방희재滂喜齋를 지켰다. 또 송판『진후산집陳後山集』을 얻은 것과 관련하여 장서루를 보산루寶山樓라고도 칭하였다. 젊어서 국학대사 장타이옌章太炎의 조직체에서 활약하였으며, 신중국이 성립되자 상하이도서관上海圖書館에 근무하며 연구하였다. 소장하였던 모든 문물을 쑤저우시와 상하이도서관에 기증하여 산일을 방지한 것은 징정 선생의 공로이다.

한편 형인 보산은 1943년 40세로 세상을 떠났다. 그의 서지학은 천하일품으로 문인들은 외경의 마음을 품고 있었으며, 그의 재능을 아까워하였다. 형제는 일본의 요시카와 고지로吉川幸次郎·나가사와 기쿠야長澤規矩也 등과도 친교가 있어서 서신을 다수 교환하였다. 또『자경재문초自鏡齋文鈔』·『내암시존耐庵詩存』·『유진의재문집有眞意齋文集』·『소구파관시초小鷗波館詩鈔』와 같은 조상의 시문집을 도호분카가쿠인교토연구소東方文化學院京都研究所(현재의 京都大學人文科學研究所)에 다수 기증하였다. 나는 징정景鄭 선생에게 친히 가르침을 받을 기회가 있었는데, 온화한 인품으로 고서의 판본에 대하여 쑤저우 사투리가 섞인 중국어로 확실하게 단정할 때의 자신감 넘치는 자세는 실로 상쾌한 느낌을 주었다.

장서인의 가치

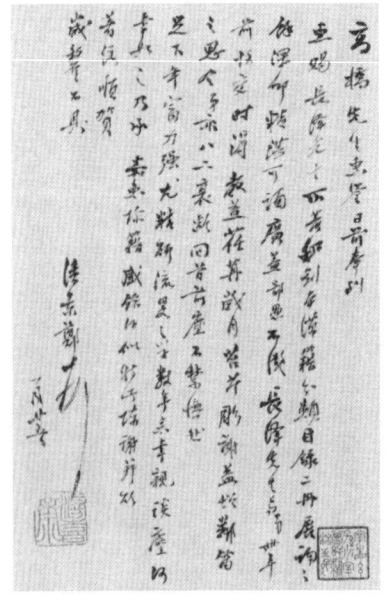

도43 潘景鄭선생의 서신

도44

이러한 문인이 어떻게 인기印記를 귀중하게 여기고, 장인藏印에 대해 공통된 미의식을 지니고 있는지, 징정景鄭 선생 서신의 인장을 살펴보자(도43). 선이 아름답고 조화로운 인장이다. 서적에 날인하면 〈도44〉와 같다. 이렇게 본다면 장서가가 사랑하는 선본은, 서적 그 자체의 가치뿐만 아니라 단정한 미의식을 지니고 장서가 자신이 아름답게 만든 것이라는 사실을 알 수 있다. 징정 선생의 마음에 든 것은 저우젠궈周建國라는 현대의 전각가인데, 저우周 씨가 전각한 것이 〈도45〉이다. 직선의 아름다움은 뭐라고 표현할 길이 없다. 이것이라면 국보급의 송판에 날인하여도 충분히 조화를 이룰 수 있다. 또한 징정 선생의 제자로 한 기특한 청년이 있었는데, 그는 장서가의 인기印記를 수집하여 장서인보藏書印譜를 만들었다. 『명청장서가인감明淸藏書家印鑑』(上海書店, 1989)·『중국장서가인감中國藏書家印鑑』(上海書店, 1997)·『명청

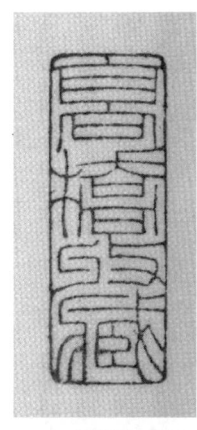

도45 周建國 씨가 새긴 글씨

도46 林申淸 씨가 새긴 글씨

저명장서가明淸著名藏書家·장서인藏書印』(北京圖書館出版社, 2000)을 편찬한 린선칭林申淸 군이다. 원래 이와 같은 장서인은 중국에서 좀처럼 편찬되지 않았다. 타이완에서도 『선본장서인장선수善本藏書印章選粹』(國家圖書館, 1989)가 겨우 출판되었을 정도이다. 또 『중국고적고초교본도록中國古籍稿鈔校本圖錄』(上海書店, 2000) 등이 편찬의 취지는 달랐지만 의도하지 않게 장서인보藏書印譜로서의 역할을 담당한 것은 주목할 만하다. 왜냐하면 학자 장서가의 인기印記는, 인기 그 자체의 아름다움뿐만 아니라 어느 서적에 어떻게 날인되었는지가 중요한 요소이기 때문이다. 이 일에 대해서는 나중에 다시 기술하겠지만, 도록圖錄이라는 것은 생각하지 못한 곳에서 위력을 발휘한다.

그런데, 린선칭 군도 징정 선생의 마음에 든 전각가이었다. 그가 새긴 인장印章(도46)은 저우젠궈에 못지않은 풍격을 지니고 있었다. 이렇게 하여 장인의 아름다움에 대하여 나도 다소 알 것 같은 생각이 들었다. 린 군은 이와 같은 중국 장서가의 취향을 이해하는 일본인이 적은 것에 대하여, 1~2년이라는 짧은 재일 기간에 한탄하였다. 그리고 린 군은 얼마간의 업적을 남기고 돌아오지 않는 사람이 되었다. 하늘은 왜 이러한 재인才人에게 장수를 허락하지 않는 것일까?

3) 비교비교(比較)(1) - 그 흥성과 인쇄술의 발달

서적을 아름답게 하는 것은 그것을 읽는 사람의 뜻이 그렇게 만드는 것이지, 서적 자체에 원래부터 솟아나오는 아름다움을 구비하고 있는 것만은 아니다. 장서인도 그러한 뜻의 하나이지만, 중국에서는 서적에 써넣는 것·비교비교(比較)(批校)가 그러한 마음 가운데 가장 커다란 요소로 간주되는 것을 알아둘 필요가 있다. 일본의 서지학에서는 뜻이 담겨있지 않은 메모는 책을 더럽히는 것으로서 '가키코미(書き込み)'라고 칭하여, 학문적인 주기注記인 '가키이레(書き入れ)'와 구별되는 것이라고 배운 적도 있지만, 일본은 책에 써넣는 것의 역사가 오래되었고 놀랄 정도로 발달하였다는 것은 앞에서 기술하였다(46쪽 참조). 그러나 아름다움으로까지 승화시키는 중국인의 '책에 써 넣는 것'은 일본의 그것과는 크게 다르다.

책에 써넣는 것과 기다란 종이

중국에서 선장본을 인쇄할 때, 인쇄면과는 어울리지 않을 정도로 커다란 종이를 사용하여 윗부분에 넓은 공백을 두는 것은 누군가 뜻이 있어 써넣어 주기를 기대하기 때문이다. 중국의 고서적이 세로로 기다란 것은 이와 같은 이유 때문이다. 그 여백에 써넣은 것이 특별히 가치가 있으면, 그러한 비교비교(批校)도 판목에 새겨서 출판하는 것이다. 원간본元刊本『수계선생교본당왕우승집須溪先生校本唐王右丞集』(『사부총간四部叢刊 수록』)은 남송의 유진옹劉辰翁이 써넣은 것을 출판한 것이며, 명간본『미공진선생평주노자준眉公陳先生評注老子焦』은 명대 진계유陳繼儒의 비교비교(批校)를 본문과 함께 출판한 것이다. 이것은 저명한 문인의 이름을 서명에 덧붙이기 위한 것이었지만, 실제로는 그들이 자필로 써넣은 것이 존재하지 않는 것까지도, 서적 안에서 전해오는 것은 중국이 비교批校를 얼마나 중시하는 지를 말해주고 있다.

투인본套印本과 서사書肆 출판인

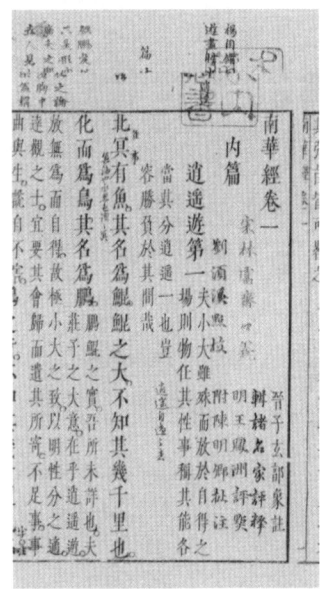

도47 명대에 간행된 『南華經』. 評點·批注·點校·口義는 컬러판이다.

인쇄기술의 발전과 함께 이러한 비교批校 부분은 컬러로 인쇄되었으며, 그 기술 수준이 높아져 2색부터 5색까지 가능해졌다. 명대 후기 강남 지방을 중심으로 민제급閔齊伋·능몽초凌濛初의 2대 출판인이 '투인본套印本'이라는 컬러 인쇄로 일세를 풍미하였다. 본문과 비교批校 부분을 별도의 판목에 새기고, 색상을 나누어서, 한 장의 종이에 몇 번이고 반복하여 인쇄하기에 '투인套印'이라고 한다(도47). 같은 시기에 유행한 컬러판 화집은 색상마다 다른 판목을 사용하는 호화로운 것이었으며, 판목을 많이 사용하는 것을 공양품인 만두饅頭를 쌓아놓은 것에 비유하여 두판餖版이라고 칭하였는데, 호정언胡正言의 『십죽재서화보十竹齋書畵譜』가 그 대표작이다. 두판의 기법은 일본의 니시키에錦繪[32]와 비슷하다. 어떻든 일반적인 인쇄사의 지식으로

---

[32] 니시키에錦繪: 우키요에浮世繪의 다색으로 인쇄한 목판화의 총칭.

는 그림의 다색 인쇄가 컬러 인쇄의 원조인 것처럼 얘기하는데, 실제로는 유명인이 책 안에 써넣은 것을 중시하는 문화가 인쇄술에 변화를 초래하였다고 해도 과언이 아니다. 따라서 명대에 써넣은 책이 아름다운 것은 민제급閔齊伋·능몽초凌濛初와 같은 탁월한 서사書肆 출판인의 의지를 칭찬하지 않으면 안 된다.

그런데 중국에서도, 일본에서도 이와 같은 서사를 가볍게 보아서는 안 된다. 서지학에서는 서사가 학자보다 한 단계, 두 단계 위인 예를 동서고금을 막론하고 자주 볼 수 있다. 일본에도 2차대전 전에는 다나카 게타로田中慶太郎, 에도 시대에는 누키나 가이오쿠貫名海屋 등, 서지학의 자랑인 위인들이 있다. 그러나 학자들은 걸핏하면 '책장사 주제에'라고 하여, 서사를 경시하는데, 이래서는 안 된다. 일본의 간에寬永 연간(1624~1645)에 야스다 안쇼安田安昌라는 걸출한 출판인이 있었다. 하야시 라잔林羅山이 훈점訓點을 붙인『오경五經』이나『노자老子』·『열자列子』등 의미 깊은 서적을 출판하였다. 그러나 그의 수승인 간 도쿠안管得庵은 그러한 그의 뜻을 평가하지 않았다. 간에寬永 5년(1628), 기온마쓰리祇園祭가 한창인 어느날, 독서에 피곤하여 고개를 꾸벅꾸벅하는 도쿠안得庵의 가슴을 날카로운 비수가 찔렀다. 습격한 안쇼安昌는 이로써 사형에 처하여졌다. 하야시 라잔林羅山은 동문의 대학자와 학문에 충실한 인물을 한꺼번에 잃은 슬픔을 말하고 있다. 진실로 사람의 정이 재능을 무의미하게 만들어버린, 있어서는 안 될 비참한 사건이었다.

비교批校의 융성과 변화

청대에 들어와서도 비교批校를 중시하는 습관은 남아 있었으며, 강희·건륭시대에는 하작 何焯(1661~1722)(도48)·혜동惠棟(1697~1785) 등의 비교비교가 중시되었다(도49). 하작은 그의 비교를 모은 『의문독서기義門讀書記』가 출판될 정도이었으며, 혜동惠棟의 비교는 아름다운 나머지 그의 자필을 사칭하는 깨끗이 필사한 위조품이 나왔다. 이 시대 비교의 특징은 본문의 내용이나 문세文勢에 대한 비평이 주가 되는 명대의 문풍을 이어 받은 것과, 문자의

도48 何焯

도49 何焯이 비평한 『文選』. 비평(작은 글씨 부분)은 붉은 색으로 인쇄되었다.

이동異同을 다른 판본과 비교하여 기록하는 텍스트 비평이 혼재하였으나, 전자에 비중이 있었다. 이것이 가경嘉慶·도광道光 연간에 들어서자 텍스트 비평이 많아지면서, 하작이나 혜동 등 전 시대 학자의 텍스트 비평 부분만을 취하여 필사할 정도로 변화한다. 또한 출판문화는 학자들의 비교의 흥성을 따라잡지 못하여, 전 시대와 같이 비교를 출판하는 여유를 가질 수 없었다. 이에 학자들 자필의 비교본批校本이 엄청나게 남아있게 되자, 뜻있는 비교본이 파묻혀버리게 되었다.

중국의 역사에서 청대는 문자 사용에 정치규제가 있어서 학자들이 학문적 표현을 내향적인 고증학에서 구하였다고 해석한다. 그러나 서지학에서는 이와 같은 견해에 의해서만 파악할 수 없다.

4) 비교批校(2) - 계승되는 영위營爲와 최종 목적

써넣은 책(批校本)이 아름답다고 하는 데에는 상당히 깊은 의미가 포함되어 있다. 논문을 쓰려는 것도 아니고, 대저를 편찬하려는 것도 아니다. 다만 책의 윗부분에 꾸준히 교감기를 기록해간다. 이 행위를 훌륭한 일이라고 평가하는 것은 간단한데, 왜 훌륭한지를 말로 설명하는 것은 어렵다. 엄청나게 많이 써넣은 필적을 눈앞에 두고, 단지 놀라고 탄식하는 외에 달리 방법이 없는 것이다.

비교批校의 이록移錄·과록過錄

내가 명대 말기 모진毛晉 급고각汲古閣의 출판과 관련된 『십삼경주소十三經注疏』를 조사할 때 만난 장이기張爾耆(1815~1889)의 비교본批校本에는 눈이 휘둥그레지게 하는 것이 있었다. 원래 십삼경十三經이라고 하면 『역경』을 비롯한 오경五經을 중심으로 하는 유가의 필독서로서, 비교를 써넣은 사람도 적지 않다. 그러나 앞에서 기술한 바와 같이 그 비교는 명실상부 교감의 명인의 것을 이어받은 것이 아니면 안 된다. 그것은 가령 이와 같은 일이다. 장이기의 부친인 장윤수張允垂는 도광道光8년(1828) 급고각본 『십삼경주소』를 손에 넣었다. 그것은 동향(松江: 상하이 근교)의 선배학자 오효현吳孝顯의 비교본이었다. 오효현은 비교를 써넣을 때 심대성沈大成(1699~1771)의 비교를 필사하였다. 그리고 심대성이 비교할 때 필사한 것이 혜동의 교감이었으므로, 장윤수는 청대에 가장 존중된 혜동이 써넣은 것을 심대성과 오효현을 거쳐서 손에 넣은 것이다. 물론 도광 연간에는 혜동의 자필 비교는 남아있지 않았으므로 여러 사람의 필사를 거쳐 전해진 혜동의 교감은 실로 귀중하게 여겨졌다. 이처럼 필사로 전해지는 것을 중국에서는 이록移錄·과록過錄이라고 하며, 이 경우 청대 혜동 교본校本의 이록본移錄本이라고 칭한다. 그러나 이『십삼경주소』가 운데『상서』에 대해서는 혜동의 교감이 이록移錄되어 있지 않았다. 그래서 장윤수는 이번에는 요자추姚子樞로부터『상서』를 빌려서 혜동의 교감을 이록하였다. 요자추의 것은 왕사정王史亭이 필사한 것을 이록한 것이었다. 뭔가 복잡한 듯한데, 이 정도로 비교에 힘을 기울이며, 명인의 비교를 토대로 하여, 다양한 학자가 비교의 행위를 쌓아가는 것이다.

그런데 장윤수의 아들 장이기는 어린아이 무렵부터 부친이 이처럼 교감에 열중하는 모습을 보고 있었다. 그는 "부친이 이러한 비교본을 소중히 여기는 것을 보고 초본抄本이나 교본校本은 가장 중히 여겨야 할 선본이라는 것을 알았다. 그래서 부본副本을 만들어서 후세에 남기고자 한다."라고 하여, 부친이 가지고 있던『십삼경주소』의 비교를 모두 별도의『십삼경주소』에 옮겨 적어서, 함풍咸豊3년(1895) 무렵에 완성하였다. 부친의 비교는 현재 상하이도서관에 있으며, 아들의 것은 후베이성도서관湖北省圖書館에 소장되어 있다. 이 장씨 부자의 예로부터 중국 학자의 비교를 높이 평가하는 가치관과 가공할만한 기백을 느끼지 않을

도50 『夫齋雜著』. 이것은 교정쇄로서 정정의 지시가 많다.

수 없다. 단지 시각적인 아름다움만이 아닌 깊이 있는 아름다움을 느끼게 된다. 또한 장이기의 부본副本에 기록되었던 수많은 발문跋文은, 그가 세상을 떠난 후에 동향의 학식 높은 선비 평원취안封文權에 의하여 1918년 『쾌재잡저夬齋雜著』(도50)로서 출판되었다.

초본抄本의 교정校訂 작업

교감校勘·교본校本·비교批校의 도착점은 보다 좋은 텍스트를 스스로 제작하는 것이다. 따라서 중국에서 '초본抄本'이라는 단어의 참다운 의미는 손으로 쓴 사본寫本이라기보다는 손으로 쓴 교본校本이라고 하는 것이 옳다고 할 수 있다. 장서가는 다투어 자신의 서재 이름을 판심에 기록한 괘선지를 만들고, 교정校訂한 텍스트를 제작하여 선본을 만들었다. 그리고 그것을 출판하여 총서로 만드는 것을 무엇보다도 성공으로 간주하였다. 청대 중기 팽대한 총서 『지부족재총서知不足齋叢書』를 출판한 교감학자이자 장서가인 포정박鮑廷博(1728~1814)은 '지부족재정본知不足齋正本'이라고 기입한 초본을 대량으로 필사하였다. 오래된 간행본을 중시하는 시대에, 세상에 유포되지 않은 서적을 찾아내고, 교정하여 정본正本을 만든다고 하는, 중국 문헌학 중에서도 가장 왕도를 걸은 사람이었다. 마치 문헌학의 조상인 한漢의 유향劉向·유흠劉歆 부자에 비견되는 성대한 업적이었다. 포 씨는 또 책을 빌려주는 일에도 인색하지 않아서, 건륭38년(1773) 『사고전서』의 편찬이 시작되자, 자신의 『지부족재총서』는 나중으로 미루고, 소장하고 있던 600종 이상의 선본을 내부內府에 제공하였다. 예를 든 도판은 바로 당시 제공하였던 책으로, 편집처인 '한림원翰林院'의 대형 인장이 날인된 다음 포 씨에게 되돌려진 것이다(도51). 그의 뜻을 가상히 여겨

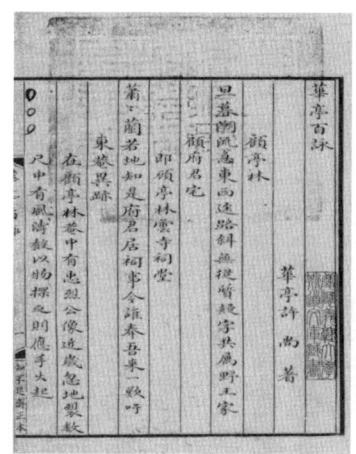

도51 『四庫全書』에 제공한 鮑廷博의 校本, 翰林院의 큰 인장이 찍혀있다. 판심 밑에 '知不足齋正本'이 보인다.

대형 백과사전『고금도서집성古今圖書集成』이 하사되었다. 포 씨의 힘이 아니었으면, 『사고전서』의 편찬은 진행되지 않았다고 해도 과언이 아닐 것이다.

어떻든 책에 써넣는 비교로부터 초본의 교정에 이르기까지, 책을 사랑하는 사람의 뜻이 어떻게 스며들어 있는지를 생각할 때, 그 책은 저절로 아름답게 보이는 것이며, 이러한 사람들의 영위營爲와 미의식은 정치나 사회 상황에 의하여 변화하는 것이 결코 아니다. 그리고 그러한 면이 바로 "훌륭하다"고 평가받을 수 있는지도 모르겠다.

5) 송판의 아름다움(1) - 중국 인쇄사상의 위치

드디어 송판에 대하여 얘기하지 않으면 안 될 곳에 이르렀다. 중국 수천 년의 문화를 지탱해온 커다란 기둥인 서적, 그 역사나 가치를 설명하는 것은 쉬운 일이 아니다. 그러나 세계적 대발명의 하나인 인쇄술의 기원이 중국에 있다는 것은, 중국인의 사고 회로에 '서적의 인쇄사는 서적의 역사'라는 방정식을 심어주었다. 따라서 중국 인쇄사를 학습하는 것에 의하여 복잡한 중국 서적의 역사를 어느 정도 용이하게 파악할 수 있다. 물론 서적은 손으로 쓴 사본이 최초로서, 나무나 천에 기록한 것이 종이의 발명에 의하여 종이책이 되었고, 당·

도52 송판의 예. 송대에 각인된 건상본巾箱本 『禮記』

도53 서적을 사랑하는 재녀才女

오대까지는 그것이 주류이었다. 그런데 송대가 되자 갑자기 솟아난 것처럼 인쇄물이 유행한다. 그러므로 인쇄물은 서적의 역사에서 어디까지나 후발인데, 중국에서는 이것이 서적의 출발이라고 하는 강력한 신념이 통용되고 있다. 중국 인쇄사는 자주 사본의 역사도 포함하여 기술되고 있다. 중국의 서지학은 인쇄물(판본)의 분석을 주로 한다는 판본학자의 완강한 자세는, 오래된 무덤을 발굴하였더니 판본보다도 오래된 사본이 많이 출토되었다는 사실에 의해서도 흔들리지 않는다. 그것을 고고학으로서 받들면서, 후세의 인쇄물이 가짜이든 위작이든 끈기 있게 조사하는 것이다. 현대인은 책을 손으로 쓴 것과 인쇄한 것으로 나누는 것의 의미가 잘 이해되지 않는 것 같다. 중국의 서지학이 왜 인쇄에 구애받는지, 그것을 체득하기 위해서는 우선 송판의 아름다움을 알아야할 필요가 있다.

중국에서 가장 오래된 인쇄물

중국에서 인쇄된 서적으로 출판 연도가 분명한 가장 오래된 것은 당 함통咸通9년(868)의 『금강반야바라밀경金剛般若波羅蜜經』(『金剛經』)으로서, 인쇄사의 첫 부분에 반드시 등장한다(北京中國書店의 영인본이 있다). 영국에서 파견된 탐험가 스타인이 돈황에서 발굴하여, 대영박물관에 귀중하게 보관되어 있다. 정치하고 아름다운 석가여래도釋迦如來圖가 첨부되어 있어서, 9세기에 이 정도의 인쇄기술이 존재한다면, 당대 초기(7세기)에는 인쇄된 서적이 출현하였을 것이라고 일반적으로 생각되고 있다. 역사라고 하는 것은 그러한 것일지도 모른다. 문명은 조금씩 발전해가고, 기술은 조금씩 향상해간다. 원숭이로부터 인간으로 진화하였듯이. 그러나 그것으로 과연 인쇄술의 역사가 전부 파악되었는가 하면 그렇지도 않다. 조잡한 기술로부터 정교한 기술에 이르는 과정을 차례로 설명해줄 자료가 현존하지 않기 때문이다. 알·유충·번데기·성충이라는 변화가 눈에 보이지 않는다. 인간은 황새가 실어왔다고 하는 이야기가 있다. 이 『금강경』도 석가여래가 어느 날 갑자기 이 세상에 내려준 물건일지 모른다고 생각해버린다. 그런데 이러한 생각을 하게끔 하는 것은 인쇄기술이 너무나도 뛰어나기 때문이다. 시대가 오래되었다는 것과 인쇄물의 아름다움이 어울리지 않아서, 보는 사람의 감각이 없어져버린다. 그러나 9세기부터 100년간 다시 인쇄물이 사라져버리고, 송대 초기에 아름다운 완성된 인쇄물(송판)이 갑자기 나타난다. 너무나도 아름다워서 사람들이 이것을 보고 상식에서 벗어나버리는 것이다.

사람의 운명을 변화시키는 송판

가령 이러한 일도 있다. 명 가정嘉靖 연간(16세기)의 장서가로 주대소朱大韶라는 사람이 있었다. 가정 시대는 송판의 가치가 이상할 정도로 높아진 시대이었다. 서지학도 이 무렵부터 급속하게 발전하기 시작하였다. 주朱 씨는 난징 국자감(국립대학)의 교수로 근무하였으나 곧 사직하고, 향리인 쑹장松江(상하이 근교)에 장서루와 정원을 만들고, 벗들과 함께 시를 읊고 서적을 서로 보여주면서, 남은 힘은 교서校書하는 데에 사용하였다. 송판의 아름다움을 더없이 사랑하였던 주 씨는 어느 날 쑤저우에서 『후한기後漢紀』(晉의 원굉袁宏이 기록한 후한의 연대기)의 송판을 발견하였다. 그 송판에는 송의 육유陸游·유진옹劉辰翁·사방득謝枋得이라는 일류 문인의 비교批校가 더해져 있었으며, 외양도 아름답게 장식되어 있었다. 바로 앞에서 언급한 장서가 저우수타오周叔弢가 말한 '좋은 책의 다섯 가지 조건(五好)'(22쪽 참조)을 갖춘 완벽한 선본이었다. 주 씨는 이 송판을 손에 넣기 위하여, 집에서 부양하고 있던 아름다운 재녀와 헤어지지 않으면 안 되었다. 그녀는 집을 떠날 때에 "까닭 없이 버림받아 규방을 나왔지만, 옛 사람 말과 바꾸어진 것보다 낫다고나 할까. 다음에 만났을 때 슬퍼하지 마시오, 봄바람 길옆 나뭇가지에 불어오네."라는 시를 벽에 기록하였다. 일찍이 애첩을 준마와 바꾼 고사가 있었는데, 송판과 교환된 것은 그보다는 명예롭다는 것으로, 슬프면서도 담대한 재녀이다. 유명한 송판 『금석록金石錄』(상하이도서관장)도 주 씨의 소장본이었다. 주 씨는 이 책을 사랑하여서 이청조李淸照가 저자인 남편 조명성趙明誠이 세상을 떠난 다음에 쓴, 이 책의 뒤에 있는 「후서後序」를 글씨 잘 쓰는 하녀에게 필사하게 하였다. 그것이 가정嘉靖 35년으로, 이 하녀가 혹 위의 재녀가 아닐까라고 상상하는 사람도 있다. 벽에 써 있는 시를 본 주 씨는 낙담한 나머지 곧 세상을 떴다. 그 송판 『후한기』는 현존하지 않는다. 송판의 아름다움은 사람의 운명도 바꾸어 버렸다.

6) 송판의 아름다움(2) - 시대 감정鑑定의 엄격함

원래 서지학은 서적의 실태를 밝히고, 그 정체를 알아내는 학문이다. 그러면 이 학문이 위력을 발휘하여 알아낼 수 있는 송판의 정체는 도대체 어떠한 것일까?

비유하자면 격세유전隔世遺傳[33], 시대를 건너뛰어서 그 모습을 드러낸다, 이와 같은 일면이 그 정체의 하나이다. 송대 이후 중국의 인쇄물은 중단 없이 계속하여 각 시대마다 만들어졌다. 서적은 송·원·명·청, 그리고 각 지역, 관청과 민간, 등과 같이 시대·출판지·출판자 등의 요소에 의하여 자세하게 정리 분류할 수 있다. 앞에서 소개한 리즈중李致忠 씨의『역대각서고술歷代刻書考述』(巴蜀書社, 1990)·『고서판본감정古書版本鑑定』(文物出版社, 1997) 등은 이러한 지식을 학습하기 위한 교과서이다. 여러 요소들 중에서도 시대의 감정은 가장 중요하며, 극단적으로 말하자면 이것이 최종 목적이다. 학문은 과학이기 때문에 애매하고 감각적인 의론은 선호되지 않으며, 그 때문에 서지학을 경원시하는 경향도 적지 않다. 그러나 시대의 감정에는 깊은 지식과 넓은 경험이 필요하며, 한담과는 다르다. 일찍이 일본 서지학의 대가이었던 아베 류이치阿部隆一 선생은, 내가 "이것은 송판이네요."라고 가볍게 말하며 내밀어 놓은 송판의 영인본을 손에 들고, 자신의 모든 학문을 거기에 집중하는 것처럼, 마치 책을 먹어버릴 듯한 무서운 모습으로 책장을 넘기며, "(그렇게 생각해도) 좋겠지요."라는 한 마디만 남겼던 적이 있다. 나는 구멍이 있으면 들어가고 싶었다.

---

[33] 격세유전隔世遺傳: 생물학에서 조상의 성질이나 체질 등이 한 대나 여러 대 뒤의 자손에게서 다시 나타나는 현상.

또 이러한 일도 있다. 1970년대 중국고적선본서목中國古籍善本書目의 편찬 도중, 각 도서관에서 선본의 시대 감정이 활발하게 이루어지고 있었는데, 상하이도서관에서는 『공총자孔叢子』(16쪽 <도7> 참조)의 출판 시대가 논의되었다. 청말 이래 원간본元刊本이라고 간주되어 온 것이었다. 속자俗字가 많이 사용된 것이 그 주요한 원인이었다. 그러나 송판이라는 의견도 있어서 시끄러운 상태이었는데, 최후에는 구팅룽顧廷龍 선생이 무시무시한 박력으로 책상을 두드리며, "송판입니다"라고 정하였다고 한다. 나중에 이 도서관의 천셴싱陳先行 씨가 '무시무시한 박력'이라고 술회하였다. 구팅룽 선생의 만년에 나도 일본에 있는 송판의 사진을 가지고 틀림이 없는지 문의한 일이 있었다. 오랫동안 가만히 살펴보고서, 온화하게 결론을 말하는 어조가 너무나도 엄숙하여 놀랐던 기억이 있다.

수백 년을 헤엄치는 감정가의 눈

시대를 감정하는 것은 이렇게 커다란 의미가 있는 학문이다. 그러나 송판은 자유롭게 이 학문을 빠져나가 포착하기 어려운 일면을 지니고 있다.

헤세이平成8년(1996) 도쿄 간다神田의 고서적 입찰회에 소형본의 『광운廣韻』(도54)이 나왔다. 나는 송판이라고 생각하였지만, 오직 명간본이라는 판정이었다. 행인지 불행인지 명판이라는 판정 하에 낙찰하였기에, 비교적 값싸게 입수할 수 있었다. 즉시 사진을 가지고 베이징으로 갔다. 베이징도서관의 지수잉冀淑英 선생은 남송시대의 판본일 것이라고 얘기하였다. 물론 이와 똑같은 판본은 달리 전해지지 않는다.

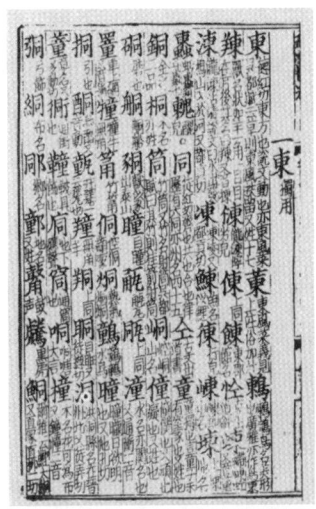

도54　송판『廣韻』

도55　송판『資治通鑑綱目』

1999년 상하이의 예술품 경매회사 타운헌朵雲軒이 개최한 고서 입찰회에서는 『자치통감강목資治通鑑綱目』(도55)의 영본零本 1책(권59)이 5천 위안(한화 약 9십만 원)이라는 염가에 나왔다. 목록의 설명에는 "명각본, 여전히 송판의 풍격을 지니고 있다"라고 되어 있었다. 상하이도서관의 천셴싱陳先行 씨는 보자마자 풍격이 문제가 아니라 송판 그 자체이며, 전질의 마지막 1책이기에 간행의 유래를 기록한 발문도 첨부되어 있어서 귀중품이라고 판정하였는데, 이것은 행인지 불행인지 17만 위안(한화 약 3천6십만 원)이라는 고가에 낙찰되었다고 한다.

이처럼 송판은 자주 명판으로 오인되어서, 중간의 원대를 뛰어넘어 버린다. 실로 수백 년을 넘어서 변신해버린다. 분명히 명대에는 송판의 복제를 만들어서 송판으로 속여 고가에 판매하는 장사도 있었다. 그러나 현대의 서지학은 책 상인의 위장을 간파할 정도의 수준은 지니고 있다. 다만 위장하고 있는 것도 아닌데, 감정가의 눈이 수백 년 사이에서 허둥지둥한다. 이것이 송판의 무서움이다. 송

도56 四川 간행 송판 『孟子』

판 이외에 이러한 일은 있을 수 없다. 왜일까? 즉, 송판의 아름다움에 현혹되는 것이다. 시대는 오래되었는데 아름다워서 균형이 맞지 않기 때문이다.

잡지 『문헌文獻』(베이징도서관출판사, 2004, 2)에 민국 시대의 대장서가 푸쩡샹傅增湘의 일기가 실려 있다. 1929년 10월에 세카도靜嘉堂문고를 방문하여, 『전당위선생문집錢塘韋先生文集』이 청대 말기 이래 명간본으로 간주되어 왔는데 실은 송판이라고 판정하였다는 내용의 글이 있다. 1990년 손자인 푸시녠傅熹年 씨도 와서 보고 송판이라고 단정하며, 『서품書品』(中華書局, 1991, 2)에서 해설하여 말하기를, "송판의 초인본은 새롭게 보여 최근 몇십 년의 것으로 간주될 정도이며, 복제품으로 오인되는 일이 있다. 그러한 예로는 상하이도서관의 명간본 『황조사학규범皇朝仕學規範』이 있다. 구팅룽 선생이 이 책을 정정하여 송판이라고 판정하였다."라고 하였다.

감정은 밑으로 끌어내리는 일은 비교적 용이하지만, 위로 올리는 것은 쉬운 일이 아니다. 송판의 무거움이 느껴지는 일화이다.

7) 송판의 아름다움(3) - 자양字樣의 아름다움

송판의 아름다움에는 또 예술적 의미도 포함되어 있다. 그것은 자양字樣이라는 매우 불가사의한 요소이다. 이 말이 의미하는 바는 중국어의 '쯔양字樣(글씨의 본보기)'과는 다소 다르며, 오히려 중국어로는 '쯔티字體(글자체)', 또는 '다오파刀法(칼로 새기는 방법)'라는 말로 설명된다. 그러면 자양이란 어떠한 아름다움을 가리키는 것일까?

우선 〈도56〉을 보자. 이것은 남송대에 출판된 『맹자』의 가장 오래되고 가장 좋은 대형의 간행본이다. 글자 하나의 크기가 사방 약 2센티인 대자본大字本이다. 이 판본의 훌륭함에 대하여 서지학자는 "글자는 엽전과 같이 크고, 칠한 것처럼 빛난다."라고 감탄하였다. 이 글자의 특징은 쓰촨성四川省(蜀) 출판물 특유의 것으로, 세상에서는 촉대자본蜀大字本이라고 불리며, 송판 중에서도 가장 아름다운 것으로 인정된다. 중앙 판심 밑에 '관서關西'라고 쓰여 있는 것은 글자를 새긴 각공의 이름이며, 그들이 글자를 새길 때 자체의 이러한 특징을 고수하기 때문에 '다오파刀法'라고 하는 것이다. 이 자양은 당대唐代의 서예가 안진경顔眞卿의 서풍을 배운 것으로 '안체顔體'라고 불리며, 쓰촨 간본이 지닌 아름다움의 특징을 지니고 있다.

다음은 〈도57〉을 살펴보자. 이것은 『경전석문經典釋文』의 가장 오래되고 가장 좋은 송대 간행본이다. 이것은 남송의 수도 저장성浙江省

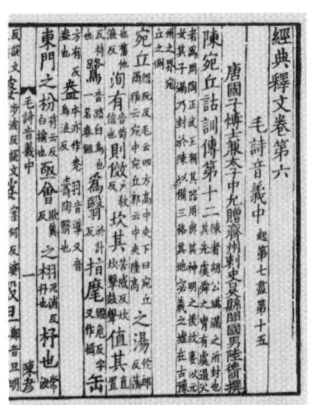

도57 杭州 간행 송판 『經典釋文』

항저우杭州에서 출판된 권위 있는 송판으로 쓰촨의 글자와 비교하면, 정돈된 아름다움을 자아내고 있다. 그 아름다움을 서지학자는 "글자의 필획이 정돈되어 있고, 책을 열면 탁 트이고 활달한 느낌이 든다"라고 칭찬하였다. 이 항저우 판본은 시대가 약간 뒤로 가면 글자에 신중함과 정직함이 가미되어 "새기는 방법이 근엄謹嚴하고, 수려하며 깔끔하다"라고 상찬되었다. 길이가 있으며 점을 찍는 방법이 부드러워서, 상쾌한 바람이 부는 느낌이 든다. 이 자양은 판심에 보이는 '진언陳彦' 등의 각공이 지켜낸 새김법으로, 당대의 서예가 구양순歐陽詢의 서풍, 이른바 '구체歐體'를 배웠다고 한다. "쓰촨은 안진경을 본받고, 저장은 구양순을 숭상한다"라고 일컬어지는 이유이다.

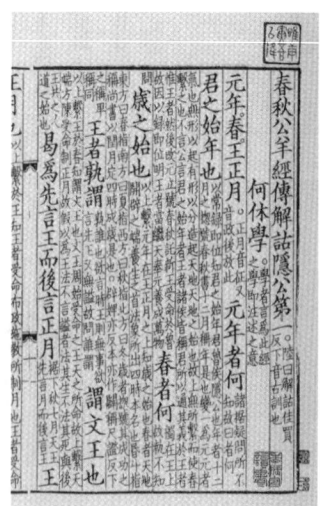

도58 福建 간행 송판 『春秋公羊傳』

〈도58〉은 푸젠福建의 유명한 출판인 여인중余仁仲에 의한 간각으로서 그 자양의 날카로움은 찌르는 듯하다. 글자의 세로 첫 번째 획은 들어감과 빠짐이 날카로운 쇠붙이 같으며, 가로획의 끝부분은 고요한 호흡을 지닌다. 이것은 역시 당의 서예가 유공권柳公權의 서풍을 체현한 것이라고 평가된다. 또 작은 글씨가 정연하고 섬세한 것은 수금체瘦金體(송 휘종徽宗의 글씨)하고 닮아서 아름답다. 서지학자는 이와 같은 아름다움을 "서체가 아름다우며, 강건하고 힘이 있다"라고 상찬하였다. 푸젠성의 송간본은 이와 같은 자양을 특징으로 하여 "푸젠은 유공권을 배웠다"라고 일컬어지고 있다.

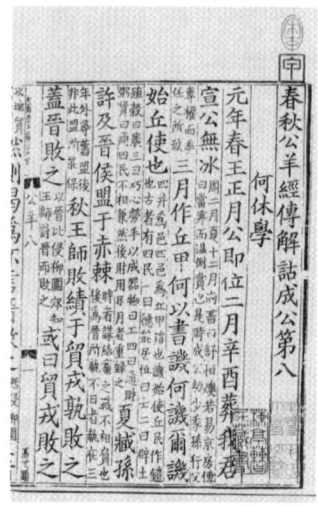

도59 江西 간행 송판 『春秋公羊傳』

마지막으로 〈도59〉는 〈도58〉과 같은 『공양전公羊傳』으로, 〈도58〉과 같은 무렵 장시성江西省 푸저우撫州의 공사고公使庫라는 관청의 접대기관에서 간행된, 가장 오래되고 가장 좋은 송간본이다. 이 자양은 이렇다 할 눈에 띄는 특징은 없지만, 새김법이 정연하게 통일되어 있다. 이 아름다움을 중국의 서지학자는 안진경·구양순·유공권의 삼체를 겸하여 반영한 서풍이라고 한다. 즉, "장시는 겸하고 있다"라고 한다.

자양字樣에 의한 송판 연구

이와 같이 송판의 아름다움은 민국 이후 서지학자들의 힘에 의하여, 서예라고 하는 예술적 미의식을 획득하게 되었다. 물론 위의 네 지역 외에도 특징 있는 자양을 지닌 송판이 많이 있어서, 손쉽게 분류할 수 있는 것은 아니다. 그러나 이 미의식으로 인하여 역으로 자양으로부터 출판지를 추정하기도 하고, 판심의 각공 이름으로부터 출판 연대나 지역을 확정하기도 하였으며, 판심 상부에 보이는 글자(각공의 실적)에 대한 연구 등 다양한 연구를 활성화시켰다. 아름다움의 추구야말로 송판을 이해하는 열쇠이다.

7. 서지학을 지탱하는 것

1) 꿈과 현실

선본이라는 어휘의 울림은 정말 좋다. 거기에는 아름다움이 함께 하기 때문이다. 그것을 지금까지 누누이 얘기해왔는데, 아름다움만을 강조해도 서지학은 성립하지 않는다. 더러운 책도, 내용이 모자란 책도, 서적으로서 그 모든 것을 그대로 받아들이지 않으면 안 된다. 독자적인 가치관으로 책을 분류하고, 책을 위에서 내려다보는 듯한 자세는 서지학이 하는 일이 아니며, 책의 받침대가 되어 밑에서 지탱하는 것과 같은 마음가짐이 서지학에는 필요하다. 책장에 책을 거꾸로 꽂아두어서야, 책은 아무것도 제공해주지 않을 것이다. 접히거나 찢어진 채로 놓아두어서도 책은 아무것도 얘기해주지 않을 것이다.

책을 위한 도서관

중국의 근대도서관은 청대 말기의 강남도서관江南圖書館(광서光緒 33년·1907), 경사도서관京師圖書館(선통宣統1년·1909)으로부터 시작된 것은 이미 기술하였다. 먀오취안쑨繆荃孫은 이 두 도서관의 감독을 맡았으며, 흩어져있는 고서적을 수집하였다. 또한 장즈둥張之洞의 명으로 『서목답문書目答問』을 편찬하여 고전을 배우는 사람에게 서지학적 단계를 제시하였다. 그 다음 경사도서관은 루쉰魯迅이나 차이위안페이蔡元培 등이 힘을 다하여 장서를 늘리고, 마쉬룬馬敍倫, 마헝馬衡, 천위안陳垣, 푸쓰녠傅斯年, 위안퉁리袁同禮 등의 힘으로 국립베이핑도서관國立北平圖書館으로 발전하여 오늘날의 국가도서관 國家圖書館의 기초를 쌓았다. 당시의 이러한 사람들은 모두 책을 좋아하였기에, 사업을 위해서 도서관을 만든 것이 아니고, 어디까지나 책을 위한 도서관을 만들기 위하여 노력하였다. 그래서 베이핑도서관에서는 서고에서 책을 꺼내오는 것을, "가지고 온다"라고 말하지 않고, "책이 나오도록 청한다"라고 하였다는 얘기를 들은 일이 있다. 책을 가지고 온다고 말하는 것은 매우 무례한 일로, 루쉰 선생에게 뭐라고 말씀드려야할지 모르겠다는 것으로서, "책이여, 나와 주세요"라고 부탁하지 않으면 안 된다고 하는 것이다. 좀처럼 실행할 수 없는 일이지만, 아마도 이러한 마음가짐이 서지학의 정신일 것이다.

고서점·장서가의 힘

도60 琉璃廠의 창고

먼지투성이가 되어, 이런 저런 모든 책의 토대가 되는 것은 도서관뿐만이 아니다. 뭐니 뭐니 해도 고서점의 힘은 위대하다(도60). 남송 시대의 '진택서적포陳宅書籍鋪'라든가 '여씨만권당余氏萬卷堂' 등으로부터 명말의 '급고각汲古閣'에 이르기까지, 유명한 출판인이 이름을 날렸던 송·원·명 시대를 거치자, 점점 고서의 분량도 증가하여 청대에는 출판인보다는 장서가가 이름을 날리게 되었다. 장서가끼리 고서를 서로 베끼기도 하고, 사고파는 풍습이 통행하였다. 모모 씨 급고각의 후손인 청초의 모의毛扆는 급고각이 소장하고 있던 장서를 스스로 일괄 매각하여 가격을 매겼다.『급고각진장비본서목汲古閣珍藏秘本書目』(『宋元版書目題跋輯刊』에 수록, 北京圖書館出版社, 2003)이 그 일괄 매각의 목록이다.『예기집설禮記集說』20량,『두공부집杜工部集』30량 등을 최고액으로 해서, 몇 전, 몇 분의 작은 액수에까지 이르고 있다. 송대의 원장原裝 송판『책부원구冊府元龜』4책이 3량 2전이라고 한다. 얼마 전에 같은 송대 원장 송판『문원영화文苑英華』1책이 중국의 시장에서 억 단위로 팔렸던 것을 생각하면, 깜짝 놀랄만한 가격이다.『촉대자본사기蜀大字本史記』에 이르러서는, "가격이 정해지지 않았으니, 선생께서 헤아려보시오"라고 되어 있다. 무서우면서도 꿈과 같은 이야기이다.

유리창琉璃廠의 서적 문화

시대가 뒤로 가면 사고파는 것을 전문으로 하는 서점이 이름을 떨치게 된다. 청대의 대장서가 황비열黃丕烈이 의지한 오류주인五柳主人은 도대체 어떠한 사람이었을까. 한 점씩 음미하며 팔아치우는 사람, 책장째 팔아버리는 사람, 지금에 와서는 이름도 확실하지 않은 많은 서점이 서적의 움직임에 관여하고 있었다. 그러한 가운데 민국시대의 고서점은 특히 이름을 날렸다. 베이징의 유리창은 단지 서점이 모여 있는 곳이 아니었다. 쑨뎬치孫殿起의『유리창소지琉璃廠小志』(北京古籍出版, 1982)에서는 "고객은 조정의 학사學士와 대부로서, 송원판의 식별부터 원각原刻과 번각翻刻의 구별, 송대 탁본과 명대 탁본의 구별, 전해지는 판본의 종류에 이르기까지가 모두 지극히 일상적인 대화의 소재가 되었다. 종일 이곳에서 지내는 사람도 많았으며, 일종의 도서관 역할을 하였다. 서점의 문은 넓지 않지만 깊숙하였으며, 책장이 몇 층으로 늘어서있고, 담배를 피울 수도 있었다. 주인은 품격이 있었으며, 자연히 독서인이 육성되어, 베이징의 학술적 분위기를 양성하였다."라고 말하고 있다. 쑨 씨는 허베이河北 지冀현縣 사람이다(유리창 서점은 허베이 출신이 많다). 1894년에 태어나 1958년 세상을 뜰 때까지 50년간 서점에서 고서를 계속 취급하였으며, 판매한 목록을 『판서우기販書偶記』로서 정리하였다. 청대의 보통 책은 목록으로 정리되는 일이 적었는데, 청간본의 판본을 조사한 목록으로서 『판서우기販書偶記』는 획기적인 것이었다. 오늘날 볼 수 있는 문규당文奎堂·췌문재萃文齋·수경당修硬堂·문전각文殿閣·내훈각來薰閣 등의 고서목록은 보통으로 유포되는 판본을 조사할 수 있는 유일한 공구서라고 해도 과언이 아니다. 최근 베이징도서관출판사에서 『중국근대고적출판발행자료총간中國近代古籍出版發行資料叢刊』(2003)이 발행되어, 이와 같은 자료를 영인하여 재평가하고 있다. 일반서를 꼼꼼하게 조사하는 일처럼 끈기가 필요한 일은 없다. 고서점이 있기에 가능한 일이다. 선본을 취급하며, 취급한 선본을 해제한 명저 『문록당방서기文祿堂訪書記』를 남긴 문록당文祿堂의 주인 왕원진王文進은 쑨 씨와 동갑인 쌍벽이었다.

유리창의 서적 문화는 선본과 일반서 가운데 어느 것이 갑이고 어느 것이 을인지와 같은 가치관을 초월한 서적의 세계이었다. 그것은 고서점 사람들의 인생이 꿈과 현실을 하나로 만들어준, 서지학에 대한 커다란 선물이었다.

2) 소소한 우호

고서적의 내용을 깊이 연구하고 그 문화사적 의의를 밝혀내는 학문과 비교하면, 보람 없는 일에 노력을 쏟아 붓지 않으면 안 되는 것이 서지학이다. 기술적인 면에서 말하자면 두 개의 판본이 같은 판목을 사용하여 인쇄한 것일까, 아니면 다른 판목을 사용하였을까, 언뜻 보면 완전히 같은 책인데 잘 보면 글자 속 '扌'의 삐침이 다르다는 사실 등이 문제가 된다. 더욱 시시한 의문으로는 중국의 저 책과 일본에 있는 이 책은 원래 한 세트의 것, 즉 요본僚本이었을까라는 문제, 이러한 것들은 해결하여도 논문의 제재가 되지 못한다. 그러나 이러한 문제가 마음에 걸리면 밤에 잠들 수 없다. 자구字句나 판식版式의 같고 다름도 그러하다. 왜 이 텍스트는 이 부분을 삭제하였을까? 왜 미제尾題[34]만 바꾸었을까? 어떻든 사소한 일이 마음에 걸려서 식사도 넘어가지 않는다. 잘 생각해보면 책의 영혼이 알아차려 달라고 외치고 있음에 틀림없다. 이와 같은 얘기는 앞에서도 하였다.

전쟁으로 인한 수난과 서지학자의 공헌

푸단復旦대학 천정광陳正廣 교수의 안내로 저장성 항저우의 문란각文瀾閣『사고전서四庫全書』를 참관하였다. 청대 서적문화의 최전성기에 건륭제의 명으로 전국의 일곱 군데에 장서루를 세우고,『사고전서』를 필사하여 보관하였다. 그 가운데 베이징 원명원圓明園의 문원각文源閣은 영국군과 프랑스군에 의하여 소실되었고, 양저우揚州

---

[34] 미제尾題: 서책의 권말에 적혀있는 제명題名.

도61 문란각文瀾閣

도62 전화戰禍를 입은 『四庫全書』

의 문회각文匯閣·전장鎭江의 문종각文宗閣은 태평천국의 난 때 소실되었다. 현존하는 네 군데 중 문란각文瀾閣(도61)도 태평천국 군대에게 공격받았으나, 정병丁丙 등이 겨우 운반해 옮기고 결락된 부분을 필사해서 보충한 일은 앞에서도 말하였다. 문란각본은 유실되어 여기 저기 흩어진 것도 있는데, 〈도62〉도 문란각본인 듯하다. 태평천국 군대에 의하여 더렵혀진 흔적을 생생하게 남기고 있다. 시도斯道문고에 소장되어 있는데, 이것이 문란각본의 요본僚本인지 아닌지 오랫동안 마음에 걸렸다. 사소한 문제이기는 한데, 책의 입장에서는 대단한 일이다. 이번에 현지에서 요본僚本인 것을 확신하고서, 뭔가 안심이 되었다. 나 자신이 바다를 건너온 서적을 위해 다리가 되어 준듯하여 자랑스러운 기분이다. 같은 저장성의 난쉰南潯에 민국 시대의 장서가 류청간劉承幹(1882~

1963)의 장서루 가업당嘉業堂이 있다(장서에 대해서는 『嘉業堂藏書志』, 復旦大學出版社, 1997). 난쉰은 시내와 나무가 많은 매우 차분한 곳이다. 이곳은 일찍이 일본이 침략하였을 때 격전지로서 저장 상륙 후 요지가 되었다. 류 씨가 혼란을 두려워해 귀중한 보물을 미리 이동시킨 것은 말할 것도 없다. 이 때 일본군 지휘관은 구마모토熊本 출신의 마키牧 소장이었다. 구마모토는 막부幕府 말기의 기노시타 사이탄木下犀譚 이래로 근대의 다케조에 세세竹添井井(1843~1917)·가노 나오키狩野直喜·고조 데키치古城貞吉 등 한학계의 대학자를 배출한 지역인데, 마침 구마모토 출신으로 앞에서 얘기한 바 있는 서지학자 마쓰자키 쓰루오松崎鶴雄(46쪽 참조)가 다롄大連에 체재하고 있었다. 그래서 마쓰자키松崎는 동향의 정으로 마키에게 가업당嘉業堂을 공격하지 말도록 부탁하였다고 전해지고 있다. 어지럽혀지기는 했는데 건물도 현재까지 보존되어 있고, 장서도 흩어졌지만 눈에 띄는 소실이나 손해는 전해지지 않는다.

그러나 1932년 일본 침략군이 상하이를 공격하자, 상무인서관商務印書館의 부속도서관이었던 동방도서관東方圖書館도 폭격을 당하였다. 이 망령된 행동에 중국은 잔학무도한 문화 파괴라고 세계에 호소하였다. 동방도서관은 1924년 장위안지張元濟가 수집한 선본 서고 함분루涵芬樓를 기초로 한 도서관이었다. 송원판 수백 종, 명청 간본과 초본抄本 등 2000종 이상 소장한 대규모 도서관이었다. 전쟁으로 인한 참화를 피하기 위하여 가장 좋은 선본은 은행의 금고에 맡기고 있었기에 다행히 피해를 면하였지만, 대부분의 명청 간본과 초본은 재가 되었다. 타고 남은 것의 목록이 『함분루신여서록涵芬樓燼余書錄』(「張元濟古籍書目序跋彙編」, 商務印書館, 2003)인데, 모두 베이징도서관에 기증되었다. 타버린 책의 목록은 장 씨의 기억에만 남아 있을까? 그렇지 않다. 일본의 나가사와 기쿠야長澤規矩也가 젊었을 적에 함분루의 장부에 의거하여 목록의 초안을 만들었다. 이것을 구팅룽 선생이 필사하여 베이징도서관에 넣어 두었다. 그것이 『함분루원존선본초목涵芬樓原存善本草目』이다. 이와 같은 일도, 불행한 정세 속에 서지학자가 수행한 소소한 공헌이라고 할 수 있다.

　일본을 잘 아는 정치가이며 서지학자이었던 민국 시대의 둥캉董康(1876~1947)은 출판가이자 장서가이었다. 일본을 방문하였을 때의 기록인 『서박용담書舶庸譚』(요시무라 히로미치芳村弘道 씨의 역주가 있다)은 그가 얼마나 책을 사랑하였는지를 보여준다. 서재 송분실誦芬室에는 희곡의 희귀본이나 송판을 영인하여 판각한 것들이 있었으며, 새로운 기법인 캘러타이프 영인도 하였다. 인쇄기술은 오직 일본의 고바야시세한小林製版에 의거하였다. 그리고 일부 희귀본을 제외하고 모든 장서를 둥캉 씨는 일본의 오쿠라 기하치로大倉喜八郎 씨에게 매각 양도하였다. 오쿠라大倉 씨는 특제 책장을 만들어 보관하였는데, 지금까지 오쿠라슈코칸大倉集古館에 보존되어 있다. 둥 씨는 만년에 근시 때문에 눈이 부자유스러웠으나 전쟁을 근심하여, 마가 낀 사람들에게 본심이 되돌아오도록 부처님께 빌고 있었다는 추억을 이마제키 덴포今關天彭가 글로 남겼다. 서적은 부득이하게 정치나 경제의 큰 물결에 휩쓸린다. 불에 타고, 도난당하곤 한다. 그러나 서적을 사랑하는 서지학자는 그러한 틈바구니에서 소소한 우호적 활동으로써 서적의 혼을 구해 왔다. 서적도 그것을 원하고 있음에 틀림없다.

II

서적의 생애

1. 서적과 여행

1) 베이핑北平에서 지룽基隆으로 (1911~1949)

도63 현재의 基隆港에 들어오는 화물선

1948년, 중화민국37년, 12월 26일, 타이완 최북단의 지룽항에 한 척의 군함이 들어왔다(도63). 배안에서는 닻을 내릴 준비로 어수선하였다. 쟝상옌莊尚嚴 등 몇 사람은 상하이부터의 여행으로 인한 피곤함과 책임감으로 인한 긴장, 상륙 후의 일에 대한 걱정 등으로 쌀쌀한 갑판 위를 우왕좌왕하고 있었다. 772개의 대형 나무상자가 곧 육지에 올려져, 준비하고 있던 화물열차에 적재되었다. 임시 화물열차는 화물을 확인하자 천천히 지룽항을 빠져나갔다. 다음 1월 9일, 또 2월 23일에도 같은 모양으로 대형 화물선이 지룽항에 입항하였으며, 각 선주들은 쟝상옌 씨와 같은 과정을 겪었다. 1월에는 3862개, 2월에는 1244개의 나무 상자가 같은 모양으로 흔들림을 느끼지 않을 정도로 천천히 육지로, 화물열차로 견인되었다.

고궁故宮에 있는 문물文物의 남쪽 이동

도64 현재의 楊梅역 근처의 창고

원래 이 나무상자는 대륙을 침략한 일본군에 의한 피해를 막기 위하여 베이핑北平에서 남쪽으로 옮겨졌던 것이지만, 타이완에 와서는 일본 통치시대의 철도에 의해 운반되었으니, 이 또한 아이러니칼한 이야기이다. 화물열차는 남쪽을 향하였으며, 타이베이臺北를 지나쳐 양메이楊梅역으로 들어갔다(도64). 타이베이로부터 약 2시간 정도의 거리이다. 일행은 여기까지 이르게 된 안도감에 잠시 가슴을 쓸어내렸다. 그곳의 명물인 거위고기의 맛도 충분히 음미하였다. 역사 근처의 창고에 짐을 내리고 계속해서 감시하였지만, 일을 성공시킨 감격으로 힘든 줄도 몰랐다. 보통의 나무상자가 아니었다. 수천 년의 역사가 깃들어있는 나무상자이었다. 두 번째 화물이 상륙하였을 무렵, 타이중臺中 정부의 알선에 의하여 타이중의 제당공장을 보관할 장소로 결정하고, 양메이로부터 운반하기 시작하였다. 그리고 두 번째, 세 번째 화물은 양메이를 그대로 지나치고 몇 시간을 더 달려 타이중으로 직행하였다.

청실선후위원회淸室善後委員會의 성립

신해辛亥년(1911년), 청조가 무너지고 민주공화제의 기반이 닦였으며, 다음 해 난징에 쑨원孫文의 정부가 수립된 이래, 정부가 가장 처음 행한 정책은 궁정의 보존과 관리이었다. 민국13년(1924), 청실선후위원회淸室善後委員會를 조직하고, 12월 23일 궁정(고궁) 안 물품의 점검을 시작하였다. 그 규칙에 의하면, 위원장(리위잉李煜瀛)을 비롯하여 차이위안페이蔡元培·천위안陳垣·선젠스沈兼士 등의 위원, 감찰위원·경찰청·군경이 입회하는 엄격한 것이었다. 그 기록도 모두 공개되었다. 가령 고궁의 중심인 건청궁乾淸宮의 조사보고표에는, "민국14년 1월 8일 오전, 조장·첸쉬안퉁錢玄同, 감시·옌청더閻成德, 군인·쑹더취안宋德全, 경찰·장딩창張定昌, 합계14인, 제110호에서 167호까지 57점, 촬영한 숫자 9"와 같이 기록되어 있다. 검사 후에는 엄중히 봉쇄되었다. 이렇게 하여 전통 황실문화의 유품은 흩어지는 것을 면하게 되었다. 이 보고서는 「고궁총간故宮叢刊」의 하나로서 정리되었는데, 중앙 궁전은 제1편, 동쪽 궁전은 제2편, 이하 제5편까지 계획하여 민국14년 9월에는 20개 궁전 창고의 조사를 마쳤다. 그 10월에는 서구를 본받아서 박물원 설립으로 궁전의 문물을 보관 공개할 것을 결정하여, 고궁박물원이 성립되었다. 청실선후위원회의 직원이었던 좡상옌씨는 이처럼 점점 충실해지고 있는 문물에 희망을 갖고, 번잡한 사무처리에 쫓기고 있었다. 그런데 베이핑에 박물관을 세우려고 준비하였던 작업을, 다시 타이중에서 하게 될 줄은 꿈에도 생각하지 못하였다. 현대 정보화 사회 속의 우리들로서는 상상도 할 수 없는 곤란한 일이었다.

또한 민국 시대 정부는 도서관 사업에도 적극적이어서, 교육부가 이것을 관리하였는데, 교육의 근간은 문화·도서문헌이라는 것을 내외에 과시하는 것처럼 보였다. 민국17년(1928) 난징에 국립중앙도서관國立中央圖書館을 설립하기로 결정하였고, 민국26년의 개관을 향하여 선본 수집에 전력을 다하였다. 이제 중국은 수천 년 중화문명의 정수를 근대국가의 주도 아래 발양하여, 전 세계의 주목을 받으면서 흔들림 없는 중화대국을 구축하려 하고 있다.

그러나 서적 문화의 무게를 알지 못하는 일부 폭도들에 의하여 문물과 서적이 황폐화되고 파괴되었으며, 짓밟히고 불에 타는 먹구름이 베이핑을 습격하였다. 따라서 고궁의 문물은 민국22년(1933)부터 차례로 남쪽으로 옮겨지기 시작하였다. 청실선후위원회의 성립으로부터 박물원으로 발전한 뒤 겨우 10년도 지나지 않았던 때이었다. 운명이라고 하기에는 너무 가혹하였다. 타이중에 짐을 내려놓은 사람들의 심경은 바로 나무 상자 속에 있는 서적과 문물의 소리, 그것일 것이다.

2) 타이중에서 베이거우北溝로 (1949~1954)

도65 현재의 臺中역

타이중은 타이베이로부터 급행으로 약 2시간 30분 거리이다. 타이중역에는 이전의 산뜻한 역사 건물이 그대로 남아있다(도65). 민국38년(1949년) 1월, 양메이에 멈춰있던 772상자가 이동하였다. 그리고 그날 지룽에 상륙한 제2진 3862상자도 뒤쫓듯이 타이베이를 통과하여 타이중으로 향하였다. 다음 2월에는 제3진 1244상자가 같은 모양으로 타이중에 도착하였다. 모두 5878상자의 문물이 삼엄한 경계 아래 이 역사에 내려졌다. 베이핑의 마헝馬衡

(1881~1955) 고궁박물원 원장은 난징행정원의 재촉을 받았지만, 공항의 안전이 확보되지 않았다고 하여, 제4진 이후 나머지의 공수를 연기하였다. 민국22년(1933)부터 시작되었던, 베이핑을 뒤로하는 문물의 대이동은 이로써 종료되었다. 타이중으로 옮겨진 문물 가운데, 고궁으로부터 온 것은 2972상자로서 전체의 삼분의 이 이상을 차지하였다.

타이중의 제당공장에 높게 쌓인 나무상자를 바라보면서 좡상옌 등 직원은 무엇보다 문물에 손상이 없기를 빌었다. 상자를 열고 점검하는 작업을 할 때에도 그 일에 가장 신경을 썼다. 그러나 임시창고라고는 하지만 문물을 펼쳐놓을 수도 없는 협소한 곳에서 점검하고 장부를 만드는 일은 역시 우울하였다.

연합관리처聯合管理處의 성립

도66 北溝의 고궁 흔적

민국38년(1949) 8월, 고궁故宮·중앙박물관中央博物館·중앙도서관中央圖書館을 총괄한 임시기구 '국립중앙박물도서원관연합관리처國立中央博物圖書院館聯合管理處'가 설치되어, 교육부의 관할 아래 문물을 관리하는 정식 조직이 생겨났다. 조직이 설립되면 힘을 얻게 된다. 중화문명의 얼굴인 이러한 문물들이 자유롭게 살아남을 수 있는 환경 조성을 척척 진행시킬 수 있다. 관리처는 재빨리 문물들을 보존할 수 있는 새로운 시설을 검토하기 시작하였다.

타이중역으로부터 남쪽 방향, 버스로 30분 정도 걸리는 곳에 타이중현臺中縣 우펑향霧峰鄉이 있다. 그곳 지펑촌吉峰村에 베이거우北溝라는 곳이 있는데(도66), 낮은 산을 뒤로하고 넓은 땅이 펼쳐져 있다. 관리처는 이곳을 문물 보존에 가장 적합한 장소로 인정하고, 40만 위안을 투자하여 새로운 창고를 건축하기 위한 계획을 세웠다. 민국 39년(1950) 1월에 건축을 시작하여 4월에 완성하였으니, 보존 창고를 마련하는 것이 얼마나 다급한 일이었는지 알 수 있다. 당시 이 창고를 '고방庫房'이라고 불렀는데, 이 호칭은 지금도 사용되고 있다. 'ㄷ'의 형으로 3동을 설치하여, 정면에는 중앙박물관·중앙도서관의 문물을, 좌우에는 고궁의 문물을 배치하였다.

준비가 끝나자 이번에는 다시 제당공장으로부터 새로운 고방庫房으로 차량에 의한 운반 작업을 하였다. 나무상자를 노끈으로 묶고, 두 사람이 막대기를 사용하여 한 상자씩 들어 올려서 운반하였다. 이 작업을 벌써 몇 번이나 하였는지! 그러나 이번에는 짐이 다소 가볍게 느껴졌다. 새로운 고방庫房에서는 즐겁게 점검할 수 있었는데, 그 것은 문물 입장에서 가장 중요한 일인 문물의 공개와 이용이 머지않아 가능해졌기 때문이다.

베이거우의 새로운 고방으로

작업은 한 달도 걸리지 않았다. 베이거우까지의 교통은 편리하였지만, 차량이 산허리까지 언덕길을 오르기에는 다소 힘이 들었다. 그렇지만, 후베이湖北의 강에서 차량을 뗏목에 태우고, 쓰촨四川의 농촌에서는 농민들과 함께 차를 언덕길로 밀어올리고, 산시陝西의 산길에서 낭떠러지 길을 조심조심 차량으로 통과한 과거를 생각하면, 고생이라고 할 수도 없다.

이러한 고난은 있어서는 안 될 일이라고 해야 할 것이지만, 지금은 그것을 단지 역사의 한 토막으로밖에 생각하지 않는 경향이 많이 있다. 고서적을 접하였을 때, 그 서적이 어떠한 여행을 경험해왔는지, 그러한 여행을 어떤 사람들이 지탱해왔는지를 상상해볼 때, 참다운 의미에서 서적의 가치를 이해할 수 있는 것이 아닐까? 이렇게 생각하면, 보통의 책이라든가, 귀중본이라든가, 등의 구별은 아무것도 아닌 듯한 생각이 든다.

현재 타이베이의 고궁박물원도서문헌관故宮博物院圖書文獻館에서 열람할 수 있는 책을 보면, 각 책의 마지막에 '敎育部點檢之章(교육부에서 점검한 인장)'이라는 조그만 인장이 날인되어 있다. 이것은 문물을 남쪽으로 옮기면서 상하이에서 점검하였을 때, 민국23년(1934) 무렵 사용된 것이라고 한다. 이와 함께, 문물을 넣은 나무상자에는 호滬·상上·우寓·공公의 네 글자를, 각각 옛 물건·도서·문헌·비서처秘書處의 상자에 구별하여 붙이고 포장하였다. 또 책 가운데 청 황실의 책에 묶여진 표를 지금도 발견할 수 있는데, 그 표에는 '淸室善後委員會一二七號(청실선후위원회127호)' 등으로 쓰여 있으며, '辨理淸室善後委員會(청실선후위원회가 판별하여 처리함)'라는 인장이 날인되어 있는 것도 있다. 이러한 것을 보면, 혁명의 폭풍이 바로 어제와 같이 생각되어, 서적의 유전流傳이 생생하게 전해온다.

새로운 고방의 관리는 엄격하였다. 고방에 들어갈 때에는 조장의 허가를 얻어 두 사람 이상 들어가도록 되어 있었다. 그 기록도 꼼꼼하게 정리해두었다. 다음 민국40년(1951)에서 43년 9월에 이르기까지,

6000개에 이르는 나무상자 안의 내용을 새로이 총 점검하였다. 관리처의 이사회理事會는 '파손은 극히 적다'라고 결론지었다.

이로써 직원들은 안도하였다. 지룽항에 상륙하고서, 벌써 6년이 지나 있었다.

3) 베이거우에서 타이베이로 (1955~1966)

타이중 베이거우에서의 문물 관리 활동은 왕성하였다. 관리처는 민국44년(1955), 국립고궁중앙박물원연합관리처國立故宮中央博物院聯合管理處라고 개칭하고서, 『중화미술도집中華美術圖集』・『고궁서화록故宮書畫錄』 등 대형 도록圖錄을 출판하였으며, 민국46년에는 진열실을 개관하였다. 또한 민국47년~민국48년에는 『고궁동기도록故宮銅器圖錄』・『고궁명화삼백종故宮名畫三百種』이라는 대규모의 책을 발행하여, 국내외에 소장품의 위력을 공개하였다. 편집 스탭의 노력은 말할 것도 없지만, 현대와 같이 문물을 영리를 위한 선봉에 세우려고 하는 것과는 전혀 차원이 다른, 문물 자체를 위하여 정리하고 공개한다는 당국의 자세야말로 이와 같은 커다란 성과를 올리는 원동력이 되었다.

민국50년(1961)에서 52년까지는, 문물의 정수 250여 점을 골라서 미국의 워싱턴・뉴욕・보스턴・시카고・샌프란시스코 등에서 순회 전람회를 개최하였다. 중화문명의 정화는 이처럼 세계를 종횡으로 누볐다. 그리고 그 때에도 문물은 지룽항으로부터 나와서 지룽항으로 돌아왔다.

타이베이 이전의 결정

이와 전후하여 베이거우의 진열실을 참관한 장제스蔣介石는 이곳의 교통이 다소 불편하다고 생각하여, 중화문물을 널리 선양하기 위해서 새로운 땅을 골라보도록 지시하였다. 민국49년(1960), 행정원은 타이베이에서 그 땅을 구하기로 결정하였다.

도67 고궁으로부터 바라본 外雙溪의 조감도

산으로 둘러싸여 있어서 전쟁으로 인한 재난을 피할 수 있고, 또한 교통이 편리하여 관광지로서도 적합한 땅, 그것이 현재의 국립고궁박물원國立故宮博物院의 땅이다. 와이솽시外雙溪라고 불리는 타이베이 교외의 산중턱이다(도67). 시내에서 자동차로 약 30분이며, 명승지인 양밍산陽明山에서도 가깝고, 환경은 이상적이었다. 베이거우와 마찬가지로 전쟁의 화에 대비하여, 뒷산으로 통하는 산동山洞이라고 불리는 동굴 창고를 파는 일도 가능하다. 이 무렵은 아직 주변에 논밭이 많아서 농촌과 같은 한가로운 시골이었는데, 지금은 자산가들이 많이 살고 있는 고급주택가도 있으며, 정비된 공원과 녹지에는 중화 문화와 타이완 문화를 음미하고자 하는 사람들이 문화의 고향이라고 여길만한 분위기가 감돌고 있다. 박물원의 뒤쪽에 있는 연꽃 연못이나 시냇물 흐르는 소리 등 자연환경이 문명의 역사와 융합하여 조용한 조화를 이루고 있다. 주변의 정원에는 나비나 조그만 동물들이 많아서, 길에는 유충 등이 넘치고 있기 때문에, 참관자는 주의해야 한다. 벽호

壁虎라고 불리는 도마뱀붙이가 많은 것도 이곳의 특징인데, 민가에도 나타나며, 모기를 먹이로 서식하고 있다. 박물원의 산길에 출몰하는 문물文物의 사랑스러운 친구이다.

현재 하루 100대가 넘는 관광버스가 방문하여, 타이완에서 첫째가는 관광지이다. 레스토랑이 한 집밖에 없는 것이 유감이었는데, 지금은 대형 호텔이 진출하여 그러한 아쉬움도 해소되었다.

문물文物이 안주하는 땅으로

도68 故宮博物院의 주요 건물 전경

민국53년(1964), 드디어 이 땅에서 새로운 건물의 건설이 시작되었다. 8월에는 정면에 있는 중심 건축물이 완성되었다(도68). 벽면은 갈색·노랑·흰색·녹색·남색 등의 색상을 구별 사용하여, 주변의 산림이나 하늘의 배경과 조화를 이루도록 하였다. 국립고궁중앙박물원연합관리처國立故宮中央博物院聯合管理處의 명칭이 국립고궁박물원관리위원회國立故宮博物院管理委員會로 바뀌었으며, 조직의 규정도 행정원으로부터 정식으로 공포되었다. 장푸충蔣復璁을 원장으로 하며, 쫭상옌은 부원장 가운데 한 사람이 되었다.

이로써 드디어 앞이 보이지 않던 문물의 대여행이 참다운 의미로 마무리 지어졌으며, 안주할 수 있는 땅을 얻게 되었다. 문물과 함께 여행한 직원들도 타이중에서의 오랜 생활을 마치고, 타이베이에 영주하게 되었다. 그 사이 노안과 백발이 된 사람도 있었지만, 아내를 얻어 일가를 이룬 사람도 있었다. 생각해보면 오랜 여행이었다.

장제스는 그 해 10월에 쑨원 탄생 100주년을 기념하여 중산박물원中山博物院이라고 이름 붙였으며, 식전을 거행하였다. 동시에 베이거우의 구관을 폐쇄하고 세 번째로 점검하여, 차량에 의한 육로로 문물을 북쪽으로 옮기기 시작하였다. 11월에는 전람이 시작되도록 하는 용의주도한 이동이었다. 도착한 후에는 오랫동안 운송에 사용된 나무상자, 나무판, 노끈이나 완충재 등은 이제 필요 없을 것으로 생각되어 차례로 폐기되었다. 문물은 새롭게 탄생하게 되었으며, 다시 청조 시대의 위엄을 되찾아서 사람들에게 위용을 과시할 수 있게 되었다.

그렇다, 여기에서는 서적의 이야기를 하지 않으면 안 된다. 보통 서화書畵·기물器物이 문물을 대표하며, 문헌·서적은 두 번째 것이라고 일반적으로 생각되고 있다. 민국54년(1965), 거의 모든 문물이 연말까지 이동을 마쳤는데, 신관은 아직 완전히 준공되지 못하였기에, 도서 부문은 부득이하게 잠시 베이거우에서 지체하지 않으면 안 되었다. 다음 해인 민국55년에도 서적을 보관할 수 있는 공간 문제가 해결되지 않아서, 신관 근처의 타이완성물자국臺灣省物資局의 창고를 입수하여, 어떻든 타이베이로 이동할 수 있게 되었다.

고궁에 옮겨진 고서적의 선본이 어떠한 것인지 세상에 널리 알려지기 위해서는 시간이 좀 더 필요하였다.

타이중 베이거우의 옛 장소는 필름공장으로 사용되었는데, 1999년 9월 21일 타이완 전역을 공격한 지진으로 파괴되었다.

4) 타이베이고궁박물원臺北故宮博物院의 발전 (1966~1983)

와이솽시의 고궁은 민국55년(1966) 말기부터 제1차 확장공사를 시작하였으며, 60년에는 제2차, 73년에는 제3차, 민국84년(1995)에는 제4차를 진행하여, 주변의 정원과 녹지를 정비함과 동시에, 제3차에는 정면을 향하고서 왼쪽의 행정루行政樓, 4차에는 대망의 도서문헌관圖書文獻館을 완성하였다. 조직면에서도 민국57년(1968)에는 도서문헌처圖書文獻處를 증설하여, 기물처器物處·서화처書畵處와 함께 나란히 중요한 부문으로서 기능하게 되었다. 또 선본을 보관하는 장소로는 행정루의 지하에 광대한 공간을 마련하여, 팽대한 분량의 고상식高床式 전용 서가도 마련하였다. 또한 도서문헌관에서는 도서실과 열람실을 공개하여, 연구나 연수를 위하여 사용할 수 있도록 하였다. 이리하여 거의 30년 세월에 걸쳐서 와이솽시의 고궁은 문물의 보관과 이용에 이상적인 환경을 조성하였다. 서지학을 연구하고자 하는 사람들도 이곳을 방문하면 밝고 활기찬 기운이 생겨난다고 말한다.

중화 문물 연구의 발전

도69 故宮博物院에서 발간한 잡지

타이베이고궁박물원臺北故宮博物院은 민국55년(1966) 이래로 『고궁계간故宮季刊』·『고궁통신故宮通迅』·『고궁문헌계간故宮文獻季刊』·『고궁도서계간故宮圖書季刊』·『고궁학술계

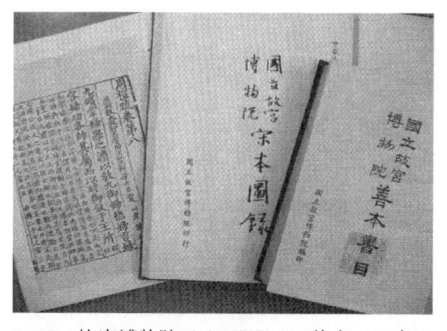

도70 故宮博物院에서 편찬한 선본善本 서목書目

간故宮學術季刊』・『고궁문물월간故宮文物月刊』 등의 학술잡지를 발간하여(도69), 당시 대륙에서 시작된 불행한 문화대혁명에 의하여 정체된 중화 문물의 연구를 유지 발전시켰다. 이러한 가운데, 도서와 문헌의 정리도 본격화하여, 민국56~59년(1967~1970)에는 중앙연구원中央硏究院에 의한 타이완공장선본목록편찬臺灣公藏善本目錄編纂의 일환으로서, 『국립고궁박물원선본서목國立故宮博物院善本書目』(도70)・『국립고궁박물원보통구적목록國立故宮博物院普通舊籍目錄』을 출판하였다. 이 목록 시리즈는 중앙도서관中央圖書館(현재의 국가도서관)이나 중앙연구원이 소장하는 선본까지 망라한 것으로서, 실로 대륙으로부터 여행하여 타이완에 옮겨진 고서적의 총체를 보여주는 것이었다. 대륙은 말할 것도 없고, 일본에서도 중국 고서적을 얼마나 소장하고 있는지 아직 분명하지 않았던 시기에, 세계에서 가장 먼저 한적 선본의 소장 상황을 한 번에 공표한 것이기 때문에, 이 무렵 타이완 정부나 관계자가 이 일을 위하여 얼마나 노력하고, 이 사업에 얼마나 심혈을 기울였는지 엿볼 수 있을 것이다. 오늘날 정보화 사회에서 컴퓨터에 의한 편리한 목록 정리도 개발되었지만, 당시 노력한 성과는 지금도 그 효력을 잃지 않고 있다.

와이솽시의 고궁에 안주한 1335상자에 수납되었던 고서적은 15만 7천 책에 이른다. 그 실태가 어떠한 것이었는지 이 목록들에 의하여 확실하게 알 수 있다. 그것은 청의 궁중・내부內府에 소장되어 있던 것과, 청말 저명한 장서가 양수경楊守敬(1839~1915)의 관해당觀海堂에 소장되어 있던 것으로 대별된다. 베이핑의 고궁으로부터 이동해온 것이기에, 내부內府의 장서가 중심이 되는 것은 당연하지만, 거기에 관해당 소장본이 더해진 것은 와이쐉시 고궁을 한층 더 유명해지도록 하였다.

『사고전서』의 출판

원래 청 궁중의 장서는 소인전昭仁殿·양심전養心殿·건청궁乾淸宮·문연각文淵閣·이조당擿藻堂 등의 각 실에 분장되어 있었는데, 어느 방에 어느 것이 보관되어 있었는지는 청실선후위원회가 편찬한 『고궁물품점사보고서故宮物品點查報告書』에 상세히 기록되어 있다. 가령 건륭제(재위 1735~1796)가 소중히 소장하였던 문연각의 『사고전서』 473종 1만1천 책 남짓은, 청대 서적문화의 정수일뿐만 아니라, 중국 고대 이래 문헌사의 집대성이라고 해야 할 보물인데, 궁중의 일이었기 때문에 그 전모를 실제로 본 사람은 거의 없었다. 그리고 그 전부를 남김없이 타이베이에 옮긴 다음 민국72년(1983) 타이완상무인서관臺灣商務印書館에 의하여 사진판으로 재출판되는 놀랄만한 위업이 달성되었다. 그 분량은 B5판 정장본으로 1500책이었다. 한 세트가 1000책이나 되는 책의 규모에 정신이 아찔해질 정도인데, 도대체 이 책들을 산다면 어디에 둘 것인가? 그런데 이 책이 팔리고 팔렸다. 『사고전서』의 전모를 눈앞에 두고 볼 수 있다는 것은 건륭제와 동등한 것이 아닌가? 국가사업이었던 이 책의 출판으로 고궁의 경제사정은 매우 윤택해졌다고 한다. 지금은 당연하게 사용하는 『사고전서』이지만, 당시에는 이러한 영인출판을 가능하게 한 고궁의 힘에 놀라지 않을 수 없었다. 여행의 어려움을 견디고, 황무지를 개척하여 환경을 정돈해온 꾸준한 노력의 결과라고 하지 않을 수 없다. 그것만이 아니다. 민국74년(1985)에는 이조당擷藻堂에 보관되어 있었던 『사고전서회요四庫全書薈要』를 세계서국世界書局이 또 영인하였는데, 정장正裝으로 500책이었다. 이처럼 대규모의 영인총서影印叢書가 뒤를 이어 출판되었다.

한편 송원판 등 선본의 영인도 민국59년(1970)부터 시작되었다. 선장線裝으로 된 실물과 같은 치수로서 원래의 모습을 엿볼 수 있는 획기적인 복제이었다. 민국66년(1977)에는 『국립고궁박물원송본도록國立故宮博物院宋本圖錄』(도70)을 공간하여서, 68종·76부의 송판에 대하여 상세한 서지학적 해설을 첨부하였다. 민국 시대 초기에 푸쩡샹傅增湘 등의 장서가가 송판을 특히 중시한 이래, 여기에서 다시 송판은 국보로서 최고의 지위를 회복하였다.

5) 서적과 여행(1) - 양수경楊守敬·관해당觀海堂 소장본 외

또 하나, 고궁박물원에 나무상자와 함께 여행을 마친 대규모의 고서적 컬렉션이 있었다. 양수경楊守敬이 수집한 관해당觀海堂 소장본 1만 5천여 책이었다. 양 씨는 청말 후베이성湖北省 이두宜都 사람으로, 도광道光19년(1839)에 태어나서 민국4년(1915) 베이징에서 서거하였는데, 그 사이 광서光緒6년(1880)부터 10년까지 4년간 주일공사의 수행원으로 일본에 체재한 학자이었다. 일반적으로는 서예가로서의 명성을 첫째로 하며, 대륙에서는 당시 오히려 고대 지리학자로서 유명하였는데, 서지학 분야에서는 일본에 있는 한적漢籍의 역사를 완

도71 楊守敬이 일본에 온 뒤, 송판 『荀子』를 얻어서 복각한 것. 『古逸叢書』의 하나이다. 오른쪽은 명함.

전히 바꾸어버린 장서가로서 후지산처럼 우러러볼만한 사람이었다. 그 이유를 한마디로 말하자면, 당대唐代 이래 천 수백 년 동안 대륙으로부터 전해온 일본의 오래된 한적의 정품을 다시 대륙으로 가져가서, 고서古書의 옛집으로 되돌려주었으니(도71), 말하자면 홍수처럼 흘러내려온 고서의 방향을 단번에 바꿔놓은, 치수治水의 신인 우禹와 같은 사람이기 때문이다.

양수경楊守敬 서거 후 서적의 운명

그러나 서적의 운명은 기구하였다. 양 씨가 서거한 후에, 그의 장서는 민국 정부가 거액을 투자 구입하여, 신정부에게 가장 안전한 장소이었던, 금방 접수한 궁정·고궁 안의 서북쪽에 위치한 수안궁壽安宮에 보관하였다. 기묘하게도 양 씨가 일본에서 실어온 고서는, 일본군의 침공에 밀려나, 고궁 문물의 남쪽 이동과 함께 다시 대륙을 떠나게 되었다. 물론 양 씨 생전에 대륙에서 흩어진 고서도 적지 않지만, 특히 무로마치室町 시대 이전에 일본인에 의하여 필사된 고사본 종류는 양 씨가 가장 자랑스럽게 생각하던 것이었는데, 거의 양 씨가 수집한대로 전해지고 있다. 양 씨와 같은 무렵에 역시 주일본 사관使館의 관원이었던 야오원둥姚文棟(1853~1929)이라는 사람이 있었다. 이 사람도 대단한 장서가로서, 수많은 일본의 고사본을 구입하여 귀국하였다.

상하이 근교에 있는 서고에는 일본으로부터 실어온 책이 산처럼 쌓여 있었다고 한다. 그러나 그것도 일본의 폭격에 의하여 재가 되어버린 것 같다. 여행을 함으로써 명을 유지한 책도 있고, 또 여행을 함으로써 저승길로 들어선 책도 있다.

서적이 만들어진 그 땅에서 생애를 마치는 일은 거의 드물다. 그것은 사람이 태어난 곳에서 명을 다하는 일이 드문 것과 마찬가지이다. 서지학을 공부하자면 서적의 무엇을 연구할 것인가에 대하여 항상 불안해진다. 서적의 생애에는 그 서적에 쓰어 있는 내용과는 전혀 다른 차원의 드라마가 함께하기 때문이다. 사람이 서적을 만들고, 읽고, 팔고, 사고, 찾고, 버리고, 그리고 미워하고, 사랑하기 때문이다.

선중타오沈仲濤가 소장하였던 책

고궁박물원에는 그 밖에 민국69년(1980)에 수집한 송원명의 정판본精版本이 1000책 남짓 소장되어 있다. 이것은 청대 중기 사오싱紹興의 유명한 장서가, 명야산방鳴野山房·심복찬沈復粲의 후손인 연역루硏易樓·선중타오沈仲濤가 소장하였던 책이다. 민국 시대 청말 장서가의 선본이 흩어졌을 때, 선중타오 씨가 생활비를 줄여서 수집한 송·원판 50여 종은 반潘 씨 방희재滂喜齋나 양楊 씨 해원각海源閣이 소장하였던 책으로서 천하의 고본孤本을 포함하고 있었다.[35] 민국38년(1949) 선 씨는 스스로 장서를 타이완으로 옮겼다. 그 다음 눈에

---

[35] 중국에서 유명한 장서루藏書樓는 대개 대를 이어가며 형성 계승되기 때문에 일반적으로 장서루 앞에는 성씨만을 붙여서 일컫는 것이 보통인데, 방희재滂喜齋를 세운 사람은 반조음潘祖蔭(1830~1890), 해원각海源閣을 세운 사람은 양이증楊以增(1787~1855)이다.

띄지 않게 30년간 소장하였는데, 어느 날 고궁으로 기증하고 싶다는 연락을 하였다. 고궁의 우저푸吳哲夫 씨는 서재를 방문하고 깜짝 놀랐다. 선 씨는 소중히 간직하였던 책을 문 앞에서 눈물을 흘리며 배웅하였으며, 얼마 뒤 세상을 떠났다고 한다. 그 다음 고궁에서는 『심씨연역루선본도록沈氏研易樓善本圖錄』(1986)을 편찬하였다. 1990년, 나는 이 책을 가지고 상하이의 판징정潘景鄭 선생에게 가서 기념으로 증정하였다. 선생은 반조음潘祖蔭의 후손으로서, 가문이 소장하였던 비본秘本의 행방을 알고, 놀라서 먼 곳을 응시하는 듯하였다.

천덩중陳澄中이 소장하였던 책

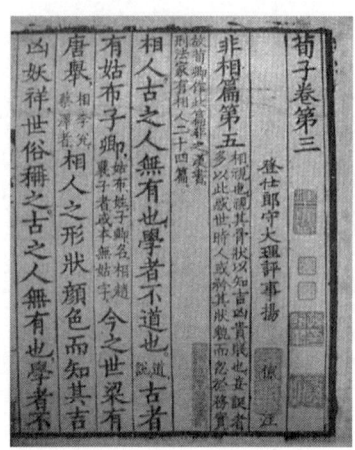

도72 陳澄中이 소장하였던 송판 『荀子』. 楊守敬 씨의 것과 같은 台州本이라고 하는데, 같은 판본은 아니다.

2003년, 캘리포니아대학 버클리교 동방도서관에 박스에 든 고서가 도착하였다. 보여주고 싶은 것인지, 기증하고 싶다는 것인지 알 수 없었다. 당국이 중국의 전문가에게 감정을 의뢰한 결과, 고서를 부친 사람은 민국 시대의 저명한 장서가 천덩중의 후손이었다. 살펴보니, 거의 고본孤本 송판이었다. 천덩중은 쑤저우 사람으로 1894년 태어났다. 버클리에 유학한 다음 귀국하여 은행원이 되었는데, 민국 시대 톈진天津의 저우수타오周叔弢(1891~1984)와 함께 '난천베이저우南陳北周'의 칭호를 얻은 대장서가로서, 송원판宋元版·명청초교본明淸鈔校本 500부를 소장하고 있었다. 선중타오와 함께 1949년 홍콩으로 이주하였으며, 그 후 1967년 미국으로 건너가, 1978년 캘리포니아에서 병사하였다. 천덩중 씨의 송판은 최고품으로 중국 정부가 수차례 구입하려고 분주하였다. 문화대혁명 당시 저우언라이周恩來가 비밀리에 송판『순자荀子』(도72)나 송탁본『촉석경蜀石經』을 구입하고자 노력하여, 그 책이 홍콩으로부터 도착하자, 몸소 기차역의 홈에 마중 나가, 책을 펼쳐보았다고 한다. 부쳐온 박스 안의 책은 모두 중국 정부가 무사히 구입하였다. 고서는 세계에 걸쳐서 여행하는데, 그 여행은 자주 감동을 준다.

6) 서적과 여행(2) – 구용瞿鏞·철금동검루鐵琴銅劍樓가 소장하였던 책

상하이로부터 버스로 2시간 정도의 거리에, 장쑤성江蘇省 창수시常熟市가 있다. 이것은 20년 전의 일로서 지금은 고속도로로 시간이 단축되었다. 고대 주周의 태왕太王 고공단보古公亶父의 둘째 아들 중옹仲雍이 동생 계력季歷의 아들 창昌(나중의 문왕)에게 왕위를 물려주기 위하여, 형 태백太伯과 함께 몸을 변장하고, '문신단발文身斷髮'[36]의 이 지역에 피신하여, 이곳에서 세상을 떠났다고 한다. 중옹의 무덤도 있다. 또 공자의 제자 자유子游(言偃)도 이 지역 사람으로, 그 무덤이 있다.『문선』을 편찬한 양梁나라 소명昭明태자가 독서를 하였다는 독서대讀書臺도 여기에 있다. 예로부터 문화의 향기가 감도는, 나무가

---

[36] 문신단발文身斷髮: 고대 형초荊楚, 남월南越 일대의 풍속. 몸에 문신을 하고 머리를 잘라, 수중에 살고 있는 교룡蛟龍의 습격을 방지하였다. 나중에는 비교적 낙후된 지역의 풍속을 가리키는 말이 됨.

많은 곳이다. 명청 시대에는 구식사瞿式耜나 웡퉁허翁同龢 등의 정치가를 배출하였는데, 뭐니 뭐니 해도 명말 청초의 모진毛晉(1599~1659)·전겸익錢謙益(1582~1664)·전증錢曾으로 대표되는 장서가의 고향으로서 강남에서 첫 번째이었다. 그들의 장서루, 급고각汲古閣·강운루絳雲樓·술고당述古堂은 중국 장서사에서 으뜸일 것이다. 청대에는 엽석군葉石君·진규陳揆·장금오張金吾·황정감黃廷鑑·장용경張蓉鏡·고상顧湘 등, 일일이 열거할 수 없을 정도로 많은 장서가를 배출하였다. 따라서 명청의 간본이나 초본鈔本을 감정하기 위해서는, 창수의 장서가들에 대한 지식이 있어야 한다. 그리고 그 창수 장서 문화의 최후를 장식한 것이, 구瞿 씨 가문의 장서를 대성한 구용瞿鏞(1794~1875)이었다. 구 씨의 장서루는 원래 염유재恬裕齋라고 하였는데, 광서光緖제의 휘諱인 재첨載湉을 피하여 철금동검루鐵琴銅劍樓라고 불렀다(도73). 송·금·원의 정판본精版本 2백 수십 종은 당시

도73 鐵琴銅劍樓의 유적

랴오청聊城의 양이증楊以增·후저우湖州의 육심원陸心源과 어깨를 나란히 하는 천하의 갑이었다. 창수 시내로부터 10킬로 정도의 거리에, 구리진古里鎭이 있다. 20년 전 나는 시내에서 모터바이크를 빌려서, 기사에게 철금동검루로 가자고 하니, 그는 곧 출발하였다. 정말로 알고 있는 것인지 불안하였는데, 도착한 곳은 같은 이름을 가진 식당이었다. 장서루라고 말해도 웃기만 하여서, 20위안을 지불하고, 스스

로 찾아보기로 하였다. 앞에서 "책은 사람을 부른다"라고 기술한 적이 있는데, 다리 옆에서 물고기를 팔고 있는 남성에게 물으니, 본인을 따라 오라고 한다. 첫 번째로 물어본 사람이 적중하였으니, 이 사람이 바로 장서루의 관리인이었다. 자물쇠를 열고 안을 보여주었는데, 황폐하고 좁은 부지에 과거의 유물이 굴러다니고 있었다. 물론 고서는 중화인민공화국 성립 후에 차례로 베이징도서관(현 중국 국가도서관) 등에 기증되었기에, 이곳에는 한 권도 없다. 그러나 일본군에 의한 유린과 문화대혁명의 상처가 그대로 남아있는 것 같았다. 현재는 정비되어 있지만, 전성기의 서향을 음미할 수는 없을 것이다.

구 씨가 소장하였던 송간본 『상서尙書』

도74 瞿鏞 씨와 沈仲濤씨가 소장하였던 고본孤本, 송간 『尙書』

구용이 편찬한 장서 목록 『철금동검루장서목록鐵琴銅劍樓藏書目錄』은 손자인 취치자瞿啓甲(1873~1940)가 편찬한 『철금동검루서영鐵琴銅劍樓書影』과 함께, 서지학이 영원히 필요로 할 불멸의 업적이다. 여기에 수록된 송판은 천하에 하나뿐인 고본이 많아서, 베이징도서관이 보물로 여기는 소장품 중에서도 중요한 위치를 차지하고 있을 정도로, 무게감이 있다. 그러나 여러 군데로 옮겨 다니고, 전쟁 등 각종 원인에 의하여 행방불명된 것도 적지 않다. 그 가운데 하나가 목록 가운데 '卷2·經部2·書類'에서 첫 번째로 들고 있는, 『무본점교중언중의호주상서婺本點校重言重意互注尙書13권』(도74)인데, 이것은 송간본으로서 고본이다. '무婺'는 저장성의 진화金華 부근을 가리키며,

이 책은 무주본婺州本에 의거하여 같은 표현과 용어가 다시 나왔을 때 참고할 수 있는 부분을 주석으로 달아서, 읽기 쉬운 교과서와 같이 편집한 텍스트이다. 또한 이 책은 송대에 삽화가 들어있는 찬도호주본纂圖互注本과 함께 유행하였으며, 푸젠성福建省을 중심 출판지로 하는 당시의 통행본으로서, 가지고 다니기 편리한 작은 사이즈의 건상본巾箱本[37]이라고 불리는 것이다.

100년 동안의 여행

거의 100년의 세월을 건너뛰어 2003년 가을, 앞 절에서 언급한 구용이 소장하였던 송간본『상서』가 갑자기 베이징의 시장에 나타나서, 업계 사람들을 놀라게 하였다. 6책으로 되어있고, 아름다운 황금색 죽지竹紙에 인쇄된 이 책은 금양옥장金鑲玉裝[38]으로 다시 훌륭하게 장정되어 있었으며, 철금동검루의 아름다운 장서인이 날인되어 있었다. 그윽한 오동나무 상자 안에 담겨있어서, 건상본이라는 칭호와 어울렸다. 도대체 어느 곳을 여행하였던 것일까? 거기에는 '山陰沈仲濤珍藏秘籍'이라는 인기印記가 있었다. 즉, 오랫동안 앞에서 얘기한(121쪽 참조) 선중타오沈仲濤·연역루研易樓에 소장되어 있다가, 어딘가 해외로 건너갔으며, 다시 대륙으로 되돌아온 것이다. 선 씨가 고궁에 기증한 책에는 포함되어 있지 않았던 것이다. 그러나 공개 시장이었

---

[37] 건상본巾箱本: 중국 남제南齊의 형양왕衡陽王이 오경五經을 전부 작은 글씨로 베껴서 한 권의 책으로 만들어, 비단을 바른 상자 안에 넣어둔 것을 모방한 작은 글씨의 소형 책.
[38] 금양옥장金鑲玉裝: 옛 서적이 벌레 먹거나 종이가 파손되어 책을 넘기기 어려울 때, 얇은 종이를 덧대어 보수하여 다시 장정하는 방법을 말한다.

기에, 그 다음 행방을 알 수 없었다.

2006년, 내가 타이베이의 고궁에서 양수경楊守敬이 가지고 온 일본의 고초본古鈔本을 열람하고 있을 때, 우저푸吳哲夫 씨가 학생들에게 송판을 강의하면서, 황금색의 건상본을 소개하고 있었다. 그 건상본을 분명히 본 적이 있었는데, 그것은 틀림없이 그 철금동검루가 소장하였던, 연역루의 애장본, 송간본『상서』이었다. 나는 놀란 나머지 떨리는 손으로 만지면서 감촉을 확인하였다. 우저푸 씨가 힘을 써서 고궁은 거금을 지불하고 이 책을 구입하였다고 한다. 선 씨의 뜻은 이루어졌다. 구 씨도 그렇게 생각할 것이다. 이로써 송간본『상서』의 여행은 끝났다.

7) 서적과 여행(3) - 일본에 전파된『논어』와『상서』

서적은 여행을 함으로써, 그 가치를 한층 더 높이게 된다는 것을 앞에서의 몇몇 사례들에 의하여 알 수 있을 것이다. 그러나 서적이 여행한 흔적이 항상 분명한 것만은 아니다. 아니, 오히려 거의 모든 흔적을 알 수 없다고 해도 과언이 아닐 것이다. 서적의 입장에서도, 잊혀져버렸던 과거 여행을 다시 한 번 복원하는 것에 대하여 고마움을 느끼지 않을까 추측된다.

베이징대학 소장의 송판『논어』

베이징대학에 소장되어 있는『감본찬도중언중의호주논어監本纂圖重言重意互註論語』(도75)는 훌륭한 송간본이며, 게다가 고본이다. 앞 절에서 기술한『상서』와 마찬가지로, 읽기 쉬움과 간단함을 추구한

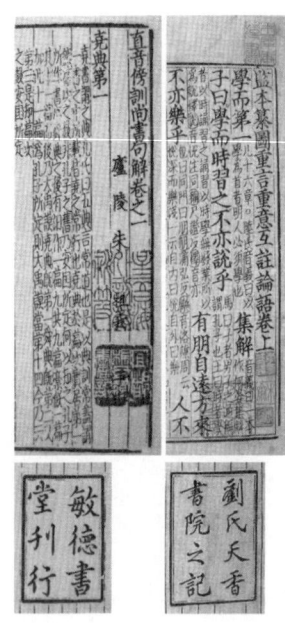

도75 『論語』(우)·『尚書』(좌)의 앞부분과 간기刊記. 자양字樣에 주의할 것.『論語』는 작은 글씨의 주문注文에 일본 중세 학승의 메모(朱點)가 있다.

송대의 통행본이다. 이 책은『상서』에 비하여 인쇄가 훨씬 좋아서, 최상품의 초인본이다. 옛 시대의 초인본에 대해서는 다소 주의할 필요가 있다. 출판된 다음 곧 적절한 장소로 옮겨진 것이기 때문이다. 적절한 장소라는 것은 책을 소중히 여기는 곳이다.

『논어』는 예로부터 다양한 주석서가 나타났는데, 위魏 하안何晏(190~249)의「집해集解」, 양梁 황간皇侃(488~545)의「의소義疏」, 송 형병邢昺(932~1003)의「소疏」, 송 주희朱熹(1130~1200)의「집주集注」가 주된 것으로서, 각각 특징 있는 내용으로『논어』를 전하고 있다. 송대 푸젠성을 중심으로 한 출판인은 이러한 권위 있는 텍스트를 효과적으로 흡수하여 편집하고, 그림이나 표를 넣었으며, 독음이 틀리지 않도록 많은 음주音注를 더하여, 부피가 크지 않은 책을 만들었다. 천향서원天香書院이라는 출판소의 주인인 유劉씨도 그러한 사람 중의 하나로서, 아마도 남송 중기 무렵 푸젠에서 서원을 경영한 사람일 것이다. 그 사람이 이 베이징 대학에 소장되어 있는『논어』를 간행하였다. 감각이 뛰어나며 하나의 획도 소홀히 하지 않는, 오른쪽이 올라간 느긋한 자양字樣은 송대 푸젠 간본을 대표하는 듯하며, 책 전체의 크기가 중형임에 비하여 글자가 커서 위풍당당하다.

이 책은 탄생 후 바로 바다를 건너서 일본으로 왔다. 가마쿠라 시대

전기, 송나라에 갔다 돌아온 학승이나 무역에 의한 박래품으로서, 당시 서적은 하카세케博士家 등 고관 귀족, 학승, 일부 무사의 집안에 집중되어 있었다. 가나자와金澤문고의 호조 사네도키北條實時(1224~1276) 등이 송판을 수집하고 있을 때이었다. 이『논어』는 학승의 손에 들어갔다. 사원은 서적을 소중히 여기는 곳이기 때문이다(219쪽 참조).

이 책의 작은 글씨 주석에 붉은 색 점이 더해져 있는 것은, 옛날 일본 학승의 손에 의한 것으로 생각된다. 중국에서는 명대 중기 이후 송판의 가치가 올라가자, 송판에 손으로 비批를 써넣는 일은 드물어졌다. 서적에 써넣은 글을 보면, 중국의 것인지 일본의 것인지 식별할 수 있다. 이 책은 무로마치·에도 시대의 몇 백 년 동안, 어디에선가 몸을 숨기고 가만히 있다가, 메이지13년(1880) 일본에 온 양수경楊守敬에 의하여 발견된 후 고가에 팔려, 다시 고향에 돌아가게 되었다. 대륙에서는 양보해달라고 손을 내미는 사람이 많았는데, 결국 장서가 리성둬李盛鐸(1859~1934)에게 돌아가, 베이징대학에 안주하게 되었다. 위안스카이袁世凱의 아들인 위안커원袁克文(1890~1931)이나 저우수타오周叔弢 등 유명 장서가의 손을 거치며, 오랜만에 고향에 돌아와 총애를 받았다. 그러나 여전히 평가의 중점은 그 출생과 미모에 있었다. 중세기 일본 학승이 이 책에 집착하였다는 것에 대하여 근대 중국 장서가는 관심을 가지지 않았다. 그렇지만 이 책 스스로 몸에 붙인 저력은 실은 타국의 여행에서 쌓은 것이라는 것, 즉 이 책을 귀중히 여긴 일본 학승에 의한 독서의 흔적이야말로, 이 책의 커다란 가치인 것을 알아주었으면 한다. 그러한 일에 주의하는 것이 서지학이 해야 할 일이다.

베이징도서관 소장의 원간본元刊本『상서尙書』

위에서 언급한 책과 유사한 여행을 한 책이 또 있다.『직음방훈상서구해直音傍訓尙書句解』(도75)라는 원간본元刊本이다. 원대에도 이와 같이 간편한 경서 주해서가 자주 출판되었다. 즉,「부음방훈附音傍訓」·「괴본대자상음구해魁本大字詳音句解」·「상음구독명본詳音句讀明本」등의 말이 제목에 붙어있는『오경五經』이나『논어』가 현존하고 있다. 이러한 종류의 책은 전래되는 판본이 적어서, 귀중한 민간 출판 자료이다. 이『상서』도 원대 중후기 무렵, 푸젠의 민덕서당敏德書堂이라는 서점에서 탄생하였으며, 일본의 난보쿠초南北朝로부터 무로마치 시대 전기에 바다를 건너 일본에 왔다. 무로마치 시대의 근면한 선승이나 고관 귀족에 의한 성실한 훈독訓讀과 붉은색 오코토 점[39]이 책 전체에 가득하다. 당시 일본의 학인學人들은 당본唐本(중국 간행본)을 손에 넣기 어려웠을 것이다. 이 책도 수백 년 동안 적합한 장소에 숨겨져 있다가, 막부 말기에 서지학자인 고바야시 신小林辰에 의하여 발견되었으며, 청대의 권위 있는 총서『통지당경해通志堂經解』에 수록된『상서구해尙書句解』의 누락된 글자를 보완하는데 사용되었다.

고바야시 신小林辰과 친분이 있었던 양수경은 또 거금을 들여 구입하여, 본서는 다시 고향으로 돌아갔다. '星吾海外訪得秘笈(성오가 해외에서 소중히 보관된 책을 구하다)'(양 씨의 자字는 惺吾이나 星吾라고도 함)이라는 인기가 이 책의 내력을 묵직하게 말해주고 있다.

---

[39] 오코토 점: 옛날, 한문을 훈독하기 위해 썼던 부호. 한자의 네 귀 등에 점이나 선을 달고 'てにをは'의 부호로써 읽기를 나타냈던 것. 오늘날의 한문 훈독을 돕기 위한 가에리 텐(返り点)·오쿠리가나(送りがな)와 같은 역할을 함.

이와 같이 무로마치 시대의 훈독을 써넣은 것은 이 책의 가치를 원간본 이상으로 끌어올려주고 있다. 나중에 이 책은 양 씨의 손을 떠나, 이곳저곳을 전전한 끝에 베이징도서관(현재의 중국 국가도서관)에 소장되었다. 다행히 이번의 '중화재조선본中華再造善本'[40]에서는 훈독의 자취도 선명하게 재현하고 있어서, 참다운 가치를 전해주고 있다. 이처럼 양 씨가 일본에서 가지고 귀국한 책은 대륙에 다수 산재해있지만, 이러한 사실은 의외로 알려져 있지 않다.

서적은 반드시 여행을 한다. 지면 깊숙한 곳에는 큰 가치를 지니고 있는 그 책의 경력이 여러 겹으로 겹쳐져 있다.

2. 서적의 탄생

1) '서書'의 탄생과 '본本'의 탄생

여행하는 서적은 어떻게 탄생하는 것일까? 서적의 탄생에는 여러 가지 요인과 과정이 있다. 특히 서지학에서는 이 탄생에 두 가지 의미가 포함된다. 즉, 서적에는 두 종류의 탄생이 있는데, 그것은 '서書'의 탄생과 '본本'의 탄생이다. '서'는 저자의 원고가 정돈되어, 정서淨書

---

[40] 중화재조선본中華再造善本: 2002년에 시작되어 2007년에 끝난 중국 국가 중점 문화 프로젝트로서, 재정부財政部와 문화부의 공동 주관으로 고서의 선본을 복제 출판함으로써, 고서를 보호함과 동시에 합리적으로 이용될 수 있도록 하였다. 약 1300종의 선본이 복제되었다.

하거나 인쇄에 부침으로써 성립하는 서적의 제1차 탄생이다. 이에 비하여 '본'은 그 '서'가 필사나 인쇄를 반복함으로써 파생되는 텍스트를 의미하는데, 소위 서적의 제2차 탄생이다. 중국에서는 도서 목록을 만들 때 '청강희간본淸康熙刊本'과 같이 반드시 '본'을 붙인다. 그것은 그 '서'가 다른 시대가 아닌 강희 연간에 탄생한 텍스트임을 나타낸 것이며, 그러한 의미에서는 제1차 탄생의 '서'도 원고가 남아 있으면 '본'을 더해 '고본稿本'이라고 기록하여, 가장 이른 텍스트의 하나임을 강조한다. 그렇지만 중국 고서적의 원고가 남아있는 예는 매우 드문데, 송 사마광司馬光의 『자치통감資治通鑑』잔고殘稿1권(中國國家圖書館 소장) 등은 오래된 실례이다. 따라서 저자 자필 원고라고 단정하는 일에는 신중을 기하며, 이러한 원고는 일괄하여 '고본稿本'이라고 한다. 그리고 각종 근거로부터 완전히 저자 자신의 원고라고 판단할 수 있는 것은 '수고본手稿本'이라고 칭하여 분명히 구별한다. 따라서 어지간히 시대가 근접한 사람의 서적이 아니면, '수고手稿'라고 부르기가 주저된다.

고본稿本과 초본抄本·간본刊本

고본稿本이 장서가 등에 의하여, 지면의 체재와 괘선만 인쇄되어 있는 자가에서 만든 용지에 필사되면 초본抄本이라고 부른다. 명·청 시대에 유행한 이 초본 형식은 괘선의 색상에 의하여 남격藍格·홍격紅格·흑격黑格·녹격綠格 초본이라고 불리며, 범흠范欽(1506~1585)의 천일각남격초본天一閣藍格抄本이나 『사고전서』의 성립에 커다란 공헌을 한 포정박鮑廷博(1728~1814)의 지부족재흑격초본知不足齋黑格抄本 등, 유명한 것과 유명하지 않은 것을 합하여 열거하기 어려울 정도로 종류가 많다. 물론 괘선이 없는 초본도 다수 전해지고 있다.

한편, 인쇄에 의한 텍스트의 탄생도 송대 이후 계속되어 왔는데, 초판이 상재上梓되고난 후에, 그와 똑같은 분신인 복각본覆刻本[41], 다소 거칠게 복제된 번각본翻刻本[42]이 탄생하게 되며, 또한 이 간본刊本을 근거로 하여 초본抄本이 탄생되는 일도 있다. 활자로 인쇄하면 배인본排印本이라고 하며, 근대에 유행한 연활자鉛活字에 의한 인쇄본을 연인본鉛印本이라고 한다. 읽기 쉽게 구두점을 붙인 것을 표점본標點本이라고 하는데, 표점본은 현재 가장 많이 사용되는 것으로 중요시된다.

이처럼 다양한 호칭을 가진 '본'이 탄생하여 '서'는 생명을 유지해 왔다. 그러나 '서'와 '본'이 탄생하기 위해서는 상당한 배경을 필요로 하며, 거기에는 귀중본·보통본의 궤를 넘어선 가치관이 존재한다.

초순焦循의 『맹자정의孟子正義』가각본家刻本

청대 초순焦循(1763~1820)은 장쑤성江蘇省 장두현江都縣 사람이며 청대 고증학의 건륭乾隆·가경嘉慶시대를 대표하는 학자로서, 『주역』·『맹자』로 일가를 이루었다. 특히 후한의 조기趙岐가 주를 붙인 『조주맹자趙注孟子』를 해설한 저서는 매우 뛰어난 논문으로서 존중되었다. 질병으로 문을 닫고 옛 서적을 연구하였으며, 가경23년(1818)

---

[41] 복각본覆刻本: 고사본이나 고판본을 저본으로 하여, 체재나 본문의 문자까지 저본과 똑같이 다시 만든 것.
[42] 번각본翻刻本: 고서적의 자료에 쓰여 있는 문자를 현재 통행하는 자체字體로 바꾸는 것을 '번자飜字'라고 하며, 자료 전체를 번자하여 출판하는 것을 '번각翻刻'이라고 한다. 번각본은 번각에 의해 만들어진 서적을 말한다.

도76 '서書'의 탄생-道光 연간 간본 『孟子正義』

그의 명저 『맹자정의孟子正義』의 원고를 쓰기 시작하여, 다음 해 7월에 완성하였다. 그러나 1820년 봄, 원고를 개정한 수고본手稿本의 완성을 보지 못하고 세상을 떠났다. 남은 분량의 청서淸書를 아들에게 부탁하였으나, 그 아들도 병으로 쓰러졌다. 보다 못한 초순의 동생, 초징焦徵이 청서 작업을 계속하며, "깊은 밤 인적 없어 고요한데, 비바람 소리와 딱딱이 소리 들으며 청서를 계속하네. 마침내 형과 조카 생각에 눈물로 아침을 맞이하네."라고 감개를 읊었다. 초징은 가족들과 상의하여 생활비를 반으로 줄이고 자금을 마련하였으며, 도광道光3년(1823) 준비를 마무리하여, 도광5년(1825) 판각을 마쳤다(도76). 이와 같은 고난의 길을 거친 다음, 이 '서'는 탄생하였다.

초 씨 가문에서 출판한 이 가각본은 학자들에게 환영받았다. 이후, 당시 학자의 논문을 정선한 완원阮元(1764~1849)의 『황청경해皇淸經解』에 실렸으며, '본'은 계속하여 유포되었다. 이 책은 고증학자의 높은 평가를 받았으며, 일본에서도 막부 말기 유학자인 야스이 솟켄安井息軒(1799~1876)에 의하여 일찍 유입되었다.

이 '본'은 많은 독자를 얻기 위하여, 구두점을 더하여 연인본으로서 민국 시대에 세계서국世界書局으로부터 탄생하였다. 그 무렵 신식 구두점이나 방선傍線을 갖추어 교정校訂하는 교정본(標點本)의 기획이 일어나, 1940년대 구제강顧頡剛의 지도하에 충칭重慶의 국립편역관國立編譯館에서 유가 경전의 대규모 교점交點 정리 작업이 시작되자,

이 『맹자정의』는 그 '경장經藏'의 일부로서 표점본이 만들어지게 되었다. 이 임무를 담당한 사람이 선원줘沈文倬이었다. 신식 표점은 교감校勘·교점校點·분단分段·분장分章·제요提要라는 소위 고적 정리의 총체 작업을 실천하는 곤란한 사업이었다. 32세에 이 사업을 마친 선원줘 씨의 기개는 초징焦徵의 마음을 위로해주고도 남음이 있었을 것이나, 중화인민공화국 성립 후에 이 대규모 프로젝트는 백지화되었다.

도77 '본본'의 탄생-신식 표점본標點本『孟子正義』

그로부터 40년의 세월이 흐르고, 그 고본稿本이 구제강의 집에서 발견되어, 1987년 중화서국中華書局으로부터 출판되었다(도77). 선원줘 씨가 그 기나긴 세월을 강조하던 모습을 지금도 잊을 수 없다. 어떻든, '서'·'본'의 탄생은 한가지로만 얘기할 수 없는 배경을 지니고 있다.

2) 서적과 저자

서적이 탄생할 때 저자는 서적을 낳은 부모이며, 저자가 없는 서적은 없다. 그러나 저자와 서적의 관계는 중국 고서적에 있어서는 매우 복잡하다. 서지학이 가장 주의하지 않으면 안 될 요점의 하나가 저자의 문제이다.

저자에 의하여 써진 서적이 제자나 자손의 손에 의하여 편찬·개편되는 일이 있다. 그 다음 교정校正을 행하는 사람, 원고를 정서하는 사람, 출판할 때 밑 글씨를 쓰는 사람 등 다양한 사람이 관련된다.

그리하여 개편자가 저자가 되어버리는 일도 생겨난다. 여러 종류의 작품을 모아서 편찬하는 총서 등이 그러한 예이며, 가장 중국적인 서적관을 보여주고 있다.

저자와 주석자

고전에는 주석을 붙이는 것이 중국의 전통으로, 주석이 붙으면 이번에는 주석자가 저자가 된다. 앞 절에서 소개한 초순焦循의 『맹자정의』는 고대의 사상가 맹자의 저작에 후한의 조기趙岐가 주석을 붙이고, 거기에 다시 청의 초순이 주석을 붙인 것이다. 이에 대하여 송대의 대표적 도서 목록인 진진손陳振孫(1183~1261)의 『직재서록해제直齋書錄解題』에서는, 맹자의 원저를 "孟子14卷 孟軻 撰"으로, 조기의 주석본을 "孟子章句14卷 後漢 趙岐 撰"으로 저록하여, 저자를 구별하고 있다. 그리고 『중국고적선본서목中國古籍善本書目』에서는 맹자도 아니고, 조기도 아닌 "孟子正義30卷 淸 焦循 撰"으로 저록하여, 오늘날 우리가 읽는 맹자의 텍스트는 초순의 저작이 되는 것이다. 같은 논리로 송의 주희朱熹가 주석한 『맹자집주孟子集注』는 "孟子14卷 宋 朱熹 集注"라고 저록되어, 주희의 저작이 되는 것이다. 이처럼 주석을 중시하는 중국에서는 주석자가 원저자를 능가하는 기세이며, 저작권에 대하여 까다롭지 않은 것도 이러한 전통이 있기 때문이다.

가탁假託이라고 하는 문화

또한 가탁假託이라고 하는 것도 중국 서적 탄생의 특징이다. 초순의 저작과 마찬가지 서명인 『맹자정의孟子正義14권』에 송의 손석孫

奭이 저술한 것이 있다. 손석은 용도각학사시독龍圖閣學士侍讀[43]으로 학문적 명성이 높은 사람이었다. 그래서 푸젠성의 사오우邵武라는 곳에 사는 학자가 『맹자』에 주석을 붙이고, 손석의 이름을 빌려 유포한 것이 이 책이라고 한다. 따라서 『사고전서총목四庫全書總目』이나 『중국고적선본서목中國古籍善本書目』은 『맹자정의14권』의 저자를 '구본제송손석찬舊本題宋孫奭撰' 또는 '제송손석찬題宋孫奭撰'이라고 저록하여, 가탁인 것을 명기하고 있다. 원래 가탁에 어떠한 의미가 있었는지는 모르겠지만, 저작하는 행위 자체에 독서인의 의기가 있었으며, 입신하여 이름을 날리는 것이 목적은 아니었을 것이다. 서지학은 그러한 사람들의 뜻을 충분히 흡수하지 않으면 안 된다. 나중에 중국에서도 저작을 둘러싸고 다툼이나 불상사가 끊임없지만, 그것은 전통적 가탁문화와는 관련이 없는 것이다.

중국의 서적 문화를 이해한다면, 양수경이 일본의 서지학자 모리다쓰유키森立之(1807~1885)로부터 얻은 선본의 서영집書影集을 보충 정비하여 『유진보留眞譜』라는 책으로 정리한 것 등도 당연히 서적에 대한 공헌이며, 공명을 위한 것이 아니라고 생각할 것이다.

장서 목록의 대찬자代撰者

중국에는 대체로 저작에 대해서도 자신의 이름을 내걸지 않는 미학이 존재하는 것 같다. 나는 『철금동검루장서목록鐵琴銅劍樓藏書目

---

[43] 용도각학사시독龍圖閣學士侍讀: 용도각학사龍圖閣學士는 송대의 관명이다. 송 진종眞宗 때 용도각龍圖閣을 세워서 송 태종太宗의 어서御書, 어제 문집, 전적, 도화圖畫 등을 보관하였는데, 경덕景德 4년(1007)에 용도각학사를 배치하여 황제가 출입할 때 모시게 하였다. 시독侍讀은 제왕이 독서할 때 함께 학문을 논하거나, 혹은 황자 등에게 강학하는 관직이다.

録』(도78)과 관련된 일로 그것을 알게 되었다. 장서주인 구용瞿鏞이 편찬하였다고 알려진 중요한 목록인데, 상하이 도서관에 부분적인 원고가 소장되어 있었다. 원고용지에 정성스럽게 필사된 원고에는 '清 李錫疇 撰'이라고 쓰여 있었다. 이석주李錫疇(1791~1862)는 장쑤성江蘇省 다창大倉 사람으로, 만년에 창수常熟에 있는 구용의 집에 거주하면서, 장서 목록을 작성하였다. 『철금동검루장서목록』은 교감 내용이 매우 정치하고 해박하여, 해제 목록의 범주에 들어갈 수 있을 정도이다. 이 책이 이석주의 저작이지 않을까 생각되어, 상하이의 연로한 선생에게 물었더니, 책에는 '瞿鏞 撰'이라고 써주고, 자신의 이름은 노출시키지 않는 것이 그들의 학문 방법이라고 가르침을 받았다. 서지학에 뜻을 두고 있던 때이었기에, 나는 매우 놀랐다. 그러나 그 다음, 난징도서관에 있는 정병丁丙 팔천권루八千卷樓의 장서 목록 『선본서실장서지善本書室藏書志』(도78)도 항저우杭州의 쑨쥔孫峻이 대찬하고서, '丁丙 撰'으로 출판한 것을 알게 되었다. 왜냐하면, 정병 장서의 각 책에 쑨쥔이

도78 『善本書室藏書志』(상)·『鐵琴銅劍樓藏書目錄』(하). 丁丙·瞿鏞의 찬이라고 되어 있는 목록도 각각 대찬자代撰者가 있었다.

자신이 쓴 것이라고 인정한 해제의 원고가 끼워져 있는 것이 알려졌기 때문이다. 장즈둥張之洞의 초학자를 위한 유명한 참고서목 『서목답문書目答問』도 서지학자 먀오취안쑨繆荃孫(1854~1919)이 대찬한 것으로 알려져 있다.

아마도 위와 같은 예는 일일이 열거할 수 없을 정도로 많을 것이다. 대학자나 대정치가의 이름은 문화계를 대표하므로, 독서인이 그 이름으로 저작을 하고, 이름을 밝히는 일 없이 그 학술적 가치를 유지하는 것은 중국 서적 문화만의 특징임에 틀림없다. 하루하루 쫓기듯이 지내고 있는 자신의 삶을 되돌아보게 된다.

서지학은 저자나 편자를 서적을 낳아준 부모로 볼뿐만 아니라, 그 배후에서 노력을 쌓아온 수많은 영혼들까지도 생각하는 학문이다.

3) 서적과 서문序文 · 제발題跋

서적이 만들어져 드디어 인쇄에 부쳐 세상에 나오려고 하면, 작자· 편자·출판인 등은 유명 인사나 친우에게 서문을 부탁한다. 서적에 서문은 으레껏 따르기 마련이며, 서문은 서적의 앞에 오는 것이라는 통념이 있다. 그러나 중국 고서적의 세계에서는, 소위 서문도, 또 일반적으로 서적의 뒤에 붙는 것이라고 생각되는 발문跋文도, 후세 장서가나 학자가 서적에 간지를 삽입하고 거기에 자필로 지어識語나 제발· 감상문을 쓴 것, 또 그 장서가나 학자의 자필 발문을 필사하여 옮겨 적은 것까지도 포함하여, 모두 동일 선상에 있는 서문의 범주에 속한다. 따라서 서문의 종류는 반드시 서적에 첨부될 필요는 없다. 서문은 제제·제사題詞·제단題端·인引·서후書後·연기緣起 등 다양한 명칭으로 쓰여져서, 서적에 첨부되는 것보다 서문 작자의 개인 문집에 수록되어 전해지는 편이 일반적이다. 출판문화가 성숙해지면서 서문을 서적의 앞에 두는 풍습이 정착하고, 보다 지위가 높은 사람에게 서문을 받는 것이 좋다는 생각이 유행하자, 학자는 자신의 서문을 책의 앞에 두는 것을 주저하게 되었으며, 그와 함께 자신의 발문을 책의 뒤에 두는 풍습이 생겼다. 그래서 저자의 자서自序도 본래 책의 뒤에 두었는데, 나중에 서점이 보기 편하도록 앞으로 옮겨서 철하였다.

서문의 전통과 변천

서序는 원래 어떤 서적의 학문적 전통과 전파 경위 등을 정리한 짧은 문장에서 비롯된 것으로, 한의 목록학자 유향劉向의 『칠략七略』이라는 목록에서 확립되었으며, 중국 목록학의 가장 전통 있는 해설 형태이다. 한 서적의 내용뿐만 아니라 학술적 원류까지도 탐구해야하는 어려운 작문이다. 원래는 '목目'에 대한 '록錄'을 의미하였으나[44], 점점 그와 같은 의의를 잃게 되어, 어떤 때에는 추상적이거나 또는 신변의 세세한 내용으로 시종하는 것도 서序라고 칭하게 되었다. 다만 서지학에서는 그와 같은 신변의 세세한 내용이 서적의 성립이나 출판 사정, 작자의 교우관계 등을 탐구할 수 있는 귀중한 자료로 여겨지고 있는데, 제Ⅰ부에서도 기술하였듯이(50쪽 참조)서문의 연도를 책의 성립과 출판연도로 간주하는 일도 자주 있을 정도이다. 그래

---

[44] '목目'은 서지학에서는 서명이나 저자명 등을 기록하는 리스트이며, '록錄'은 '목目'에 대한 해설을 의미한다. '목록目錄'은 원래 서명 리스트에 해설이 첨부된 것을 말하였는데, 언제부터인가 해설이 없어도 '목록'이라고 칭하게 되었다. 중국에서는 현재도 해설이 없는 리스트는 '서목書目'이라고 하여 '목록'과 구별한다.

서 영리를 탐하는 서점에서 이러한 사정을 역용하여, 서문을 삭제하고 출판 연월일을 위조하기도 한다. 청 강희 연간(1662~1722)에 송판 『광운廣韻』을 정교하게 복각覆刻한 것으로 장사준張士俊의 택존당본澤存堂本이 있는데, 장 씨가 쓴 강희 연간의 서를 없애고, 송판이라고 속여서 팔려고 한 일도 있었으며, 이러한 일은 자주 있다.

『십삼경주소十三經注疏』의 9인의 서문

도79 毛晉에게 부친 凌義渠의 서문, 전해지고 있는 것이 적다.

서문은 또 정치와 관련되어 서적의 생애를 좌우하는 일도 있다. 제Ⅰ부에서도 언급한 유명한 책인, 명말 모진毛晉의 급고각汲古閣에서 출판한 『십삼경주소十三經注疏』(80쪽 참조)는 전겸익錢謙益 외에 장국유張國維·장봉핵張鳳翮·임준任濬·노세각盧世㴶·진함휘陳函輝·장문운蔣文運·능의거凌義渠(도79)·장능린張能鱗의 9인이, 숭정崇禎 12년(1639)부터 14년에 걸쳐서 친우인 모진을 위하여 서문을 썼다. 현존하고 있는 산뜻하고 아름다운 초인본에는, 이 9인 가운데 7인 내지는 8인의 서문이 교대로 첨부되어 있다. 소석산방총서小石山房叢書의 『급고각교각서목汲古閣校刻書目』에는 "『십삼경주소』는 모두 11846쪽 외에 서문 총 9편 약 80여 쪽"이라고 기재되어 있으니, 9편의 서문을 모두 첨부한 판본이 있었을 것이다. 그러나 청대 초기에 인쇄된 후인본은 점점 서문의 숫자가 줄어들어 5편, 3편이 되었고, 전겸익 서문만 남기다가 결국 하나도 남지 않게 되었다. 이 무렵에는 판목도 상당히 훼손되어 보충 판각한 일도 빈번하다. 건륭(1736~1795) 연간 무렵에는 판목이 쑤저우蘇州의 석席 씨에게 넘어가고, 가경嘉慶 연간에 복각되었으며, 원래의 판목은 없어졌다. 서적은 오랫동안 수명을 유지하였으나, 왕조의 변화와 함께 앞 시대의 서문은 사라져버린 예이다. 즉, 서문의 상황이 서적의 생애를 나타내주고 있어서, 역으로 서문의 숫자에 의하여 인쇄 순서의 선후를 정할 수 있다.

서문은 말하자면 서적의 얼굴이기에, 서문이 없어진 서적은 혼이 없어진 사람과 같을지도 모른다. 거기에 다시 의기를 불어넣는 제발題跋을 기록하는 것이 장서가의 본령이었다. 타이완의 국립중앙도서관(국가도서관)이 민국71년(1982) 편찬한 『선본제발진적善本題跋眞跡』은 이와 같은 제발의 의의를 앙양한 중국적인 시도인데, 일본에서는 좀처럼 이와 같은 편저編著의 토양이 생겨나지 않는다.

고염무顧炎武 『음학오서音學五書』의 서문序文

도80 徐乾學의 진기한 서문

독특한 서문도 존재한다. 고염무顧炎武(1613~1682)의 명저 『음학오서音學五書』는 숭정崇禎16년(1643) 조학전曹學佺의 서문을 첨부하여 상재되었다. 이 『음학오서』는 장초張弨 등이 필사한 원고를 새긴 소위 사각본寫刻本[45]으로서 아름다운 판본이다. 이 책에 더해진 고염무의 조카 서건학徐乾學(1631~1694)의 서문(도80)은, 천하의 선본을 수집하기 위하여 뜻있는 사람에게 자료의 제공을 구하고 있는 휘귀한 내용이다. 서건학은 강희 9년(1670)의 탐화探花(과거 진사과進士科에서 제 3등 합격)로서, 지위는 말할 것도 없고 그의 장서루인 전시루傳是樓는 청대 장서사의 원류가 되었다. 서지학적인 '선본'의 관념도 이 무렵부터 시작되었을 것이다.

하여튼 서문은 서적사의 귀중한 증인이라고 할 수 있다.

4) 서적(本)의 생년월일과 호적

서지학의 궁극적인 목적은 서적 탄생의 시대를 판별하는 것이라고 해도 과언이 아니라는 것은 이미 몇 번 언급하였다. '書'의 탄생은 물론이고, '本'의 탄생을 파악하는 것도 역시 매우 곤란한 일이라는 것도 이미 말하였다. 서적은 재생을 반복하는 생명체이기 때문이다. 따라서 서적에 주어진 생년월일이 올바른 것인지의 문제는 서적에게도 중요한 일이지만, 서지학에서도 소홀히 할 수 없는 일이다.

간기刊記·오쿠가키奧書·패기牌記·오쿠즈케奧付

일본에서 '本'의 생년월일을 기록한 곳을 출판물의 경우에는 '간기刊記', 사본의 경우에는 '오쿠가키奧書'라고 부르는데, 중국에서는 출판물의 경우 '패기牌記'라고 부르고, 사본에는 보통 연월일이 없기 때문에 명칭이 없다. '패기牌記'라는 단어가, 명대에 유행한 연꽃 위에

---

[45] 사각본寫刻本: 저자나 혹은 글씨를 잘 쓰는 사람의 글씨를 그대로 판목에 새겨서 인쇄해낸 판본.

도81 명대에 유행한 연꽃으로 둘러싸인 패기牌記

이름을 쓰는 위패位牌와 같은 형식(도 81)으로부터 연유하는지, 아니면 불교에서 보시한 사람을 기록하는 형식이 그 원류가 되었는지 알 수 없지만, 문자를 둘러싼 틀의 유무를 막론하고 '간기刊記'의 동의어로서 상용되고 있다. '간기刊記'는 중국에서는 통하지 않는다. '패기牌記'는 표지 안의 봉면封面(미가에시)이나 목차의 끝, 권말 등에 놓이는 경우가 많아서, 자칫하면 보지 못할 수도 있다. 서적 탄생의 열쇠를 지니고 있는 요소이기에, 서지학에서는 이것을 찾아내는 것이 첫 번째 임무이다. 일본에서는 본문과 인접해있는 간행 연도를 '간기刊記'라고 하며, 본문과는 별도 페이지로 되어있는 것은 '오쿠즈케奧付'라고 하여 구별하는데, 서점에서 바꿔 버릴 수 있는 '오쿠즈케奧付'는 '간기刊記'보다 신뢰도가 낮은 것으로 파악하고 있다. 중국에서는 청대 이전의 고서적에는 이와 같은 '오쿠즈케奧付'가 거의 없기 때문에, 일본과 같이 이 부분에 대한 복잡한 숙련은 필요하지 않다. 에도 시대의 판본에는 봉면封面과 '간기刊記', '오쿠즈케奧付'에 쓰여 있는 연도가 각각 다른 경우가 적지 않아서, 이 사실에 대하여 합리적으로 설명하기 위해서는 상당한 경험이 필요하다. 따라서 중국과 일본의 방법을 혼합해버리면, 서적의 호적은 그 의미를 모두 잃어버리게 된다. 이에 대해서는 신중하게 구별하여 파악하여야 한다.

간기刊記·패기牌記의 개찬改竄

도82 『論語』의 慶長14년 간기刊記는 위작이다.

도83 『春秋經傳集解』의 패기牌記, 제1행의 '小'자는 나중에 수정한 것이다.

중국의 패기牌記는 그것에 대한 신뢰가 기본이 된다. 일본의 간기刊記와 오쿠즈케奧付는 그것을 의심하는 것으로부터 연구가 시작된다. 도판에 예시한 『논어』(도82)는 게초慶長 연간(1596~1614)에 목활자로 인쇄된 목활자본을, 비슷한 무렵에 복각한 정판본整版本(판목을 사용한 인쇄본)이다. 그러나 게초慶長14년의 '간기刊記'는 원래 없었으며, 이것은 근대 서점에서 스탬프로 위조 날인한 것이다. 미쓰이三井 가문이 소장하였던 것인데, 내노라하는 미쓰이 가문도 한방 먹은 듯하다. 그러면 중국에는 이와 같이 심한 일이 없는가하면, 그렇지 않다. 송 순희淳熙3년(1176)[46] 종덕당種德堂이 출판한 『춘추경전집해春秋經傳集解』에는 예시한 도판(도83·도84)과 같은 패기牌記가 있다. 청대 가장 권위 있는 완원阮元의 『십삼경주소十三經注疏』 교감기는 이 텍스트를 사용하고서, 〈도

---

[46] <도83> 안의 '柔兆涒灘'은 '丙申'을 나타내는 고대어이다.

83〉의 패기牌記를 참고하여 '淳熙 小字本(淳熙 연간의 작은 글자 판본)'이라고 이름 붙였다. 그러나 첫 번째 행의 '小'자는 나중에 서점에서 손을 대어 고친 것이다. 물론 이 복각본은 글자가 작은 '소자본小字本'이기는 하다. 하지만 원래 패기牌記에는 '大'자로 되어있는데(큰 글자 판본이라는 의미), 서점이 아는 척하고 '小'자로 고친 것이다. 그 유명한 완원阮元 역시 한 방 먹은 것이다. 메이지13년(1880)

도84 『留眞譜』가 수록하고 있는 〈도83과 같은 패기, 제1행의 '小'가 '大'로 되어 있다.

일본에 온 서지학자 양수경은 에도 막부가 소장하였던 책 중에서 이 종덕당본을 발견하고, 이것은 완원이 말한 '淳熙 小字本'임에 틀림없다고 매우 기뻐하였다. 그러나 양 씨가 본 패기에는 〈도84〉와 같이 '大'자로 되어 있다. 양 씨는 고개를 갸웃하며 오래 생각하였지만, 결국에는 이 책을 송대 '淳熙 小字本'이라고 단정하였다. 서점에서 개찬한 판본이 존재하리라고는 꿈에도 생각하지 못하였다. 이와 같이 모순된 패기의 내용은 어떻게 해서든지 후세에 남기지 않으면 안 된다. 양 씨 또한 도록圖錄의 필요성을 절실히 느꼈다. 『유진보留眞譜』는 이처럼 파악할 수 없는 서적의 탄생에 관련된 자료를, 후세에 그대로 전달하는 적절한 방법이었다. 『유진보留眞譜』안의 '眞'은 '진실'이라는 의미가 아니고, '있는 그대로'라는 의미이다. 이 양 씨의 도판 한 장으로, 패기의 조작이 밝혀졌다. 여러 가지 일로 인하여 서지학자는 몇 번이고 골탕을 먹지만, 그 일을 묻어버리지 않고 그대로 남기는 것이 마침내 진실에 도달할 수 있는 서지학 최선의 방법임을 양 씨는 가르쳐주고 있다.

패기의 개찬을 발견한 상하이도서관의 천셴싱陳先行씨는 서지학에서 최고의 무기는 비교하는 방법이라고 주장한다. 그것은 서적의 호적을 결정하는 데에 필수적인 절차이다. 지식보다도 눈으로 느끼는 것, 수만 마디의 말보다도 한 장의 도판이 모든 것을 말해주기도 한다.

5) 사본寫本의 탄생

그러면 사본寫本의 경우는 어떠한지 살펴보자. 사본은 중국에서는 초본鈔本·초본抄本이라고 한다. 물론 사본이라고도 부르지만, 중국에서 사본이라고 부르는 경우는 당대唐代의 사본 등 특별히 오래된 것을 가리키는 경우가 많다. 송 이후 출판 기술의 진화와 함께 사본은 간본에게 그 지위를 물려주게 되어, 거의 존재하지 않게 된다. 그리고 명대 이후 장서가가 자신의 장서를 충실하게 하기 위하여, 자가제 용지를 사용하여 사본을 생산하게 됨으로써, 사본의 위치가 다시 복권된다. 따라서 중국에서는 청대 중기 건륭乾隆·가경嘉慶 무렵 이전에 장서가 등에 의하여 필사된 사본을 구초본舊抄(鈔)本이라고 부르며 귀중하게 여긴다. 아무튼 필사 연대는 기록하지 않는 것이 통례이기에, 초본을 감정할 때 의견이 분분하다. 남색 괘선의 '남격藍格 초본'은 명대에 많다든지, 붉은 괘선의 '홍격紅格 초본'은 내부內府[47]의 것에 많다든지 등의 문제를 판단하기 위하여 지질紙質과 묵질墨質 등에

---

[47] 내부內府: 궁정의 사무를 관할하는 관청인 내무부內務府의 간칭.

대한 특별한 견식을 필요로 한다.

'抄'에는 다른 사람의 문장을 일부 가져온다는 의미도 있으며, 또 '초가抄家'라고 하면 가택을 수색하여 몰수한다는 의미도 있어서 문화대혁명의 좋지 않은 이미지도 함께 한다. '鈔本'이라고 할 때의 '鈔'자에 왜 쇠금변(金)이 들어있는지 중국에서도 설명되고 있지 않다. 습관적으로 그와 같이 사용하고 있다는 것이다. 지폐를 초표鈔票라고 하는 일도 있고, 무언가 교환이나 계약과 관련된 문서적 의의로부터 파생한 것일지도 모른다. 중국에서는 오래된 용례에는 '鈔'를 사용하는 것이 많고, 현대에는 오직 '抄'만 사용하고 있다.

영송초본影宋抄本의 서적관

도85 송판 『謝幼槃文集』(楊守敬이 일본에서 구입하여 현재 上海博物館 소장, 『續古逸叢書』에 수록되었다)

명대 이후 중국 초본초본의 진면목은 뭐니 뭐니 해도 송판을 투사透寫하여 베껴낸 영송초본影宋抄本이다('影'은 덧그리어 베낀다는 의미이다). 송대 이전의 고서적은 송판에 출발점이 놓여 있으며, 송판이 서적사에서 차지하고 있는 위치는 우리의 상상을 초월한다. 이와 같은 관념으로부터 살펴보자면, 송판을 덧그려서 베낀다는 행위는 귀중한 서적의 복제품을 만들어서 널리 보급하고자 하는 현대의 서적관하고는 차원을 달리하며, 좋은 책을 손에서 내려놓을 수가 없을 만큼 책을 사랑하는 사람의 심리가 극에 달한 결과라고 할 수 있다(도85~도87).

도86 楊守敬이 입수하기 이전 일본의 서지학자에 의해 만들어진 影宋抄本, 毛晉 汲古閣의 影宋抄本에 뒤지지 않는다.

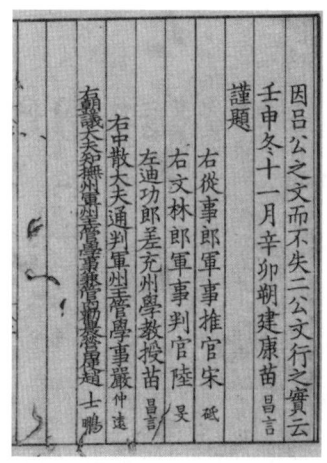
도87 影宋抄本의 송대 간어刊語

그리고 명말 모진毛晉에 의한 급고각汲古閣의 영송초본影宋抄本은 덧그려 베끼는 것이 예술의 경지에까지 승화한 예이다. 그 방법은 정말로 정성스럽다. 질이 좋은 얇은 특수 용지를 준비하여, 그 종이를 송판 위에 올려서 밑의 글자가 보이도록 한다. 그리고 위에서 조심스럽게 밑의 글자를 본뜨는 것이다. 그러나 그렇게 하면 먹물이 번져서 송판을 더럽혀 버린다. 그래서 그 얇은 종이에 밀납을 살짝 칠하는데, 이것을 아광砑光이라고 한다. 이렇게 하면 먹이 번지지 않고, 붓의 섬세한 움직임도 스무드해진다. 일본에는 이와 같은 초본이 그리 남아있지 않기 때문에 그 기술을 쉽게 확인할 수 없는데, 세카도靜嘉堂 문고에 있는 육심원陸心源(1834~1894) 벽송루皕宋樓가 소장하였던 책 가운데에는 적지 않다.

송판은 이처럼 덧그려서 베끼는 대상이 되었는데, 심한 경우에는 송판을 한 페이지씩 해체하여 판목 위에 올려놓고, 새김칼로 종이째 새겨버려서, 원본은 결국 휴지가 되는 경우도 있었다. 명대 이후 송판이 드물어지는 것은 이와 같은 이유 때문이라고도 한다. 그러나 일설에 의하면 청대 중기까지는 현재와 비교하여 상당량의 송판이 존재하였다고 하니, 실제로는 태평천국의 난 때 없어진 송판이 가장 많다고 하는 견해도 있다. 수백 년 동안 많은 전란을 겪어온 서적에게도 청말의 동란만큼 견뎌내기 어려운 것은 없었던 것이다. 이렇게 하여, 책을 사랑하는 사람의 기술은 사라져갈 운명이었던 서적에게 다시 새로운 탄생의 기회를 부여하였다.

육심원陸心源이 소장하였던 『맹동야시집孟東野詩集』

말이 나온 김에, 세카도靜嘉堂문고에 소장되어 있는 육심원陸心源이 소장하였던 『맹동야시집孟東野詩集』을 소개하기로 한다. 이 책은 틀림없는 급고각의 영송초본으로 중국에서 '모초毛鈔'라고 불리는 보물이다. 급고각에서 나온 뒤, 청대 중기 장서가 왕사종汪士鐘의 손을 거쳐, 육심원에 의해 소장되었다. 당 맹교孟郊의 시집은 양楊 씨 해원각海源閣이 소장하였던 북송판이 베이징대학에 있는데, 이것은 장시江西성에서 간행된 것이다. 급고각이 본뜬 송판은 남송의 수도 항저우杭州의 서점에서 출판된 소위 '서붕본書棚本'이라고 불리는 텍스트 가치가 높은 것으로, 베이징대학에 소장되어 있는 것과 함께 송판 맹교집의 쌍벽을 이룬다. 급고각 영송초본의 뒤에는 송민구宋敏求(1019~1079)가 이 시집을 편찬하게 된 경위가 첨부되어 있으며, 원래의 간기 刊記도[48] 충실하게 베껴져 있어, 이 책의 유래도 알 수 있다. 본뜬 원본은 이미 없어져버리고 전해지지 않기 때문에, 이 책은 초본抄本이라고 하여도, 송판과 동등한 가치를 지니고 있다. 주의 깊게 본서를 살피면, 지면에 윤기가 있어서, 앞에서 말한 바와 같이 밀납을 칠하였음을 알 수 있다. 또한 급고각이 송판임을 보증하기 위하여 사용하는 '宋本'이라고 쓰여 있는 타원의 인장과 '甲'이라고 쓰여 있는 사각의 조그만 인장이 이 책의 첫머리에 날인되어 있다. 급고각 주인 모진의 자랑스러워하는 모습이 눈에 보이는 듯하다. 동시에 영송초본을 선호하여 수집한 육심원의 기쁨도 보통이 아니었음을 상상할 수 있다.

6) 일본의 사본寫本

일본에서의 사본의 성립에 대하여 기술해보자. 여기서 장소를 나타내는 '~에서'라는 말은 의미가 있다. 간본도 사본도 그 탄생에는 호적이 있기에, 본적지가 중요한 요소가 된다. 가령 중국인이 일본에서 필사한 것은, 자주 일본의 사본으로 간주된다. 무로마치 시대의 사본 가운데에는 일본에 온 대륙의 학자에 의한 사본도 아마 적지 않을 것으로 생각된다.

앞에서도 얘기하였지만 한적漢籍에서는 도요토미豊臣氏가 멸망한 겐나엔부元和偃武(1615)[49] 무렵을 경계로 하여, 그 이전의 사본을 고사본古寫本이라고 부르며, 에도 시대의 사본과 구별하여 귀중본 취급을 한다. 에도 시대의 한문 사상이나 문학에 관련된 사본도 물론

---

[48] 간기에는 "臨安府, 棚前北, 睦親坊南, 陳宅, 經籍鋪, 印"이라고 하여, 이 책을 간행한 서점의 이름과 주소가 쓰여 있다.

[49] 겐나엔부元和偃武: 겐나元和 원년(1615) 오사카나쓰大坂夏의 전쟁을 마지막으로 혼란이 끝나고 태평하게 된 것을 가리키는 말. 엔부偃武는 무기를 눕혀서 보관해두고 사용하지 않는다는 말로서 전쟁이 끝난 것을 말함.

귀중하지만, 서적 입장에서 보자면 에도 시대의 사본은 보다 확대된 범위를 지닌 고본稿本이 주가 되며, 무로마치 시대 이전의 사본은 더욱 오래된 것으로 수축해가는 교본校本이 주가 되는데, 먼저 오래된 것을 추구하는 것이 서지학에서는 중요한 것이다.

다시 한 번 복습하자면, '당본唐本'은 중국에서 출판된 텍스트인데, '접본摺本' '탑본搨本'이라고도 한다. '고간본古刊本·구간본舊刊本'은 일본 중세의 출판물이며, '화각본和刻本'은 에도 시대의 출판물이다. '구초본舊抄本'은 주로 청대 중전기 이전의 모필본毛筆本이며, '전초본傳鈔本'은 주로 청대 중후기 이후의 모필본이다. '고사본古寫本'은 무로마치 시대 이전의 일본 모필본이며, 단지 '사본寫本'이라고 하면 에도 시대의 모필본을 가리키는 일이 많지만, 그것을 중국풍으로 '전초본傳鈔本'이라고 부르는 일도 있다.

일본의 고사본 연구

오래전 헤안 시대, 학승이 중국으로부터 가져온 헤안 사본은 송판 이전의 당대 사본의 모습을 남기는 것으로 귀중하게 여겨지지만, 숫자가 적어서 이것만으로 한문 서적 문화를 이해할 수 없다. 무로마치 시대에 학자와 학승들이 운집하여 떠들썩하게 강의와 토론을 하며, 모든 정력을 한문 필사에 경주하였던 행위야말로 고사본古寫本 성립 경위의 실태이며, 그 결과물은 중국의 송판에 필적할만한 일본 서적의 제왕이라고 할 수 있다. 그렇지만 메이지 시대 이후, 고사본은 냉대받아 거듭 유출되었으며, 그 가치를 가장 잘 알고 있는 청의 양수경이 대량으로 중국에 가져간 것은 이미 앞에서 기술하였다(119쪽 참조). 고사본 연구는 타이베이의 고궁에 소장되어 있는 장서 없이는 불가능할 정도이다. 그렇지만 고사본 연구는 중국·타이완의 연구자들에게는 상당히 어려운 일이다. 중국의 철관음鐵觀音 차는 매우 맛이 좋지만, 일본차는 그들의 구미에 맞지 않기 때문이다. 이윽고 고사본의 산일을 염려하는 사람이 나타났는데, 도쿠토미 소호德富蘇峰는 중세 정신사의 자료로서 고사본을 수집하였으며, 야스다安田 재벌 제2대인 젠지로善次郎는 고사본을 계통적으로 수집하여 그 가치를 높였다. 메이지 시대의 광산학자인 와타 쓰나시로和田維四郎가 당시의 2대 재벌인 이와사키 히사야岩崎久弥, 기하라 후사노스케久原房之助와 함께 수집한 한적 고사본은 현재 일본에 있는 한적의 핵심을 이룬다.

고사본의 세 가지 장점

도88 무로마치 시대의 고사본古寫本 『周易注疏』

고사본은 그 탄생부터 세 가지 장점을 지고 있다. 하나는 중국에서는 없어져버린 텍스트의 모습을 지니고 있다는 것이다. 〈도88〉의 『주역주소周易注疏』는 무로마치 시대 후기의 고사본이며, 당 공영달孔穎達의 『주역』 주석과 위魏 왕필王弼 등의 주석을 합한 소위 '주소본注疏本'이다. 이 '주소본'은 송판에 의한 것이라고 생각되는데, 현존 송판과는 다르기 때문에, 근거로 한 송판이 어떤 것인지 찾아낼 수 없다. 또 공영달의 『주역』에 대한 주석의 단행본 텍스트는 중국에는 송판 1점밖에 남아있지 않은데, 일본의 고사본에는 이상하게 다수 잔존하고 있다. 다른 하나는, 〈도89〉와 같이 당본을 필사하였음을 분명히 알 수 있는 것이 있다. 당의 한유漢愈 문집인데, 송 주희朱熹의 주석과 함께 읽혀진 송 위중거魏仲擧가 편찬한 『신간오백가주음변창려선생문집新刊五百家註音辯昌黎先生文集』이라는 텍스트에 근거하여 탄생한 것이라고 생각된다. 무로마치 시대 말기의 사본인데, 일본의 고사본은 이처럼 근거하는 바가 있어도, 반드시 더하는 부분이 있기 때문에 주의를 요한다. 이러한 고사본은 당시 어떠한 텍스트가 수용되었는지를 탐구하는 수용사 연구의 자료가 된다. 이 책에 날인되어 있는 '강운위수江雲渭樹'는 하야시 라잔林羅山의 장서인이다. 옛 내무성의 아사쿠사淺草문고로부터 흘러나온 것이라 생각된다. 또 하나의 장점은 〈도90〉과 같이 당시의 학인學人이 오직

도89 고사본 『漢愈集』

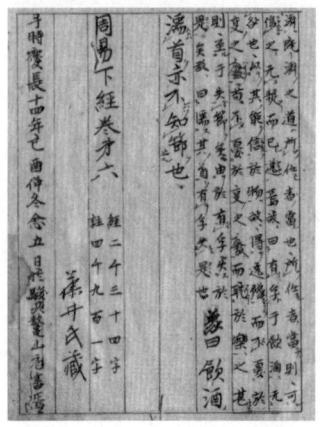

도90 慶長14년에 필사된 『周易注』

교정 편찬하여 성립한 고사본으로, 중국과 일본에 전해오는 텍스트를 복수 사용하여, 좋은 점을 취하고 쓸모없는 것은 삭제하며 필사한 것이다. 게초慶長14년(1609)에 필사한 것으로 기록되어 있다(이것을 오쿠가키奧書라고 한다). 게초 연간은 목활자 인쇄에 의한 소위 고활자

판이 융성한 시기로서, 각종 서적에 의한 교정을 거친 질 높은 인쇄 텍스트가 유행하고 있었다. 고사본도 그러한 배경을 반영하여 정세한 텍스트로 성립되었다. 고사본도 이 정도로 발달하면, 송판·당본 등의 중국 텍스트로부터 독립된 지위를 확립하였다고 할 수 있다.

물론 무로마치 시대 고사본에 대한 연구는 거의 되어있지 않은 것이 현재의 상황이며, 그 성장 과정을 중국인에게 알리기 위해서는 아직 상당한 노력이 필요하다. 일본의 서지학이 가장 힘을 기울이지 않으면 안 될 분야이다.

3. 서적의 종언과 재생

1) 서적의 연령이란?

사람이 나이를 먹듯이 서적도 해를 거듭해가면서 수명을 지니게 된다. 그러나 서적은 연령을 알 수 없다는 것이 가장 다루기 어려운 점이다. 오래된 것처럼 보여도 실제로는 새 것인 경우도 있으며, 그 반대의 경우도 있다. 이미 종언을 맞이하게 된 서적이 재생하는 일도 있다. 서지학은 항상 서적의 연령을 밝혀내며, 종언·재생의 논리를 염두에 두고 서적과 접하는 것을 큰 사명으로 한다.

주밀周密의 '서적의 재앙'

송의 주밀周密(1232~1298)은 산둥山東사람이었는데, 저장浙江의 관리가 되었으며, 원나라를 섬기지 않고 첸탕錢塘에 은거하였다. 시문詩文에 능하였으며, 많은 장서를 보유하여 유명하였다. 송대라고 하면 서적 문화가 가장 화려하게 꽃을 피웠던 시대이다. 문인들의 서적에 대한 의식에는 각별한 것이 있었다. 주밀의 저서 『제동야어齊東野語』[50]에는 '서적의 재앙'이라는 제목으로, 서적의 운명에 대하여 자세하게 기술하고 있다. 다음은 주밀의 '서적의 재앙'에 의한 내용이다. 모인 것은 반드시 흩어지는 것이 이 세상의 이치이다. 예전에 송나라가 태평하였을 때에, 한단邯鄲의 이숙李淑은 2만3천 권, 전호田鎬는 3만 권을 소장하였고, 조공무晁公武는 2만4천5백 권을 보유하여 『군재독서지郡齋讀書志』를 저술하였으며, 왕중지王仲至는 4만3천 권, 또 증공曾鞏(1019~1083)과 이상李常(이씨산방李氏山房, 1027~1090)은 각각 1만과 2만 권을 소장하였다. 이와 같은 천하의 장서도 전쟁에는 남아나지 않는다. 나(주밀)와 같은 지방 저장浙江의 우싱吳興에 살았던 엽몽득葉夢得(1077~1148)은 장서가 10만 권에 달하였는데, 후저우湖州의 막군진莫君陳, 심사沈思·심해沈偕 부자, 하주賀鑄(1052~1125) 등의 수만 권 장서와 함께 산일되어 버렸다. 최근에 진진손陳振孫은 5만1천 권을 모았으며, 조공무晁公武를 모방하여 『직재서록해제直齋書錄解題』를 완성하였다. 이수암李秀岩·이동창李東窓·이봉산李鳳山의 세 이李 씨, 고高 씨·모牟 씨 등 쓰촨四川 사람으로 저장浙江에서 활약하였던 장서가의 것도 많았는데, 모두 산일을 면하지 못하였다. 우리

---

[50] 中華書局의 「당송사료필기총간唐宋史料筆記叢刊」에 표점본이 있다.

주 씨 가문에서도 3대에 걸쳐 수집하여, 4만2천 권에 이르는 서적을 두 곳의 창고에 두고 독서에 노력하였는데, 이것도 까닭이 있어 유지하지 못하고, 지금은 옛날의 슬픈 추억이 되고 말았다.

우홍牛弘의 '서적의 다섯 종류 재앙'

서적의 이와 같은 운명에 대하여 한탄한 사람은 주밀周密 이전에도 있었다. 수隋의 우홍牛弘이 '서적의 다섯 종류 재앙'이라는 제목으로 서적이 모이고 흩어지는 것에 대한 글을 황제에게 올린 것이 그 최초이다(『隋書』권49 「牛弘傳」). 수의 문제文帝는 그의 의견을 따라서 천하의 서적을 널리 수집하게 하였다. 당의 봉연封演은 『봉씨문견기封氏聞見記』(『雅雨堂藏書』 수록)를 지어서, 역사적 사실을 분석하여, 전한 말 왕망王莽의 난, 후한 말 동탁董卓의 난, 북위 말 이주爾朱 씨의 난, 수말당초隋末唐初 무덕武德5년(622) 수나라의 서적을 창안長安으로 옮기는 도중 허난성河南省 산현陝縣의 황허黃河에서 만난 재난 등, 당대唐代에 이르기까지 서적이 산일된 것을 개설하였다. 또한 송 홍매洪邁(1123~1202)는 『용재수필容齋隨筆』續筆第15[51]에서 '서적의 재앙(書籍之厄)'이라는 제목으로, 당 이후 안록산·황소黃巢의 난에 잃어버려서 명가名家의 장서는 지금 흔적이 없고, 송수宋綬(990~1040)의 장서도 궁중보다 더 뛰어났는데 재가 되었으며, 결국 정강靖康의 변變[52]에 이르게 된 경위를 술회하였다. 이렇게 보면 주밀의 시대에 이르

---

[51] 上海古籍出版社(1996)에 표점본이 있다.
[52] 정강靖康의 변變: 정강의 변이란 1126년 송나라가 여진족의 금나라에 패하고, 중국 사상 정치적 중심지였던 화베이華北를 잃어버리고, 황제 휘종과 흠종이 금나라에 사로잡힌 사건을 말한다. 정강靖康은 당시 북송의 연호이다.

기까지 없어져버린 서적의 숫자는 상상할 수도 없으니, 서적 문화의 큰 규모에 새삼스럽게 감탄하게 된다. 서적은 분서갱유 등 독재 정치의 희생이 되거나, 전란·천재지변을 당하거나, 인위적인 결말 등으로 어떻든 유전을 거듭하게 된다. 오래된 역사를 뒤돌아보면, 현재 존재하고 있는 옛 서적은 거의 기적에 의한 것이라고 해도 과언이 아니다. 이 일에 대해서는 뒤에서 다시 기술하고자 한다.

주밀周密『초창운어草窗韻語』의 운명

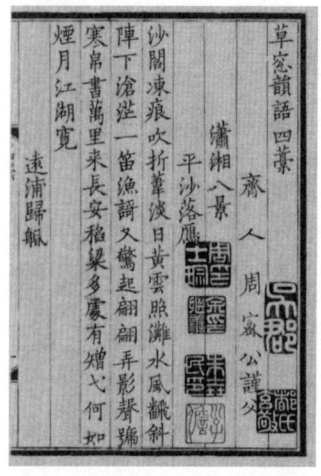

도91 蔣汝藻가 영간影刊한『草窗韻語』

주밀은 서적의 이와 같은 운명을 일찍이 간파하고 있었던 장서가이지만, 그의 저서의 운명 또한 기구하였다. 주밀에게는 『초창운어草窗韻語』라고 하는 시집이 있었는데, 그의 생전에 송대 말기 함순咸淳 연간의 서문을 갖추어서 출판되었으나, 이 책이 잘 전해지지 않았다. 다행히 궁중 내부內府에 소장되었던 고본孤本이 어느 때인가 유출되어, 돌고 돌아 청대의 장서가들에게 소중히 소장되었다가, 민국 시대의 대장서가 장루짜오蔣汝藻(1877~1954)에게 귀속되었다(도91). 장 씨는 민국 시대의 염정·철도의 중진으로, 송간본 88부를 비롯하여 선본 2600여 부를 소장하여, 왕궈웨이王國維(1877~1924)가 해제목록 『전서당장선본서지傳書堂藏善本書志』를 편찬할 정도이었다(도92).

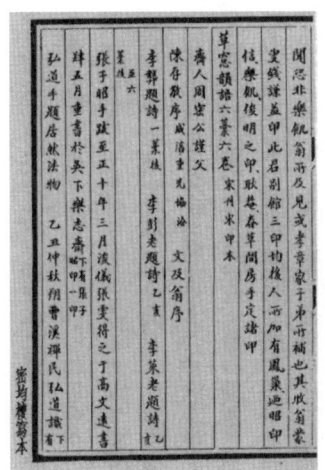

도92 王國維의 고본稿本 『傳書堂藏善本書志』, 『草窗韻語』 항목 부분

그 뒤, 장 씨의 책은 상무인서관商務印書館에 귀속되었으며, 일본의 폭격을 당하고 살아남은 것은 무사히 베이징도서관에 소장되었다.

『초창운어』는 송대에 새겨지고 인쇄된 책이라고 하여, 귀중서 중의 귀중서로서 민국12년(1923) 장 씨에 의하여 영간影刊되었다. 그러나 후에 이 책은 뜻밖에도 행방이 묘연해져, 지금은 그 영간본에 의하여 그 면모를 알 수 있을 뿐이다. 생존하고 있는지, 종언을 맞이하였는지, 과연 주 씨가 말한 운명으로 흘러가버렸는지 알 수 없다. 장 씨는 이 책을 귀히 여긴 나머지, 周密의 '密'과 이 책 이름의 '韻'자를 취하여, 자신의 서재에 '밀운루密韻樓'라고 이름을 붙였다. 이미 기술하였지만, 최근 『문원영화文苑英華』, 『춘추경전집해春秋經傳集解』, 『시고주동파시施顧注東坡詩』(常熟 翁 씨·陳澄中 구장본이 연달아 나타났다) 등 송판의 거물이 종언을 맞이했다고 생각하였을 때 홀연히 나타나고 있다. 환상인가, 혹은 망령인가. 어쩌면 다음에는 『초창운어』가 여름밤의 후덥지근한 바람과 함께 나타나, 시장에서 사람들을 놀라게 할지도 모른다.

2) 서적 해체 사업 – 유서類書의 편찬

서적의 종언이나 재생, 모두 인위적으로 이루어지는 경우도 있다.

그것은 중국의 서적에 대한 전통적 관념으로 인한 것이며, 그 시비에 대해서는 논하기 어렵다. 그 관념이라는 것은 유사한 사물을 모아서, 정리하는 문화이다. 이것은 물론 언어의 성립과도 관련되는 것으로, 서적의 성립에만 한정된 것은 아니다. 사전이든 백과사전이든 유사한 사항을 모아서 정리하는 것으로, 이러한 관념은 분류와 통하는 것이며, 이것은 중국이 자랑하는 목록학의 원점이라고도 할 수 있다. 이후의 검색·색인과도 통하는 전통적 중국학의 원점이 되는 것이다. '모은다'·'분류한다'가 중국 서적의 역사라고 하여도 좋을 정도이다. 종언과 재생도 이러한 관점에서 파악하면 매우 알기 쉽다. 이 일련의 영위를 중국의 역사가는 '유서類書'라고 부른다. 오대五代 후진後晉 시대 편찬된 목록『구당서舊唐書·경적지經籍志』에 '유사지서類事之書', 송 구양수歐陽修가 편찬한『신당서新唐書·예문지藝文志』에 '유서類書'라는 명칭이 나타난다. 삼국 시대 위魏 유소劉劭의『황람皇覽』이 가장 오래된 것이라고 전해진다. 송대에는『태평어람太平御覽』·『태평광기太平廣記』·『문원영화文苑英華』등, 호화찬란한 대규모의 백과사전이 성립하였다. 더욱 알기 쉽게 얘기하면, 이 책들의 성립과정에서 놀랄 만한 분량의 서적이 해체되어 사라져갔다. 팽대한 분량의 서적을 잘라내고 붙여서, 천天·지地·인人에 관련된 모든 주제로 분류하는 것이기에, 그 작업은 상상을 초월한다. 그것도 그러할 것이, 황제가 하루에 3권씩 읽어서 1년이면 모두 읽을 수 있는 1천 권 분량의『태평어람』은, 틀림없이 황제를 위해서 편찬된 사전이었다. 그것은 송 태종太宗이 즉위한 뒤, 바로 칙령을 내려서 만들게 한 것이었는데, 태조太祖 조광윤趙匡胤을 모셨던 신하들의 반발과 불온함을 제거하기 위하여, 지식인을 관각館閣[53]에 모아놓고 백과사전을 편찬하게 하였다는 것이다. 태종은 태조의 동생으로서, 부자 세습의 전통을 이유로 불만을 지닌 사람들을 억누르기 위한 것이었다. 황제의 정치적 의도를 알아차려야 한다.

명대 『영락대전永樂大典』

도93 永樂帝

같은 일은 되풀이된다. 명대 초기 태조의 아들 주표朱標가 병사하여, 황태자를 이어 받았던 주표의 아들 주윤문朱允炆이 태조 주원장朱元璋(1369~1415)의 후계로서 황제의 위에 올랐다. 그런데 태조의 넷째 아들 주체朱棣가 1402년 수도인 난징을 공격하여 황위를 빼앗았으니, 역사상 '정난靖難의 변變'이라고 칭하는 사건이다. 주체는 1403년을 영락永樂 원년으로 정하고, 영락18년(1420)에 베이징으로 천도하였다. 이것을 대역무도한 일이라고 간주하여 반항하는 지식인들이 있었다. 송대 초기와 같은 상황이었다. 이 황위 찬탈에 의구심을 가진 중신들을 회유하기 위하여, 영락제 주체(도93)는 해진解縉(1369~1415), 호광胡廣 등에게 명하여 석학 2169인을 소집하여 『영락대전永樂大典』(도94)을 편찬하게 하였으며, 글씨 잘 쓰는 사람을 전

---

53 관각館閣 : 북송 이후 서적과 국사의 편수編修 등을 담당하던 관청을 통칭하여 관각이라고 함.

도94 『永樂大典』은 전체를 손으로 쓴 것이다.

국으로부터 소집하여 필사하게 하였다. 건문제建文帝 주윤문朱允炆이 목숨을 부지하여 어느 절에 숨어있다는 얘기를 듣고서는, 유력한 학승을 불러내어 회유에 힘썼을 만큼 주도면밀하였다. 이렇게 하여 8000종에 이르는 서적을 해체하고 새롭게 분류하여, 『홍무정운洪武正韻』에 있는 운韻의 순서를 따라 배열한 22877권, 목록 60권, 10095책, 약 3억7천만 글자의 거대한 유서類書가 성립하였다. 이『영락대전』으로 하여, 종언을 맞이한 서적은 헤아릴 수 없을 만큼 많다. 그러나『영락대전』은 황제를 위하여 만들었기 때문에 물론 유통되지 않았다. 현재『영락대전』의 필사본은 그림자도 찾을 수 없다. 청대 한림원翰林院에 근무하였던 학자들도『영락대전』의 정본正本을 본 사람은 없다고 한다. 16세기 가정嘉靖·융경隆慶 연간에 필사한 복제본이 잔존하고 있을 뿐이다.

청대『고금도서집성古今圖書集成』·『사고전서四庫全書』

청대 전기에 대형 유서『고금도서집성』의 편찬으로 하여 다시 한 번 서적 해체 작업이 있었다. 청의 건륭제는 건륭37년(1772)『영락대전』과『고금도서집성』때문에 해체된 책을 복원하려고 하였다. 그것이『사고전서』의 편찬이다. 따라서『사고전서』는 유서가 아니고 총서로 분류된다. 종언을 맞이한 책을 재생시킨 것이다. 기구한 일이다.

『사고전서』의 편찬에 참여한 한림원은 『영락대전』을 자유롭게 빌려 볼 수 있었기에, 서고에서 꺼내온 책을 분실하는 일이 되풀이되어, 결국 더욱더 종언에 박차를 가하게 된 것이다. 『영락대전』 등 서적의 비극은 이것만이 아니다. 함풍咸豊10년(1860) 영국과 프랑스군에 의한 원명원圓明園 습격, 고궁의 약탈, 광서光緒26년(1900) 영국·미국 등 8개국의 베이징 침략으로 갈기갈기 훼손되어 버렸다. 서적의 운명은 이와 같은 것일까.

서적을 해체해버리는 것은 중국 문화의 습성이다. 그리고 없어져버린 서적을 재현하려고 하는 집일輯佚의 학문도 전통적 학문으로서 중시된다. 시대가 흘러감에 따라 서적이 산일되어 사라져버리는 것은 어쩔 수 없다고 생각하는 경향이 있는데, 중국 서적의 역사에서는 인위적 요인이 커다란 위치를 점하고 있다. 민국 시대 서적 복원에 최대 공헌을 한 장위안지張元濟의 영인사업에서도, 그로 인하여 종언을 맞이하게 된 서적이 없는 것이 아니다. 서지학은 늘 양날의 검이다. 여기까지 중국의 서지학이 부흥하여 발전하게 된 경위를 기술하였는데, 그 본질은 바로 '재생'을 추구한 것이라는 것을 다시 한 번 강조해 둔다.

3) 서적의 자료 보존 – 판목版木

송대 이후 판목에 글자를 새겨서 대량의 서적을 생산해온 중국에서는, 판목을 소중히 보관하여 후세까지 인쇄를 되풀이하고자 하는 습관을 확립하였다. 즉, 판목은 현대의 입력된 자료에 상당하며, 입력된 자료만 보관할 수 있으면 인쇄는 언제든지 할 수 있다는 생각도 실은 그렇게 새로운 것은 아니다. 다만 판목은 종이의 몇십 배(?)에 해당하는 두께가 있어서 보존은 용이하지 않다. 안과 바깥의 양면을 사용하기에 순서를 정리해두는 것도 곤란하며, 불에 타버리기 쉽고 벌레에 먹히기도 쉽다. 벌레는 먹이 묻지 않은 안쪽을 공격하기에, 판목을 꺼내어 먹을 묻히고, 그 위에 종이를 대고 도구로 문지르려고 하였더니, 판목이 부서져 가루가 되어버렸다는 이야기를 실제로 들은 적이 있다. 판목은 전란이나 대화재로 사라져버렸다는 것이 일반적인 설명인데, 그럴지도 모른다. 그러나 벌레에 의한 소멸도 결코 적지 않았다.

판목의 계승과 수리

북송 볜징汴京(開封)의 국자감國子監에는 100종 이상의 감본監本[54] 판목이 저장되어 있었는데, 금의 습격에 의하여 그 대부분을 잃어버렸다. 이후 남송 린안臨安(杭州)에서 새롭게 출판업을 일으켰으며, 지방의 기관에서 만든 판목을 수집하거나 하여, 감본을 충실하게 하였다. 송이 망하자, 원은 수도 다두大都(北京)에 흥문서興文署라는 출판소를 설치하는 한편, 항저우의 옛 국자감을 서호서원西湖書院으로 바꾸었으며, 옛 국자감의 판목을 그대로 보존하였다. 또한 명대가 되자, 태조는 난징에 국자감을 재건하였고, 원대 서호서원의 판목을 난징으로 옮겨서 보관하였다. 이렇게 하여 남송 이래의 판목이 전해졌으며, 명대 초기에 그 판목을 사용하여서 대량으로 인쇄하였다. 이러한 풍조로부터 현재 남아있는 송·원판의 대부분은 판목이 남겨져 명대 초기에 인쇄되었다는 생각이 일반적이다. 이러한 생각을 뒷받침해줄만

---

[54] 중국의 국자감에서 교정·발간한 서적.

도95 송판 『大唐六典』의 손상된 판목 부분(古逸叢書3編)

한 사실로서, 못쓰게 된 명대 공문서의 안쪽에 인쇄한 소위 공문서인본公文書印本이 존재하고 있다는 것도 상식화되었다. 송판이나 원판 가운데에서도, 초인본이거나 송·원대의 장정을 그대로 보전하고 있으면 매우 귀중하게 여겨지는 것은 이와 같은 역사적 배경이 있기 때문이다. 송대에서 명대까지라고 하면 수백 년을 경과하기 때문에, 판목의 파손은 상상 이상으로 심하였으며(도95), 부분적으로 훼손된 것을 수리하는 것이 국자감의 의무이었다. 또한 세 왕조에 걸쳐있기 때문에, 명대 난징의 국자감에서 인쇄된 것을 삼조본三朝本이라고 하며, 판목을 수리하였기 때문에 삼조체수본三朝遞修本이라고도 한다. 그러나 난징 국자감의 판목 관리가 허술하여, 성화成化에서 가정嘉靖 연간 사이에는 상당량의 판목이 도난당하였기 때문에, 결락된 판목을 몇 차례 다시 만들었다. 그와 같은 부분적인 재생을 보각補刻이라고 하며, 원래의 판목인지, 아니면 보각된 판목인지를 인쇄의 측면에서 추정하는 것이 판본학의 중요한 연구 항목이 되어 있다.

판목의 종언

난징의 국자감에 소장되었던 판목은 명말에 재난을 당하여, 장닝번江寧藩으로 옮겨졌으며, 청대 가경嘉慶 연간에 소실되었다고 한다. 결국 종이 인쇄물만 남아있게 되었다. 오늘날로 비유하자면, 파일은 없어지고 인쇄물만 남은 것이다. 그렇다면 다시 입력하지 않으면 재생산할 수 없다. 이와 마찬가지로 옛날에는 판목을 다시 만들어서 재생산에 대비하였다. 이것을 복각覆刻이라고 하며, 남아있는 인쇄물을 판목에 올려놓고(또는 모사模寫한 복사본을 올려놓고) 똑같이 새기는 것이다. 따라서 복각이라고 하는 복제행위는 선물용으로 가짜 당삼채 唐三彩[55]를 만들거나, 중국 시장에서 눈에 익은 가짜 물건 판매하고는 근본적으로 다른 행위이다. 명대 가정嘉靖 연간 무렵에는 송대의 판목은 거의 없어졌으며, 송대에 돌아가기 위해서는 종이 인쇄물을 모방하여 다시 판목을 만드는 수밖에 없었다. 가정 연간 판본이 송판의 서체와 닮아있는 것은 이와 같은 이유 때문이다. 송대 서적 문화를 재생할 수 있는 원동력인 판목이 보존되어 있지 않은 것이 가정 연간 사람들에게는 특히 아쉬워서, 회고의 생각을 한 층 더 불러일으켰을 것이다. 장서가들도 차츰 송판 인쇄물을 소중히 여기기 시작하였다. 잃어버리는 것은 유감스럽지만, 그것으로 인하여 남아있는 것이 소중하다는 것을 마음 속 깊이 느낄 수 있는 것은 동서고금의 진리일 것이다. 어떻든 판목의 종언이 새로운 서적의 재생을 재촉하여서, 중국 서적 발전에 커다란 역할을 하였다.

보초補鈔에 의한 재생

유일하게 남아있는 인쇄물도 사라질 것 같다고 하면, 이제 절벽 위에 서있는 것이나 마찬가지로 절체절명의 위기라고 할 수 있다. 그렇다면

---

[55] 당삼채唐三彩: 중국 당나라 때 구워진 도기陶器 중에서, 갈색·녹색·남색 광택으로 채색한 것.

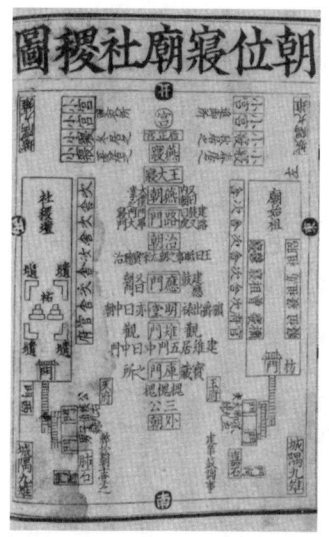

도96 송판 『周禮』의 부분적인 보완 필사

판목을 만들어야할 때가 아니다. 그 인쇄물을 재생시키지 않으면 안 된다. 그 방법은 손으로 쓰는 수밖에 없다. 소멸하게 된 인쇄물의 일부분을 손으로 써서 보충함으로써 재생을 도모한다. 그와 같은 행위를 보초補鈔(또는 補寫)라고 한다. 파손된 종이, 결락된 부분 등을 원본과 똑같이 손으로 써서 보충하는 것이다. 예시의 도판을 보면, 송판 『주례周禮』(도96)는 파손된 페이지의 오른쪽 대부분을 조심스럽게 보사補寫하였다. 민국 연간의 대장서가 위안커원袁克文의 부인인 류난劉楠(字는 梅眞)의 예술적 보사이다. 보각補刻도 보사도 원본과 구별할 수 없을 정도의 정교함을 기대한다. 이것이 참다운 의미의 서적 재생이다. 참다운 재생과 사이비를 잘 분간해야 한다.

4) 판목에 의한 연구

앞 절에서 판목의 역사와 서적의 역사를 중첩시켜서 그 운명에 대하여 기술하였는데, 그러한 도중에 불가사의한 판목의 운명을 만나게 되었다. 원래 제Ⅱ부는 타이완의 고궁박물관을 중심으로 서적의 기구한 운명을 소개하는 일로부터 시작하였다. 때마침 2005년 10월, 고궁은 창립 80주년을 맞이하여 대전람회를 개최하였으며, 그것을 계기로

『예술신조藝術新潮』(2007년 1월)가 문물의 유래에 대하여 정성스럽게 특집을 게재하였다. 기운은 적절한 시기를 골라서 잊혀 지려고 하는 사실에 대한 기억을 불러일으킨다. 그러나 고궁의 서적은 황제가 소장하였던 것은 물론이고, 청대 말기의 학자 양수경이 수집하였던 책이 커다란 특징인 것은 의외로 언급되지 않는다. 이 일에 대해서는 이미 기술하였는데(119쪽 참조), 양 씨가 일본에서 구입한 송·원판, 고초본古鈔本 종류는 서적의 역사를 개괄할 수 있을 정도로 헤아릴 수 없는 양과 질을 자랑한다. 또한 양 씨는 수집에만 그치지 않고, 일본에서 여서창黎庶昌과 함께 구입한 책의 복각사업을 일으켜서, 판목을 만들고 질이 좋은 미노가미美濃紙로 인쇄하여 『고일총서古逸叢書』를 간행하였다. 일본의 고초본古鈔本 9종, 고잔五山판[56] 3종, 송판 9종, 원판 3종, 그 외 2종, 모두 26종의 복각이었다. 이 책들은 모두 중국에서는 사라져버리고 일본에만 남아있는 텍스트이다. 현재에는 복각에 사용한 원본이 없어진 것도 있어서, 『고일총서』의 가치는 높아지고 있다. 텍스트 자체의 가치, 복각이라는 작업의 불가사의함, 교정의 경과 등 근대 장서·출판문화에 있어서 둘도 없는 유산이다. 각공은 일본의 명공 기무라 가헤木村嘉平인데, 송판을 복각한 것은 송판으로 착각할 정도이었다. 그러나 그 아름다움에 심취하기만 하고, 그 이상의 연구로 나아가지 못하고 있는 것이 우리들의 실정이다.

---

[56] 고잔五山판: 가마쿠라 말기부터 무로마치 말기에 거쳐, 교토·가마쿠라鎌倉의 고잔五山을 중심으로 송·원판의 인쇄 방식을 본보기로 삼아 선승禪僧 등에 의해서 개판開版된 목판본의 총칭.

중국의 『고일총서古逸叢書』 연구

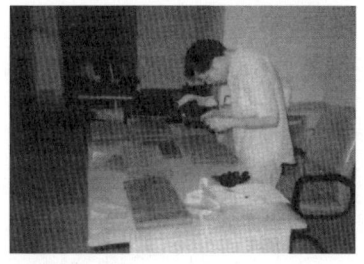

도97 판목을 조사하는 陳正宏 교수

판목에 대하여 언급하면, 판목은 사람을 부르는 것일까? 상하이 푸단復旦대학의 천정홍陳正宏 교수는 최근 판본 연구에 엄청나게 정열을 쏟고 있는 학자인데(도97), 천정홍 교수의 소개로 중국 양저우揚州에서 그 『고일총서』의 판목을 만날 수 있었다. 판목이라고 한 마디로 말해버리면, 뭔가 탁상공론을 하고 있는 것처럼 들릴지도 모르겠다. 그러나 서지학에서는 판목을 추구하지 않으면 안 된다고 나는 절실히 느꼈다. 인쇄된 지면을 구멍이 뚫릴 정도로 응시하고, 지면에 담긴 서적의 역사를 상상하기도 하는 서적에 대한 집념은, 그 인쇄물의 근원인 판목을 보는 순간, 무거운 짐을 내려놓은 것처럼 느슨해지고 편안해진다. 이와 같은 감각을 강조하는 것은 다소 광기처럼 보일지도 모른다. 판목을 보니, 새김칼을 잡은 기무라 가헤의 민첩한 손놀림이 소생하는 것 같다. 천정홍 교수에 의하면, 중국 각공의 솜씨하고는 성격이 다르다고 한다. 나무를 새기는 방법이 달라도 새겨진 글자는 송판과 전적으로 동일하다. 송판의 판목을 한 번 보고 싶을 정도이다. 기무라 씨가 사용한 것은 벚나무인 것 같다. 바깥과 안의 양면에 본문을 새겨 넣는다. 판목의 좌우에 더해진 버팀목 등, 제작에 한 치도 틀림이 없다. 판목에서 그 동안의 여러 가지 의문의 답을 발견할 수 있다. 서적의 실체라는 느낌이다. 천정홍 교수가 언젠가 상세한 보고서를 발표할 것이다.

일본에 남겨진 판목

서적이 여행을 하는 것처럼 판목도 여행을 한다. 양수경은 『고일총서』뿐만 아니라, 일본의 판목도 다수 가지고 돌아갔을 것이다. 그러한 판목들은 혹은 글자에 수정을 가하고, 혹은 일본의 훈점訓點을 삭제한 뒤 다시 인쇄되었다. 서적 문화의 교류가 바로 이러한 곳에 있다고 할 수 있다. 시대가 오래된 판목은 이미 존재하지 않는다는 것을 앞 절에서 기술하였다. 그렇지만, 일본에는 무로마치나 난보쿠초南北朝 시대와 같이 놀랄 만큼 오래된 판목이 현존한다. 판목을 연구해온 역사도 있다. 쇼헤正平19년(1364) 일본에서 처음으로 외전外典[57]인 『쇼헤반론고正平版論語』가 출판되었다. 그 다음 이 책은 무로마치 시대에 반복하여 복각覆刻되어, 권말에 두 종류의 발문이 그대로 첨부된 쌍발본雙跋本, 한 종류의 발문만 첨부된 단발본單跋本, 발문이 없는 무발본無跋本이 나왔다. 단발본과 무발본의 선후 관계에 대해서는 에도 시대 이후 여러 가지로 억측되었다. 워낙 비교 조사 등을 자유롭게 할 수 있는 시대가 아니었기 때문이다. 그러나 에도 시대 후기 서지학이 발달하여, 가리야 에키사이狩谷棭齋(1774~1835), 이치노 메안市野迷庵(1765~1826) 등에 의하여, 고증학의 수준이 매우 높아졌다. 어느 날 가리야 에키사이는 시내에서 어떤 판목을 발견하였는데, 그것이 『쇼헤반론고』의 판목임을 알고서 매우 기뻐하였다. 권말에는 발문이 없었다. 요컨대 무발본의 판목이었다. 그리고 그들은 판목의 권말에, 발문을 제거한 흔적이 있는 것을 발견하였다. 즉, 가리야는 단발본과 무발본은 원래 같은 판목으로서, 단발본의 발문만을 제거한 것이 무

---

[57] 외전外典 : 불전佛典에 대하여, 유교·도교 등의 경전을 불교 측에서 부르는 말.

발본이라고 단정하였다. 판목에 의한 고증 방법이다. 그 다음 판목은 도쿄국립박물관東京國立博物館에 소장되었는데, 현재에는 아깝게도 권말이 산화되어서 그 흔적을 볼 수 없다. 무발본이 먼저라는 의견도 있었는데, 지금은 상세한 연구 결과 가리야 에키사이의 설이 올바르며, 무발본은 단발본의 발문을 제거한 것이라고 결론지어졌다. 판목이 부패하지 않는다면 많은 문제가 해결될 것이다. 역사적으로 보아도 판목은 서적 문화의 지표이다. 명대 중기 송대의 판목이 거의 모두 소멸하였다고 기술하였는데, 판목이 변화하는 시점은 서적문화의 전환점이기도 하다.

5) 서적의 변신

서적이 형태를 바꾸어 살아남는 경우, 즉 재생이라고 하기보다는 변신해가는 경우가 있는데, 이것은 서지학에서 매우 흥미로운 사실이다. 특히 일본의 옛날 한학 수용자들은 한적을 자유롭게 받아들이는 일에 성공하였는데, 그 결과 독특한 텍스트가 다수 전해오게 되었다.

『논어의소論語義疏』라고 불리는 『논어』의 주석서는 그러한 텍스트들 가운데 가장 눈에 띄는 것 중의 하나이다. 원래 고대의 『논어』에는 다양한 텍스트가 존재하였으며, 주석자도 적지 않았다. 그러나 지금 완전한 형태로 볼 수 있는 것은, 위魏의 하안何晏이 정리한 『논어집해論語集解』가 가장 오래되었으며, 이보다 오래된 한漢 정현鄭玄(127~200) 등이 주석을 가한 것은 온전하지 못한 형태로밖에 남아있지 않다. 물론 우리에게 낯익은 송 형병邢昺의 『논어주소해경論語注疏解經』이나 주희朱熹가 주를 가한 『논어집주論語集注』도 하안의

『논어집해』에 의거한 것이다. 따라서 당 이전의 오래된 주석서는 송대에 이르러 『논어집해』를 제외하고 모두 없어져버렸다고 생각된다. 양梁의 학자 황간皇侃이 주석을 가한 『논어의소』도 역시 마찬가지이어서, 중국에서는 전해오지 않는다. 역시 송 이후 출판문화에 의하여 도태되어버린 것일까.

일본에서 변신한 『논어의소論語義疏』

그런데 그 『논어의소』가 일본에서는 옛날부터 사본으로 많이 읽혀져 왔다. 현존하는 사본만으로도 수십 부에 달하여서, 그 유행의 정도를 알 수 있다. 그렇지만 이 사본에는 이상한 현상이 보인다. 『논어의소』라는 서적이면서, 형병 『논어주소해경』의 주석이 섞여있는 것이다(도98). 즉 황간이 주석을 가한 순수한 텍스트에 누군가가 후세의 주석을 삽입하여 새로운 텍스트를 만들었으며, 그것이 반복 필사되어 널리 전파하게 되었던 것이다. 그것은 일본의 난보쿠초 시대이었는지, 가마쿠라 시대이었는지는 분명하지 않지만 일본인에 의한 것으로 생각된다.

도98 『論語義疏』의 사본. 제2행의 '昺云'이라고 되어 있는 부분이 삽입된 邢昺의 주석

보다 효과적인 학문과 강독을 위하여, 유익한 주석을 더 많이 한 권의 책에 담으려고 하였던 것이다. 『논어의소』는 중국에서는 없어지고 일본에만 남아있는 고일서古逸書로서 청대 이래 유명해졌는데, 그

실체는 변신을 거듭한 서적의 모습이었다.

그러면 형병의 주석이 섞여있지 않은, 황간이 주를 가한 원래 모습 그대로의 텍스트는 존재하였던 것일까? 무로마치 시대에『논어의 소』를 자주 강독한 간토關東 아시카가足利학교의 교장이었던 규카九 華(1500~1578)는 일찍이 교토의 도후쿠지東福寺에서 기요 호슈岐陽 方秀(1361~1424)가 강의에 사용한 형병 주석이 없는 순수한『논어의소』의 텍스트를 실제로 본 적이 있다고 한다. 원래의 모습을 지닌 텍스트가 분명히 존재하였던 것이다. 일본의 한적 수용은 실로 놀랄만한 점을 지니고 있었다. 그렇지만 서적은 변신하면서 존재해 가는 것이다.

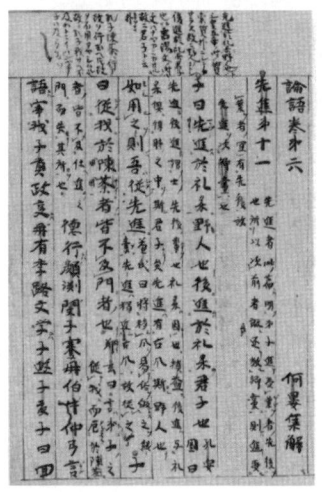

도99 『論語義疏』가 섞여 들어간『論語集解』본, 첫 부분의 "先進者……"(2행 째)가『論語義疏』의 주

그 다음『논어의소』는 하안의『논어집해』에도 변신의 손을 내밀었다 (도99). 대체로 중국에서는 송대 이후 형병본이나 주희본이 유행하게 되자 『논어집해』의 단행본은 거의 사라졌는데, 일본에서는 흥미롭게도 고사본古寫本에 의하여 다수 남아있었다. 어떠한 의미에서는 일본의 『논어집해』도 사라진 것이 재생한 서적의 하나라고 할 수 있다. 그런데 재생한『논어집해』텍스트의 상당수가『논어의소』의 분신이 되었으니, 순수한『논어집해』텍스트가 변신을 이룩하였던 것이다. 요컨대『논어집해』본을 사용하였던 중세의 학승이 편의상『논어』각 장의 의의를 총괄한『논어의소』의 한 구절씩을『논어집해』에 삽입하였

던 것이다. 그 결과, 역사상 존재하지 않았던 새로운『논어집해』의 텍스트가 탄생하였다.

일본 중세의 지식욕과 서적

실은 이와 같은 서적 변신의 배경에는 일본 중세기의 다양한 학문의 상황이 얽혀있다. 아시카가足利학교를 중심으로 하는 강의·강독의 학문 형태가 확립되었으며, 보다 교과서적으로 폭넓은 지식을 몸에 익히는 학문이 정착하였고, 교토의 하카세케博士家에 의하여 자구해석을 중심으로 정밀한 강독의 학문도 평행하고 있었다. 당시『논어』와 함께 많이 읽혔던『맹자』의 텍스트로 한대 조기趙岐의 주석본이 일본에 전해졌는데, 그것이 각 장의 총괄문을 구비하고 있어서 완벽한 주석서의 형식으로 환영받았기 때문에, 그와 같은 형식의『논어』주석서도 요구되었다. 송대에는 '찬도호주纂圖互注'·'음주音注'·'중언중의重言重意' 등의 말을 서적의 제목 위에 덧붙여서, 참고할 수 있는 그림이나 낱말 색인과 같은 주석 등을 담고 있는 텍스트가 유행하였는데, 일본에서도 독자적으로 그것을 모방하여 강의용 텍스트를 만들고자 하였다. 하여튼 이상과 같은 여러 가지 경향이 일본 중세의 왕성한 지식욕을 움직이고 있었다. 그러한 상황을 감안해보면, 서적의 변신 정도는 빙산의 일각에 불과하다고 할 수 있다.

서지학은 그와 같은 빙산의 일각을 발판으로 하여, 거대한 산을 무너뜨려가는, 어처구니없는 학문이다.

4. 재조再造와 감정鑑定

1) '재조再造'는 복제인가, 위조품인가?

현재 중국에서는 중화재조선본中華再造善本이라고 하는 대규모 영인影印 총서가 계속하여 출판되고 있는 것은 이미 기술하였다(17쪽 참조). 1부밖에 남아있지 않은 고본孤本의 분신을 디지털촬영과 고도의 인쇄 기술에 의한 정교한 복제에 의하여 후세에 남기려고 하는 것이다. 복제가 '재조'라는 말로 바뀌어가고 있다. 그러나 복각이나 복제가 수백 년 뒤에 원본과 구별이 안 되는 상황을 실제로 체험한 사람으로서, 이러한 재조 활동도 수백 년 뒤에는 지금과 마찬가지로 감정이 필요해지는 것이 아닌가 걱정된다. 원본인가, 복제인가라는 문제는 중국의 고서적이 영원히 우리에게 던져주는 어려운 문제인 것 같다.

뇌봉탑雷峰塔 다라니경陀羅尼經의 복제

민국 13년(1924), 즉 일본의 다이쇼大正 13년에 항저우杭州의 명승 고적 뇌봉탑이 쓰러졌는데, 그 벽 속에서 인쇄된 다라니경이 다수 발견되었다. 이 탑은 당이 멸망한 뒤, 오대십국五代十國이 난립하였을 때, 십국 중의 하나인 오월국吳越國의 왕인 전숙錢俶(929~988)이 세운 것으로, 불법佛法이 8만4천 개의 모혈을 통하여 사람의 혼으로 스며드는 것에 비유하여, 이 경전을 8만4천 권 인쇄하여, 이 탑 안에 희사하였다고 한다. 그것이 송 개보開寶 8년(975)에 해당되니, 바로 오대 말 북송 시대에 인쇄된 것이다. 즉, 인쇄술이 보급되기 시작한 북송 시대의 유품으로서, 중국에서 현존하는 인쇄물 가운데 가장 오래되었다고 하여, 일본의 햐쿠만토다라니경百萬塔陀羅尼經(이것은 770년 인쇄)과 같이 소중하게 다루어지고 있다.

주지하는 바와 같이 인쇄술을 발명한 중국은 인쇄사에 대한 애착이 특별히 강하여서, 고대 유물 중 인쇄된 것은 종잇조각까지도 소홀히 하지 않는 습관이 있다. 그렇지만 당대唐代에 발전하였을 것으로 추정되는 인쇄물의 유물은, 현재에는 영국에 소장되어 있는 함통咸通9년(868)의『금강반야바라밀경金剛般若波羅蜜經』만 간신히 남아있어서, 그 번영의 실태를 추적할 수단이 없다. 북송 초기 983년에 완성된 대장경(촉판 一切經)도 겨우 아주 작은 부분만 남아 있을 뿐이다. 따라서 뇌봉탑에서 발견된 다라니경은 당대와 북송의 인쇄물을 이어주는 것으로서, 기술의 계속성을 나타내주는 귀중한 존재이다.

그런데 민국13년 발굴 당시, 소문을 듣고 달려온 전문가와 골동품상이 많아서, 국가가 문물을 보호하기 전에 이미 이 경전은 상당량이 유출된 듯, 즉시 복제품이 양산되었다. 앞에서 기술한 서지학의 대가 구팅룽顧廷龍 선생은, "내가 현지에서 수십 권을 보았는데, 이미 위조품이 섞여 있었다."라고 하였다. 구팅룽 선생도 그 당시 달려간 사람 중의 하나이었는데, 이미 오대五代의 것이라고는 생각되지 않는 위조품이 섞여있었다는 것이다. 현재 볼 수 있는 이 유물은 거의가 민국20년대 무렵의 번각품翻刻品인데, 그 중에는 시대도 꽤 오래되어 보이며, 고대의 풍격을 자아내고 있는 뛰어난 것도 있다. 다만 햐쿠만토다라니가 판이 여럿 있는 것과 달리, 이것은 한 종류의 경전을 하나의 판으로 인쇄한 것인 듯하여, 진위를 판별하는 것은 상당히 까다로운 일이다.

감정의 '안목'

진위를 판별하는 안목이라고 하여도, 감정할 수 있는 안력眼力이라고 밖에 표현할 수 없는, 그야말로 눈의 힘을 기르지 않으면, 진실을 용이하게 찾아낼 수 없는 것 또한 사실이다.

예시한 〈도100〉은 파손이 상당하여, 특히 앞에 있는 그림의 모습이 분명하지 않다. 이미 종이로 덧대어져 있어서, 지질도 색상이 변화하였다. 그러나 글자를 새긴 방법은 정교하고 뛰어나서, 북송 이전의 풍격을 나타내고 있다고 한다면, 과연 그러하다는 느낌이 든다. 이것은 구팅룽 선생이 진품으로 감정한 것이다. 이에 비하여 〈도101〉은 〈도100〉만큼 사각寫刻에 맛이 없으며, 새김법도 죽 뻗어나는 여유로움이 없다. 정교한 복각覆刻이기는 하지만, 〈도100〉의 우아함에는 미칠 수 없다. 이 판본은 후인본에서 볼 수 있는, 약간 피곤한 느낌의 인쇄면도 있다. 오대五代의 간각刊刻이라고는 감정될 수 없는 것이다. 〈도102〉에 이르러서는, 전면에 있는 그림의 윤곽도 치졸하고, 자양字樣도 지나치게 정연하여, 얼핏 보아 모조품의 범위를 벗어나지 않는 것으로 판단된다. 이것이야말로 민국 시대의 번각품翻刻品인데, 목록 중에는 이 판본을 옛날 판본이라고 저록하고 있는 것도 있지만, 비교할 수 있는 재료가 없어서, 어떻게 해볼 방법이 없다. 감정의 초심자에게는 모두 똑같이 보여서 의심하지 않는데, 안목이 생겨나면, 광곽匡郭이나 행간의 부자연스럽고 자의적인 안배가 눈에 들어온다.

도100 五代北宋의 간행

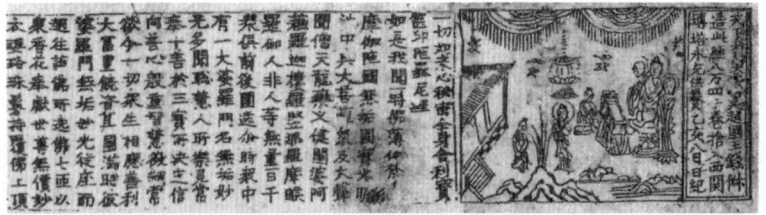

도101 복각覆刻(翻刻)

도102 민국 시대 무렵의 번각翻刻

 중국에서는 위조품을 제작한 기술을 칭찬하는 일은 있지만, 위조품을 만든 행위에 대하여 안이하게 비난하지 않는다. 위조품인 것을 간파한 감정가도 도깨비의 머리라도 베어온 듯 우쭐대지 않으며, 매우 겸허하다. 즉, 중국에는 재조再造라는 특수한 의식이 보전되고 있어서, 그것이 서적의 생애를 뒷받침하고 있는 것이다. 또한, 그러한 의식을 배경으로 하여, 감정이라고 하는 특수한 학문 분야가 조용히, 체계적으로 확립되어 있음을 알 수 있다.

2) 융화하는 '재조再造'와 '감정鑑定'

앞 절의 내용과 같은 예는 일일이 예를 들 수 없을 정도로 많다. '재조再造'라는 것은 진실을 모방한다는 의미로서, 진실에 가까워지는 것이 목적이며, 이와 같은 의미에서는 감정안을 가지고 분별해야할 정도에 이르러야, 비로소 재조의 목적을 달성하였다고 할 수 있을지도 모른다. 일찍이 급고각汲古閣 모진毛晉에 의한 송판의 모사模寫·영초송본影鈔(抄)宋本은 신의 경지에 이르렀다고 하여, 모초毛鈔의 이름으로 존중되었다. 청대 말기의 장서가 육심원陸心源은 그 모초毛鈔 『한산시寒山詩』를 손에 넣고, 『벽송루장서지皕宋樓藏書志』에 영송초본影宋抄本(영초송본影鈔宋本과 같은 의미)으로서 저록하였는데, 이 책이 일본으로 건너가서 『세카도히세키시靜嘉堂秘籍志』에는 영송간본影宋刊本으로 바뀌어 저록되었다. 그만큼 정교한 필사이었는데, 결국 『세카도간세키모쿠로쿠靜嘉堂漢籍目錄』에서는 다시 영송초본影宋抄本으로 바꾸었다. 자세히 보면 붓이 살짝 스친 것 등으로부터 사본寫本으로 판정되는 것이다.

고일총서古逸叢書 『주역정이전周易程頤傳』

서지학자 아베 류이치阿部隆一 선생은 1982년 당시의 베이징도서관에서, 진즉부터 희망하였던 『고일총서古逸叢書』에 영각影刻되어 있는 원元·지정至正9년 적덕서당본積德書堂本 『주역정이전周易程頤傳』에 대한 조사를 하였다(도103). 『베이징도서관선본서목北京圖書館善本書目』에 "원 지정9년 적덕당 간본(元至正9年積德堂刊本)"이라고 저록되어 있기 때문이다. 그러나 선생은 이 책을 한 번 보자 의심하게 되어, 마침내 이 책은 원간본元刊本이 아니고, 『고일총서』 그 자체라는 것을 발견하였다. 양수경은 분명히 원판元版을 얻어서 복각하였다. 그러나 그 원판은 전해지지 않았고, 서적 상인이 고일총서본을 오래된 것으로 꾸며서 원간본으로 위조하였던 것이다. 이에 대하여 복각의 기술이 뛰어나다, 안목 있는 사람들이 그것을 왜 간파하지 못하였을까, 서적 상인은 진실을 덮어버리는 나쁜 일을 하였다, 등의 여러 가지 의견이 있겠지만, 이러한 모든 것이 서지학의 범주에 속한다고 할 수 있을 것이다. 아베 선생에 의하면, 도요東洋문고에도 송간宋刊본 『의례儀禮』라고 알려져 있지만, 실제로는 청의 황비열黃丕烈이 정교하게 복각한 『황씨사례거총서黃氏士禮居叢書』를 호접장胡蝶裝[58]으로 만들어서, 송대의 원장原裝처럼 보이도록 한 것이 있다고 한다.

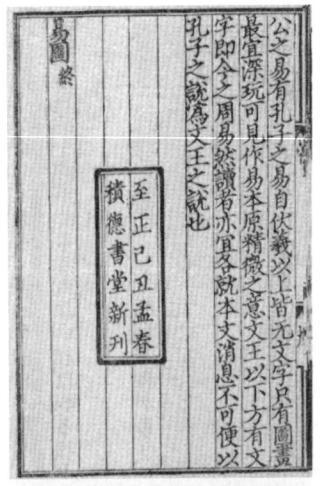

도103 『古逸叢書』·覆刻 元刊本. 元刊本처럼 보인다.

---

[58] 호접장胡蝶裝: 송대 특유의 장정법, 각 면을 글자가 안쪽에 오도록 반으로 접고, 뒷부분을 풀로 붙이기 때문에 각 면이 나비의 날개와 같이 보여서 이와 같은 명칭을 붙였다.

진품과 재조물再造物의 존재 의의

　진품의 재생을 도모하는 이유는, 서적의 경우 고본孤本이 사라지는 것을 방지하여, 서적의 수명을 연장시키려는 것이다. 그래서 기술을 연마하고, 고본 수집에 힘을 다한다. 그렇다면 위조품이든 진품을 모방한 것이든 모두 원본의 분신이며, 서적 생애의 일부분이다. 재조와 감정도 서로 마주보는 것이 아니고, 공생 융화해야할 학문일 것이다.

　재조라는 말은 최근 베이징에서 유행하기 시작한 말이다. 감정이라는 말도 최근 10년 정도 사이에 중국의 서지학에서 유행하기 시작한 말이다. 감정은 원래 문물 일반, 즉 서·화·옛 기물 등의 연구에 사용되는 말인데, 서적이 문물의 중요한 부분을 차지하고 있다는 것을 중국은 강조하려고 하는 것이다. 그러한 서지학자의 중심인물 가운데 한 사람인 리즈중李致忠 씨(中國國家圖書館)는 『고서판본감정古書版本鑑定』(文物出版社, 1997) 등의 저서로 차세대 문헌학자를 양성하고 있다. 리즈중 씨는 최근 도처에서 '재조'를 주장하고, 『중화재조선본中華再造善本』의 출판 의의에 대하여 설명하고 있다. '재조'와 '감정'이라는 말의 개념은, 리즈중 씨의 노력에 의하여 지금은 서지학의 상용어로서 정착되었다. 나는 이 『중화재조선본』이 『주역정이전周易程頤傳』과 같은 길을 걷지 않기를 바란다. 2007년, 11월 타이베이의 고궁박물원에서 '재조와 연의衍義'라는 제목으로 국제 심포지엄이 개최되었다. 나는 『고일총서古逸叢書』로써 재조의 최고지점에 올랐던 양수경의 장서가 소장되어 있는 고궁에서, 이와 같은 검토를 행하고 있는 것이 기이한 인연이라고 생각되었다. 수백 년 뒤, 디지털화에 의한 재조의 산물이 송판宋版으로 오인되는 일은 없겠는가라는 나의 우문에 대하여, 여러 선생들이 그러한 일은 있을 수 없다는 의견을 주어서, 나는 안심하였다. 그것은 진품과 재조물의 존재 의의를 서적의 생애라는 측면으로부터 제대로 이해할 수 있는 문헌학자를 차세대·그 다음 세대……에 걸쳐서 착실히 육성하여, 학문이 끊임없이 이어질 수 있는 환경을 충분히 정비하고 있다는, 자신 있는 의견으로 생각되었기 때문이다.

서적의 운명과 생애

본서에 『서지학에의 권유』라고 제목을 붙였지만, 서지학은 결코 권유할 수 있는 것이 아니다. 서적을 접하고 어떤 감촉이 심금을 건드릴 때 스스로 공부해보고 싶다고 마음먹는 것이 그 출발점이기 때문이다. 가치를 판단하는 감정인이 많이 있을 필요는 없다. 다만, 그 감정에 이르는 학문의 경위를 이해할 수 있는 사람은 많으면 많을수록 좋다. 서적의 입장에서는 그것이 무엇보다도 커다란 힘이 되어주기 때문이다.

서지학에는 논리 정연한 교육과정이 있으며, 순서를 쫓아 공부하면 누구든지 그것을 몸에 익힐 수 있다. 중요한 것은 중국에서 태어난 서적은 중국인의 감각으로 파악하지 않으면 안 되며, 그 책이 일본에 건너온다면 일본인의 감각으로 파악해야 한다. 그것이 서적의 운명과 생애이다. 서적의 운명과 생애에 대하여 계속해서 생각하면, 옛 서적은 그와 관련된 사적·인물 등 다양한 과거를 지속적으로 얘기해준다.

내가 권유하고 싶은 것은 서적의 편에 선 서지학, 즉 서적의 밑에 자신을 두는 그러한 서지학이다.

III

서지학의 미래

1. 양수경楊守敬의 서적 구입

1) 양수경과 네모토 쓰메根本通明의 교류

네모토 쓰메라는 한학자의 이름을 알고 있는 사람은 의외로 적을지도 모른다(도104·도105). 분세文政5년(1822) 데와노쿠니出羽國 가리와노치羽野(秋田縣)에 태어나서, 아키타秋田번의 한학을 대표하였으며, 메이지6년(1873) 당시 한학계의 거장 야스이 솟켄安井息軒(1799~1876) 등과 만나서 그 실력을 인정받았다. 그 뒤 도쿄제국대학의 교수가

도104 根本通明

도105 根本通明의 『論語講義』

도106 劉寶楠의 『論語正義』

도107 楊守敬 70세의 초상, 소중히 여겼던 일본의 고사본古寫本 등에 첨부하였다.

되었으며, 자신이 사라지면 일본의 한학은 망할 것이라고 학생들에게 호언하였다고 한다. 최후의 한학자로서의 자부심을 지니고 있었으며, 서적과 검을 가장 사랑하는 역학易學의 학자이었다. 메이지39년(1906) 세상을 떴다. 안진경顔眞卿(709~785)의 서체를 배웠으며, 그가 소장하는 책에 자필로 면밀하게 써넣은 주석은 검을 찬 일본 전통 복장의 패기 넘치는 모습과 함께 보는 사람을 압도한다. 그의 장서는 현재 아키타현립도서관에 소장되어 있다. 그 장서 중의 하나로, 청 유보남劉寶楠(1791~1855)의 『논어정의論語正義』 동치同治5년 간본이 있는데(도106), 이 책은 청대『논어』의 주석서로서 명저로 알려져 있다. 그『논어정의』의 책갑에 '성오가 네모토 선생에게 스스로 증정함(惺吾自贈根本先生)'이라는 양수경(도107)의 제첨題簽이 있다. 양수경은 이미 기술한 바와 같이(119쪽 참조), 광서光緖6년(1880) 주일본 청국 공사의 수행원으로서 일본에 왔다. 일본 주재 4년 동안 막대한 분량의 고서적을 구입하여, 배에 가득 싣고 귀국하였다. 광서4년 네모토 쓰메가 주일본 중국 공사 하여장何如璋을 방문한 이래로,

그의 한학은 청국인을 크게 자극하였다.『논어』연구에 힘을 기울이고 있었던 네모토 씨는 아직 보지 못하였던『논어정의』를 양수경이 가지고 있는 것을 알고서, 보고 싶은 마음을 금할 수 없었다.『논어정의』는 나중에 창사長沙의 왕셴첸王先謙이 편찬한 총서『황청경해속편皇淸經解續編』(광서14년 간)에 수록되어 쉽게 볼 수 있게 되었는데, 당시까지는 아직 가각家刻의 단행본에 의지하지 않을 수 없었다. 네모토 씨는 양 씨와 친밀하였던 서예가 이와야 이치로쿠巖谷一六(1836~1905)를 통하여 양 씨에게『논어정의』를 청구하였다. 양 씨는 이 책을 유보남의 아들인 유공면劉恭冕으로부터 증정 받은 점도 작용하여, 늘 가까이 두고 애독하였다. 귀국을 앞에 두고, 가지고 갈 서적의 정리도 끝마친 후이어서, 나무 상자에 못을 박아 엄중하게 포장해 놓고 안심하고 있었는데, 네모토 씨의 간청이 계속되었다. 양 씨는 만약 무슨 일이 있어도 그 책을 필요로 한다면, 청 서자徐鼐의『시광고詩廣詁』와 교환하는 조건으로, 못을 뽑고 포장을 풀 수 있다고 이와야 씨에게 전하였다.『시광고詩廣詁』도 유포되지 않은 희귀한 책이다. 네모토 씨는 이러한 얘기를 전해 듣고 주저하였으나, 고심한 끝에 자신이 필사하여 이 책의 복제본을 만들어 양 씨에게 주기로 하였다. 양 씨는 30권이나 되는 책의 필사도 마다하지 않는 열의에 마음이 움직여서, 상자 밑에서『논어정의』를 꺼내어 이와야 씨에게 맡겼다.

　이러한 경과가 양 씨 자필로『논어정의』의 여백에 발문跋文으로서 쓰여 있다. 책을 좋아하는 사람에게는 교환하는 것이 무엇보다도 좋은 방법이다. 원하였던 책을 손에 넣은 네모토 씨는 다양한 텍스트와 교감校勘하여, 이 책 안에 많은 메모를 써넣어가며 독파하였다.

양수경이 배에 실어간 고서적의 실체

위에서 기술한 일을 떠올리면, 못을 박아 책을 포장하고 났을 때 양 씨의 충실감이 어느 정도이었을지 상상하고 싶어지는 것은 나 혼자만이 아닐 것이다. 양 씨가 쓴 『논어정의』의 발문 원문에는 "귀국이 임박하여 짐 포장이 모두 끝났기 때문에 네모토 씨가 간절히 원하는 책은 쉽게 꺼낼 수가 없었다."라고 쓰여 있다. 나는 이 문장에 대하여 이상하리만치 흥미를 느꼈다. 도대체 책이 몇 상자나 있었을까? 얼마나 큰 상자이었을까? 어떻게 분류하여 상자에 넣었을까? 책의 목록은 있었을까? 책을 한 권씩 종이로 싸서 포장하였을까?

양 씨가 배로 실어간 고서적은 중국 대륙에서는 이미 사라졌지만 일본에서는 예로부터 전해오는 고서적의 고간본古刊本이나 고사본古寫本이다. 그러한 고서적들이 얼마만큼의 가치를 지니고 있는지에 대한 구체적이고 종합적인 연구는 아직 이루어지지 않고 있다. 나는 그 중의 일부분에 대하여 졸저[59]에서 언급한 적이 있다. 양 씨의 책은 귀국 후에 후베이湖北의 황저우黃州(黃岡市), 상하이, 베이징 등으로 전전하였는데, 최종적으로 베이징으로 옮겨졌다. 그리고 양 씨가 민국4년(1915) 1월 9일 세상을 뜬 뒤에는 민국 정부가 구입하여 쑹포松坡도서관과 고궁으로 나누어 소장하였으며, 그 다음에는 앞에서 기술한 바와 같이 고궁에 있던 것은 타이베이로 옮겨졌고, 쑹포도서관의 것은 베이징도서관에 인수되었다. 양 씨의 책이라고 하면, 관해당觀海堂 장서로서 타이베이 고궁박물원에 소장되어 있다는 것을 떠올리는 것이 문헌학의 기초상식이다.

---

[59] 高橋智, 『室町時代古鈔本「論語集解」の研究』, 汲古書院, 2008.

그런데, 양수경의 장서에 대하여 나는 이상하리만치 흥미를 느꼈는데, 그 흥미는 그에 대한 지식과 네모토 씨를 위하여 포장을 해체할 때의 상자, 용의주도하게 포장할 때의 상자, 귀국에 임박하였을 때의 전체 상자가 서로 뒤얽히게 하여, 지식이 지식으로서만 그치지 않게 한다. 실제로 이미 상당수의 문헌 전문가가 알아차렸듯이 양 씨가 싣고 간 고서적의 실체는 그렇게 단순한 것이 아닌 것 같다. 몇천 권이나 되는 불교 대장경을 여러 세트 가지고 갔다고 하는 이야기만으로도 보통 생각할 수 있는 서적 구입이 아닌 것을 짐작할 수 있다. 나는 양수경이 싣고 간 서적의 실체를 자기 나름대로 파악하고 싶다고 생각하여, 대륙의 주요한 장서를 겨냥하여 조사해보기로 하였다.

2. 서적의 집산集散(1) – 분서焚書로부터『사고전서』의 수난까지

1) 분서로부터 황소黃巢의 난까지

원래 중국 서적의 역사는 집산의 역사라고도 할 수 있다. 서적이 편찬되고, 소장되고, 산일되고, 또 복원되고, 다시 그것을 되풀이한다. 이와 같은 역사를 기술한 명저로서 민국17년(1928) 정허성鄭鶴聲·정허춘鄭鶴春의『중국문헌학개요中國文獻學概要』, 민국21년(1932) 천덩위안陳登原의『고금전적취산고古今典籍聚散考』, 2002년 샹쓰向斯의『역조황궁보적歷朝皇宮寶籍』(中國文史出版社) 등이 있는데, 특히

『고금전적취산고』는 서적 집산의 역사를 정치·전화戰禍·소장所藏·인사人事의 항목으로 분류 정리하고 있어서 전체적인 개요를 잘 파악할 수 있도록 구성되어 있다.

진秦으로부터 위魏까지

공자가 서적을 편찬한 이래 유학을 중심으로 한 경전이 증가하여, 진의 통일 뒤에 명당明堂·금궤金匱·석실石室 등의 서고에 보관되었는데, 시황제(재위 BC221년~BC210년)의 분서에 의하여 경전의 기세는 쇠퇴하였다.

한대에 유향劉向(BC77년~BC6년) 부자가 서적을 정리하여 장서는 충실해졌지만, 이것도 왕망王莽(BC45년~BC23년) 정권 말년의 혼란과 적미赤眉의 난에 의하여 수도 창안長安의 도서는 재가 되었다고 한다. 후한의 뤄양洛陽에서는 석실石室·난대蘭臺·동관東觀이라고 하는 책을 보관하는 장소가 번영하였는데, 역시 한대 말기 동탁董卓(?~192)의 난에 의하여 쇠퇴하였다.

위魏나라에서는 비서랑 정묵鄭默이 도서를 대정리하여 『중경中經』이라는 목록을 작성하였으며, 또 진晉의 비서감 순욱荀勖이 『중경신부中經新簿』를 찬하였는데, 여기에 사부四部 분류의 기초가 나타나 목록학은 크게 진보하였다. 그러나 혜제惠帝(재위 290~306) 때 내란인 팔왕八王의 난이 일어났으며, 회제懷帝(재위 306~313) 때 흉노족 유총劉聰에 의하여 수도 뤄양이 습격당하자(永嘉의 난), 서적은 다시 재로 변하였다.

남북조시대

그 다음 젠캉建康(南京)을 수도로 정한 동진東晉 초기에 이충李充이 도서를 정리하여 목록을 작성하였는데, 남아 있는 도서는 3천여 권에 지나지 않았다. 동진을 이어받은 송의 무제武帝 유유劉裕(재위 420~422)도 도서의 수집에 노력하여, 송대 말기 왕검王儉이『칠지七志』를 작성하였을 때에는 불교서가 증가한 것도 작용하여 1만5천 권에 이르렀다. 그러나 제齊 말기의 병화兵火로 인하여 다시 도서가 많이 훼손되었다.

양의 무제武帝(재위 502~549)는 문文을 숭상하는 정책을 취하여, 문덕전文德殿 등에서 복원한 도서는 2만 수천 권에 이르렀으며, 완효서阮孝緒가 정리한 목록『칠록七錄』은 강좌江左[60]지방의 문헌이 융성하였음을 나타내준다. 그러나 후경侯景의 반란[61]에 의하여 양의 도서는 다시 병화에 휩쓸렸다. 양의 원제元帝(재위 552~555)는 수도에 있는 도서의 일부만을 겨우 징저우荊州로 옮겼는데, 북방의 주周가 침입해오자 이민족의 손에 들어가는 것을 두려워하여 고금의 도서 14만 권을 모두 불에 태웠다고 한다.

북조에서도 북위의 효문제孝文帝(元 氏·재위 471~499)는 493년 뤄읍洛邑에 수도를 정하고, 제齊나라로부터 빌려서 도서의 충실을 꾀하였는데, 무장 이주爾朱 씨의 난에 의하여 황실은 어지러워졌다. 허베이성 한단邯鄲(鄴)에 수도를 정한 북제北齊는 다시 서적의 교사校寫

---

[60] 강좌江左: 양쯔揚子강 하류의 동남 지역으로 지금의 장쑤江蘇성 지역을 가리키나, 역시 동진東晉·송宋·제齊·양梁·진陳의 왕조가 통치하던 지역을 말하기도 한다.
[61] 후경侯景의 반란: 양의 무제武帝가 붕어한 다음, 후경이 간문제簡文帝를 살해하고 한왕漢王을 칭하였는데, 원제元帝에 의하여 551년에 진압되었다.

를 계속하여 만 권에 달하였다고 한다.

수·당대의 서적 수집

수에 이르러 개황開皇3년(583) 비서감秘書監 우홍牛弘이 표表를 올려서 상을 내걸고 천하의 서적을 헌납하게 하자, 서적의 양이 증가하였다. 양제煬帝(재위 604~618) 때에는 비서성秘書省에 120인의 관원을 두고 여러 서적을 편찬하였으며, 뤄양에 수문전修文殿·관문전觀文殿을 설치하여 서화書畵를 축적하였다. 당시 존재하였던 37만 권의 도적圖籍 중 중복된 것과 잡다한 것을 정리하여 3만 7천 권으로 만들었으며, 뛰어난 것은 복본複本을 제작하여 상중하의 삼품으로 분류하였다. 삼품의 구별에서는 축軸의 소재에 의하여 빨강 유리, 곤색 유리, 옻나무가 각각 상중하를 나타내었다. 물론 이와 같이 대규모로 정리할 경우 통치에 적당하지 않은 서적은 불태웠다고 하니, 문운文運에는 융성과 쇠퇴가 동시에 깃들어있다고 할 수 있다. 당 고조高祖 무덕武德5년(622)에는 수나라의 서적을 모두 몰수하여 사농소경司農小卿 송준귀宋遵貴가 배에 싣고서 수도로 향하였는데, 도중 물에 잠긴 것이 8~9할에 이르렀다고 한다.

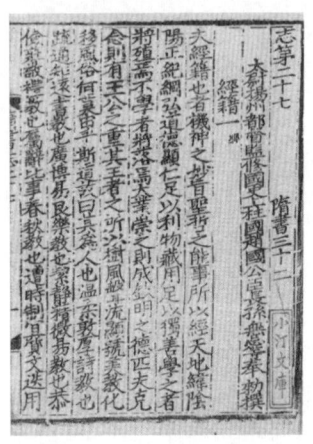

도108 『隋書·經籍志』, 당대 초기 무렵 서적 상황이 밝혀져 있다.

어떻든 이처럼 집산을 되풀이하면서, 당대 초기에 이르러 위징魏徵(580~643) 등에 의하여 『수서隋書·경적지經籍志』가 편찬되었는데(도108), 대략 9만 권의 서적을 사부(경·사·자·집)로 나누었고, 이것은 이후 목록 형태의 표준이 되었다. 이와 같은 서적의 집산도 『수서·경적지』에 기술되어 있다.

이 무렵, 즉 태종太宗의 정관貞觀 연간(627~649)으로부터 현종玄宗의 천보天寶 연간(742~756)까지는 서적의 황금시대라고 불리는 시대이었다. 민간에서 서적을 수집하여 대규모로 필사와 교정을 하여 궁전 서고에 보관하였다. 소문관昭文館·숭문관崇文館·집현서원集賢書院 등은 모두 당시 책을 수집하는 중심 기관이었다. 쓰촨四川의 삼 껍질로 만든 종이·허베이의 먹과 붓을 넉넉히 사용하여 필사본을 제작하였으며, 네 개의 서고로 나누어서 복본複本도 만들었다. 건원전乾元殿의 광대한 서고 풍경은 놀랄 정도이었다. 권자본의 권축卷軸을 색상에 의하여 분류하였으며, 서명을 기록하는 표지標識도 경부(빨강)·사부(녹색)·자부(파랑)·집부(하양)으로 하여 사부가 구별되도록 하였다. 현재 이것들이 존재한다면 세계에서 가장 아름다운 예술품으로서 모두 감탄할 것이다.

안사安史의 난에 의한 훼손

그러나 5만 권, 또는 7만권, 12만 권이라고도 하는 이 대규모 서적의 수집도 안사의 난(755~761)으로 "두 곳 수도가 아주 풍비박산이 되었으며, 건원전乾元殿의 옛 서적도 거의 없어졌다."(『舊唐書·經籍志』)라는 상태가 되었다. 천덩위안陳登原은 이 부분을 읽을 때면, "책을 덮지도 못하고 슬퍼한다", "수집할 때 고생한 것을 생각하면 나도 모르게 책을 쓰다듬으면서 연이어 한탄한다."라고 감개를 말하고 있다.

그 다음에는 물론 복원되어 문종文宗(재위 827~840)의 개성開成 연간에는 네 곳 서고의 책이 5만여 권이 되었으나, 희종僖宗 광명廣明1

년(880) 황소黃巢의 난(황소는 제왕齊王을 칭하면서 창안長安을 유린하였다)에 의하여 궁전의 서고는 다시 불태워졌다. 이 때부터 송 태조太祖(재위 960~976)에 이르기까지 소란스러운 시대가 계속된다. 정신이 아득할 정도의 구축과 살벌한 파괴가 몇 번이고 되풀이되었다.

후진後晉 유구劉昫의 『구당서舊唐書·경적지經籍志』, 송 구양수歐陽修의 『신당서新唐書·예문지藝文志』, 원 마단림馬端臨의 『문헌통고文獻通考·경적고총서經籍考總叙』에 이와 같은 역사가 자세히 쓰여져 있다.

2) 송·원·명대

잠깐 서적의 흥망을 살펴보자. 오대五代의 전란을 거쳐서 건륭建隆 1년(960) 태조가 송을 건국하였을 때 숭문원崇文院에 있었던 서적은 만 권 남짓에 지나지 않았다. 이 무렵은 이미 인쇄 기술이 본격화되어, 필사하는 수고를 꺼리는 풍조도 있었다고 한다. 수나 당의 융성과는 비교할 수도 없었던 것 같다. 태종과 진종眞宗도 서적의 수집에 힘을 기울여서, 용도각龍圖閣, 태청루太淸樓, 옥신전玉宸殿, 사문전四門殿에는 각각 만 권의 책이 축적되었다. 인종仁宗(재위 1022~1063) 경력慶曆 연간에는, 당 개원開元 연간의 『군서사부록群書四部錄』을 모방하여 『숭문총목崇文總目』을 편찬하였으니, 수집한 서적은 3만 6백 권이었다. 휘종徽宗(재위 1100~1125)도 또 『비서총목秘書總目』을 편찬하였으니, 이로써 태조 이래 백 몇 십 년 만에 서적의 수집은 전성기를 맞이하게 되었다.

정강靖康의 변變으로부터 금대까지

　북송 말기 선화宣和7년(1125) 북방의 여진족 금이 공격해 와서, 정강 靖康1년(1126)에 수도 볜징汴京을 점령하고, 또 다음 해에는 휘종徽 宗·흠종欽宗을 납치하여 대량의 서적과 함께 끌고 갔다. 세상에서 말 하는 정강의 변이다. 송은 도교와 불경의 경판經版, 숭문원의 도서, 국자감의 경판 등을 금에 넘겨주지 않으면 안 되었다. 고종高宗(재위 1127~1162)은 소흥紹興8년(1138) 창강長江 남쪽으로 건너가 수도를 항저우杭州(臨安)로 옮겼는데, 그 다음 즉시 난징·양저우揚州에서 민 간으로부터의 서적 수집을 개시하였다. 소희紹熙~가정嘉定(1190~ 1224) 연간에는 다시 일으킨 관각館閣의 장서도 4만 5천 권에 이르렀 으며, 새로운 저서도 증가하여 잃어버린 책의 8할 정도는 부흥하였다.
　그러나 이 무렵에는 금의 세력이 쇠퇴하고 몽고가 눈에 띄게 대두 하게 되어, 북방의 서적은 전란의 화에서 벗어날 수 없었다.
　금나라에서 관리로 근무하였던 시인 원호문元好問(1190~1257)은 금·원·남송의 전쟁에 휩쓸린 전형적인 장서가로서 산시山西·산둥山 東·허난河南 등을 전전하면서 선본을 얼마만큼 잃어버렸는지를『고 물보故物譜』에서 다음과 같이 말하고 있다. "우리 집의 장서는 송 원 우元祐 연간(1086~1094) 이전부터의 것이다. 그러나 금의 정우貞祐4 년(1216) 몽고의 습격을 받아 장서를 벽 사이에 숨겨서 난을 피하였는 데, 위급한 상황이라고 생각되어 이 책들을 타이위안太原의 옛 집에 맡기고, 선인들이 직접 필사한 춘추春秋·삼사三史·장자莊子·문선文 選 등은 수레에 싣고 남쪽으로 피신하였다. 이미 몽고는 퉁관潼關(西 安의 서쪽)을 파괴할 기세여서 금은 섬멸 상태이었다. 일찍이 친척 여러 형들과 책에 관하여 얘기할 때, 저 책은 어디에서 구입하여 누구에게 전하여 몇 년 소장하였다는 등 자세하게 얘기해주어서 기쁘게 메모하였었다. 지금은 그 책들이 없어져버렸는데, 그 장정裝訂이나 제첨題簽, 장인藏印 등이 꿈에 나타날 것 같다."

원·명대

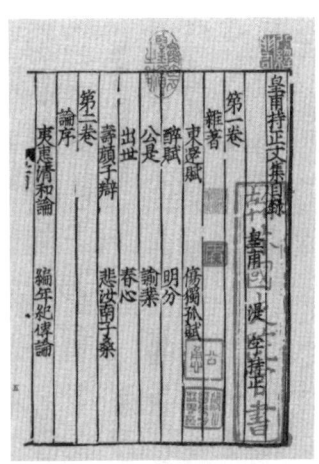

도109 송판『皇甫持正集』에 날인된 '翰林國史院官書', 원대의 인印이라고 한다.

1234년 금은 망하였는데, 물론 원나라도 예뤼추차이耶律楚材 등의 진언으로 경적처經籍處를 핑양平陽에 세웠으며, 지원至元13년(1276) 남송의 수도 린안臨安을 점령한 뒤에도 송의 비서성·국자감의 도서를 모두 수도인 다두大都(베이징)로 옮기는 등 도서사업은 왕성하였다. 비서감秘書監·홍문서興文署·국자감國子監 등이 장서의 중심지이었는데, 1990년대 영인 출간된『송촉각본당인집총간宋蜀刻本唐人集叢刊』(上海古籍出版社)에 수록된 몇몇 송판(예를 들면『皇甫持正集』)에 날인된 '한림국사원관서翰林國史院官書'라는 커다란 장서인(도109)은 바로 원대 관부官府 장서의 융성을 말해주는 것이다.

원대 말기 홍건군紅巾軍 등 농민 반란에 의한 혼란은 이러한 장서 문화에 타격을 가하였다. 북방으로 퇴각한 원이 베이징에 남긴 서적은 명대 초기 장군 서달徐達(1332~1385)에 의하여 접수되었는데, 명 태조(재위 1368~1398)는 홍무洪武1년(1368) 카이펑開封을 수도로 정하였으며, 홍무11년(1378)에는 난징으로 수도를 옮겼다. 또 영락제永

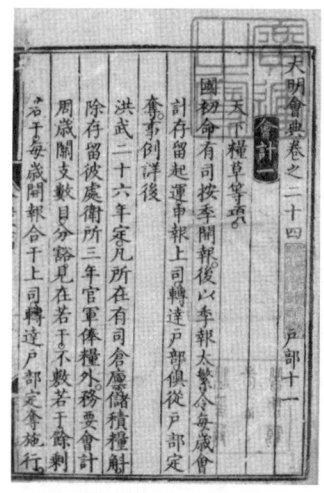

도110 명 정덕正德 연간 간행된 『大明會典』에 날인된 '廣運之寶' 인

樂帝는 영락19년(1421) 다시 베이징으로 수도를 옮겼으니, 이동에 따른 서적의 손실은 상상하기 어렵지 않다. 그 사이 태조는 난징에 문연각文淵閣을 세웠는데, 그것도 정통正統14년(1449) 화재로 막대한 손실을 입었다. 영락 연간에 베이징으로 옮겨진 정품精品은 정통6년(1441) 베이징 문연각 건설과 함께 양사기楊士奇에 의하여 편찬된 『문연각서목文淵閣書目』에 수록되었고, '廣運之寶'라는 커다란 장서인이 날인되어 보관되었다(도110). 이 서목은 대략 7천 종에 4만 책으로, 판본의 자세한 사항은 기록되어 있지 않지만 거의가 송원의 구각본舊刻本과 구초본舊鈔本인 것을 용이하게 알 수 있다.

궁전의 화재와 서고

궁전의 빈번한 화재는 전쟁보다도 그 손실이 커서, 명 정부는 방화를 첫 번째 캐치프레이즈로 삼았으며, 고대의 석실石室·금궤金櫃를 모방하여 나무를 사용하지 않은 서고를 고안하여, 가정 연간에 황사성皇史宬(현재도 고궁의 동쪽에 남아있다)을 세워서 역대 『실록』을 보관하였다. 난징으로부터 옮겨진 『영락대전』도 처음에는 문루文樓에 보관하였는데, 가정嘉靖 연간의 화재로 겨우 난을 면하자, 가정41년(1562) 완전히 똑같은 복본複本을 제작하였으며, 목종穆宗 융경隆慶1년(1567) 정본은 문연각에, 복본은 황사성에 보관하였다.

이미 제Ⅱ부에서 기술한 바와 같이 영락 연간 초기에 해진解縉 (1369~1415)이 147인의 학자를 모아서 개시한 백과사전 편찬사업은 『문헌대성文獻大成』이라는 책으로 완성되었고, 다시 2169인을 모아 『문헌대성』을 개찬하여 영락6년(1408) 『영락대전永樂大典』(도111· 도112)이라고 명명하였는데, 이 책은 22877 권에 목록 60 권, 11095 책이라고 하는 거대한 규모이었다. 이 것도 청대 건륭 연간 『사고전서』를 편찬하면서 고궁의 남쪽에 있는 한림원翰林院(현재 長安街 남쪽의 公安局 부근. 권말의 부도 「청대 말기의 베이징 성」 참조.)에 옮겨졌을 때에는 2422 권에 지나지 않았다고 한다.

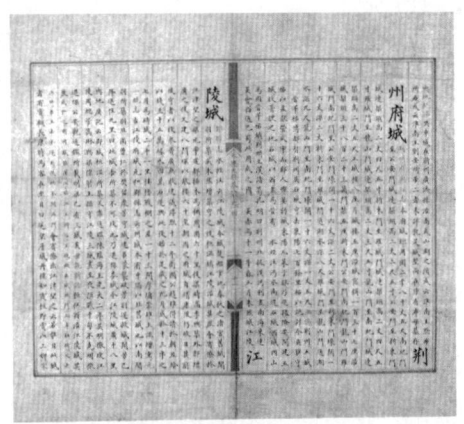

도111 『永樂大典』의 한 페이지를 펼친 모습. 용지의 크기는 세로 약 50센티나 된다.

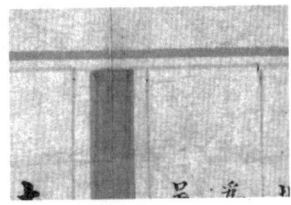

도112 괘선은 붉은색으로 그렸는데, 괘선의 위와 아래에 바늘구멍을 뚫어서 실을 걸어, 줄이 비뚤어지지 않게 하였다.

3) 『영락대전』과 명대 장서의 수난

『영락대전』은 문연각에 보존되었던 것은 불에 타버렸다고 한다. 그리고 옹정擁正 연간에 황사성에 있던 것이 한림원으로 옮겨졌다. 일설에 의하면, 가정 연간의 복본複本 제작 때 2부를 만들었으며, 원본은 다시 난징에 옮겨졌다고 한다. 그리고 그 2부 중에서 1부는 문연각에, 1부는 황사성에 보관하였는데, 난징과 황사성의 것은 불에 타버리고, 문연각의 것이 현재 남아 있는 것이라고 한다. 어떻든 현존하는 잔본은 복본이며 원본은 남아있지 않은데, 그 유전 상황은 이상할 정도로 알려져 있지 않다. 장천스張忱石의 『영락대전사화永樂大典史話』(中華書局, 1986)에는 그 경위가 자세하게 기술되어 있다.

『영락대전』은 광서光緒1년(1875)에는 5천 책, 광서20년에는 8백 책으로 줄어들었다. 관리가 한림원에 들어갈 때에는 외투를 포장한 꾸러미를 들고 간다. 나올 때에는 외투를 몸에 걸치고, 꾸러미 안에 『영락대전』 2책을 숨기면, 문지기는 알아채지 못한다. 이 책을 외국의 대사관에 가지고 가면 은 10량을 얻었다고 한다.

의화단 사건에 의한 강탈

광서26년(1900) 의화단 사건을 계기로 8개국 연합군이 베이징을 제압하려고 하였다.[62] 궁성의 남동쪽 숙친왕부肅親王府와 그 맞은편의

---

[62] 의화단 사건: 중국 청나라 말기에 일어난 외세 배척 운동. 1900년 6월, 베이징에서 교회를 습격하고 외국인을 박해하는 등의 일을 한 의화단을 청나라 정부가 지지하고 대외 선전 포고를 하자, 미국을 비롯한 8개국의 연합군이 베이징을 진압하고 점령한 사건이다.

한림원은 전쟁터가 되어, 『영락대전』은 무참히 불태워지고 길에 깔렸으며, 또 다수 강탈당하였다. 8월 15일 자희태후慈禧太后는 광서제를 데리고 고궁으로부터 탈출하였으며, 연합군은 관리위원회라고 칭하며, 주인이 없는 궁정을 휘저었다. 다음 해에는 매국이라고 평가받는 신축辛丑조약을 맺을 수밖에 없었다. 당시 문물이 훼손당한 실상을 고증한 것으로 『루텐 신초히호流轉 淸朝秘寶』(도미다 노보루富田昇, 일본방송출판협회, 2002)가 있다. 근대 중국에서는 태평천국의 난과 이 8개국 연합군의 소요가 가장 큰 서적의 재난이었다고 간주되고 있다.

성립된 경위야 어떻든 『영락대전』은 민족이 공유하는 보물이 되어, 잔권의 수집은 국가의 큰 사업이 되었으며, 소련·독일 등이 반환한 것도 작용하여 대륙에서는 160여 책, 타이완에서는 60여 책을 복원할 수 있었다. 세계에 400여 책 현존하는 것이 확인되었다. 2002년 베이징도서관출판사가 163책을 현물과 마찬가지로 영인하여 출판하였다. 『영락대전』의 흥망은 서적의 운명을 가장 잘 나타내준다고 할 수 있다.

내부본內府本의 충실과 산일

『영락대전』은 매우 특수한 사본인데, 명대의 특기할만한 소장품으로는 내부內府에서 독자적으로 출판한 일련의 도서가 있어서 궁중 서적의 분량이 그로 인하여 급증하였다. 사례감司禮監이 관장하였으며, 공방工房은 경창經廠[63]이어서 이 출판물을 내부본, 또는 경창본이라

---

[63] 경창經廠: 경창은 사례감司禮監에 소속되어서, 유가 경서와 불경, 도교 경전

고 불렀다. 글자가 크고 원대 조맹부체趙孟頫體의 자양字樣이며, 백면지白綿紙에 '廣運之寶'라고 날인된 대형본이다. 공방의 직인은 천수백 명이었다고 하며, 백 수십 종의 서적을 간행하였다.

또 난징·베이징의 국자감(南雍·北雍)도 각각 『십삼경주소十三經注疏』 등 분량이 많은 서적을 간행하였다. 이처럼 충실한 내부의 장서도 명대 말기에는 관리들의 허술한 관리에 의하여 질과 양이 모두 점점 쇠퇴하였다. 당시 송대 문인 시문집의 9할은 송판이었다고 하는데, 서고 안에 화기를 가까이 하는 풍조가 만연하여, 벌레와 화재로 인한 재난이 끊임이 없었다. 특히 갑신甲申의 난(崇禎17년·1644) 때 사종思宗이 순국한 후 반란군의 방화로 도서는 막대한 타격을 입게 되었다. 천덩위안陳登原은 지적하여 말하기를, 그 무렵 저명한 장서가인 전겸익錢謙益(1582~1664)이 "갑신의 난은 서적의 역사상 가장 큰 재난"이라고 하였으며, 전겸익이 소장한 『열녀전』의 발문에, 이 책은 자신이 병술丙戌년(1646) 수도의 폐허가 된 궁전에서 발견한 것으로 재난의 피해를 모면한 내각의 장서이었다는 것을 기록한 것을 보아도, 당시 서적의 산일 상황을 상상할 수 있다고 하였다. 정말로 눈을 돌리고 싶은, 한숨을 쉬지 않을 수 없는 광경이다.

개인 장서활동의 피해

민간 개인에 의한 장서활동도 병란의 피해를 당하는 일이 자주 있었다. 항원변項元汴(1525~1590), 진제陳第(1541~1617), 고염무顧炎武(1613~1682), 주이존朱彝尊(1629~1709), 초횡焦竑(1540~1620), 사조

등 서적의 인쇄 출판을 전담한 기구이다.

제사조제謝肇淛(1567~1624) 등 저명한 장서가도 예외가 없었는데, 가령 몇 년 전에 타이베이 고궁박물원에 전시된 유품전으로 그 풍부함이 알려진 항원변의 장서는 갑신(1644)·을유(1645)년 병사들이 저장浙江 자싱嘉興에 몰려왔을 때 왕육수汪六水라는 사람에게 모두 약탈당했다고 한다. 청의 장서가 양청표梁淸標(1620~1691)가 항원변 장서의 복원에 힘을 기울여서, 오늘날의 유품을 남기게 되었다. 『세선당장서목록世善堂藏書目錄』에 수록된 진제陳第의 장서도 병란으로 인한 화재로 사라졌다. 폭서정曝書亭이라는 이름으로 유명한 주이존의 장서도 그 풍부함은 알려져 있지만, 유물을 거의 볼 수 없다. 그 집안에 내려온 옛 판본도 청초의 병란으로 산일된 것 같다. 『국사경적지國史經籍志』의 초횡은 난징 최대의 장서가이었는데, 현재 그 상황을 알 수 없다. 『오잡조五雜組』로 유명한 사조제의 장서도 그가 세상을 뜬 후 다른 사람의 손에 넘겨졌다가, 명말 병란으로 없어졌다. 다만 사조제 장서의 일부가 일본 나이가쿠內閣문고(國立公文書館)에서 산견되는 것은 그 귀중한 흔적이라고 할 수 있다.

중국 국내의 병란으로 인한 재난은 말할 것도 없고, 가정嘉靖 연간, 특히 31년에서 35년(1552~1556)에 걸쳐 극심하였던 왜구의 침략에 의한 수난도 무시할 수 없다고, 판펑수范鳳書의 『중국사가장서사中國私家藏書史』(大象出版社, 2001)에서 말한다. 고염무가 「초서자서鈔書自書」(『정림문집亭林文集』권2)에서, "나의 집은 대대로 유가儒家이었으며, 고조高祖가 급사중給事中이 되었던 정덕正德 말년(1520년경) 세상에는 아직 사서오경四書五經 종류가 유포될 정도이었는데, 이미 7천 권 정도 장서가 있었다. 가정嘉靖 연간에도 서적은 계승되고 있었는데, 그 다음 왜구의 침입으로 장서와 서고가 모두 불에 타버렸다"라고 말하고 있는 것에서도 그러한 상황을 알 수 있다.

4)『고금도서집성』과『사고전서』

청의 정치가 시작되자 강희제康熙帝(재위 1661~1722) 때 새로운 편찬사업이 일어난다.『고금도서집성』이다. 32典 6109部로 나누어지며, 모두 1만 권 5백여 函函, 5천 책, 목록 20책이었다. 양적으로는『영락대전』에 미치지 못하지만, 동활자를 사용하였으며, 개화지開化紙라고 불리는 하얀 종이와 약간 노란색을 띠는 태사련지太史連紙의 두 종류 종이를 사용하여 64부만 인쇄한, 인쇄사상 전례 없는 대사업이었다. 저명한 장서루인 닝보寧波의 천일각天一閣에 소장된 것은 건륭시대 서적을 헌납한 공로로 하사받은 것인데, 표지가 없는 가제본이어서, 옹정 연간 장정되지 않은 인쇄물이 몇 부 있었을 것으로 추측된다. 현재 완전한 것은 중국 내외로 몇 부밖에 남아있지 않다.

진몽뢰陳夢雷의『문헌휘편文獻彙編』

『고금도서집성』은 진몽뢰(1650~1741)가 강희39년(1700) 편찬을 개시하여, 강희45년(1706)에『문헌휘편文獻彙編』이라고 이름 붙였으며, 그 뒤 10년 간 증정 보완하여 강희제로부터『고금도서집성』이라는 이름을 하사받았다. 옹정제擁正帝(재위 1722~1735) 초년, 진몽뢰는 강희 연간 초기에 삼번三藩의 난을 일으킨 경정충耿精忠과 관련되었다는 혐의를 다시 받게 되어 헤이룽장黑龍江으로 쫓겨났다. 그 뒤 이 책은 옹정제의 명을 받아 장정석蔣廷錫 등이 다시 편찬, 옹정4년(1726) 어제서御製序를 하사받아 옹정6년에 인쇄하게 되었다.

진몽뢰는 강희제의 셋째 아들 성친왕誠親王 윤지允祉의 시독侍讀으로서 자신의 장서와 윤지의 협일당協一堂 장서 1만5천 권을 사용하여 이 백과사전을 제작하였다. 넷째 아들인 동생 옹친왕雍親王(옹정제)이 제위에 오르자 성친왕은 작위를 박탈당하고, 핑안리平安里의 왕부王府로부터 징산景山 영안정永安亭에 유폐되었으며, 옹정10년(1732) 56세로 세상을 떠났다. 진몽뢰는 그 다음 변경에서 살다가 건륭6년(1741) 90세로 세상을 떠났다.

『영락대전』은 영락제가 조카인 건문제建文帝를 공격하여 제위를 찬탈한 일을 불의로 여기는 노신과 지식인들의 불만을 봉하기 위하여 일으킨 대사업이었다는 것에 대해서는 이미 앞에서 기술하였다. 『고금도서집성』도 정치 상황과 관련된 것은 비슷하여서, 서적의 편찬과 유전은 항상 정치와 인사의 흐름과 관련이 있다.

『사고전서』의 편찬

다음으로 건륭제(재위 1735~1796)는 천하에 산재하는 모든 서적을 한 곳으로 모으는 『사고전서』를 편찬하였다. 편찬 의도는 앞선 시대보다 뛰어난 대사업을 완수하는 것, 명대보다 뛰어난 통치력을 보여주는 것, 문자의 옥 등으로 인한 반만 감정을 유화시키기 위한 것 등 여러 가지로 언급되는데, 당대의 『예문유취藝文類聚』이래 유익한 대사전을 훨씬 뛰어넘는 공전의 서적 결집사업이었다는 것은 분명하다. 건륭38년(1773) 개관한 편찬소 사고전서관에서는 건륭47년 제1부가 완성되기까지 362인의 저명한 학자가 임무를 담당하였으며, 총재로는 나중에 질친왕質親王이 되는 건륭제의 여섯 째 아들 영용永瑢 등 황자와 간신 화곤和坤, 사업 찬성파 우민중于敏中(건륭42년 사망), 반대파 유통훈劉統勳(건륭38년 사망) 등 좌우를 모두 임용하는 주도함을 보여주었다. 부총재로는 나중에 내부內府의 장서목록『천록림랑서목天祿琳琅書目』을 재편하는 팽원서彭元瑞, 실무를 총괄한 김간金簡(『武英殿聚珍版程式』을 편찬, 출판을 주재) 등이 있다. 사고전서관의 학자로는 기윤紀昀(1724~1805), 대진戴震, 옹방강翁方綱, 주균朱筠 등 저명한 학자가 교감校勘을 담당하고,『영락대전』·『고금도서집성』에 인용된 원전을 확인하였으며, 전국으로부터 모인 서적을 복제 교감하여, 정본定本을 제작하고 해제解題(提要)를 완성하는 작업에 종사하였다. 특히 기윤은 총찬관總纂官으로서, 전체의 체재를 관리하고, 제요를 모은『사고전서총목四庫全書總目』을 편찬하여, 건륭제가 가장 신뢰하는 관원이었다.

『사고전서회요四庫全書薈要』

건륭44년(1779)『사고전서』중에서 정품 446종을 골라서, 정사본精寫本『사고전서회요四庫全書薈要』1만2천 책을 제작하여 고궁의 화원인 이조당擷藻堂에 두었다. 나중에(건륭47년) 다시 1부를 제작하여 별장인 원명원圓明園 동쪽의 장춘원長春園 함경당含經堂에 두었다.『사고전서』본체는 건륭47년에 제1부가 완성되었으며, 그 다음 건륭 53년까지 미완성이지만 정본定本 7부를 초사鈔寫하였고, 복본複本 1부를 한림원에 보관하였다고 한다. 초사는 가경嘉慶 연간 초기까지 계속되었다고 하는데, 닝보寧波의 천일각天一閣을 모방한 서고를 신축하여 차례로 나누어 보관하였다. 고궁의 문연각文淵閣, 원명원의 문원각文源閣, 청더承德 피서산장의 문진각文津閣(도113), 선양瀋陽(奉天)의 문소각文溯閣(도114), 남방 양저우揚州 대관당大觀堂의 문회각文匯閣, 전장鎭江 금산사金山寺의 문종각文宗閣, 항저우杭州 문란각文瀾閣에 나누어 보관하였는데, 앞의 네 군데를 북사각北四閣, 뒤의 세 군데를 남삼각南三閣이라고 불러 구별하였다.

도113 承德 피서산장의 文津閣 건물

도114 瀋陽의 고궁에 있는 文溯閣 건물

북각본은 남각본에 비하여 대형이다. 종이의 질은 북각본이 하얀 개화지開化紙로서 약간 두껍고(開化榜), 남각본은 역시 하얀 연사지連史紙를 사용하였다. 모두 3천4백여 종, 7만9천여 권, 3만6천여 책이며, 서목 해제만 있고 사본을 제작하지 않은 '존목存目'은 약 6천8백 종, 약 9만4천 권이다. 『사고전서』는 비단 표지이며, 철한 부분을 표지로 감싸는 포배장包背裝으로 되어 있다. 춘하추동을 본떠서 사부四部는 경부經部가 녹색, 사부史部가 적색, 자부子部가 청색, 집부集部가 다색茶色의 비단을 사용하고 있다. 약 6천의 나무 상자에 담겨있으며, 1부를 초사하는 데에 3만금이 필요하였다고 하니, 상상할 수 없는 규모이다. 몇몇 책을 쌓아 놓고, 위와 아래에 판자를 대어 비단 끈으로 묶은 뒤 쇠장식으로 고정시킨 다음, 녹나무 상자에 넣어 보관하였다.

5) 『사고전서』의 재난

『사고전서』에 대한 연구는 민국17년(1928) 런쑹루任松如의 『사고전서답문四庫全書答問』, 민국25년(1936) 궈보궁郭伯恭의 『사고전서찬수고四庫全書纂修考』, 1991년 우저푸吳哲夫의 『사고전서찬수지연구四庫全書纂修之研究』(臺北故宮博物院) 등이 있으며, 또 제일역사당안관편第一歷史檔案館編의 『찬수사고전서당안纂修四庫全書檔案』(上海古籍出版社, 1997)에 일의 경과를 나타내주는 문서가 자세하다.

문연각본·문소각본·문진각본

제1본인 문연각본은 고궁 남쪽의 오문午門으로 들어가서 오른쪽 구석, 문화전文華殿의 후방에 위치하는 문연각(명대의 문연각과는 다르다)에 보관되었는데, 민국 연간이 되어 청실선후위원회淸室善後委員會가 관리하였으며, 30권이 결락되어 있었다고 한다. 청대 말기 외국군으로 인한 혼란의 피해를 면하여 안전한 형태로 타이베이로 운반되었으며, 지금은 타이베이 와이솽시外雙溪의 서고에 안치되어 있다. 영인본의 크기가 원본과 같다면, 문진각본보다 약간 작은 크기이다. '文淵閣寶'·'乾隆御覽之寶'라고 날인되어 있다. 대신이나 한림만이 허가를 얻어 볼 수 있었다. 이조당에 보관되어 있었던 『사고전서회요』도 난을 피하여 같은 모양으로 타이베이로 옮겨졌다.

선양 고궁 안의 문소각에 있던 것은 민국 시대가 된 뒤 『고금도서집성』과 함께 위안스카이袁世凱(1859~1916) 정부에 의하여 일단 베이징에 옮겨진 뒤 내무부가 보관하였는데, 다시 선양으로 되돌아가 둥베이도서관東北圖書館(遼寧省圖書館)의 관장이 되었고, 지금은 란저우蘭州의 간쑤성도서관甘肅省圖書館에 소장되어 있다. 청더 피서산장의 문진각본은 현재 베이징 바이스차오白石橋의 국가도서관 고적부가 보관하고 있다. 피서산장은 건륭제가 태어난 곳이라는 소문이 있을 정도로, 60년의 재위 중에 49회나 행차한 행궁行宮이었다. 보관되어 있는 서적도 4천 부 16만 권을 넘었으며, 원내의 문진각에는 『고금도서집성』도 보관되어 있었다. 베이징·선양의 것과 마찬가지로 대신 등 특별한 관리 외에는 참관할 수 없었다. '文津閣寶'(도115)·'避暑山莊'·'太上皇帝之寶'(1796년에 가경제嘉慶帝에게 선양하여, 건륭제는 태상황제가 된다)(도116)라고 날인되어 있다.

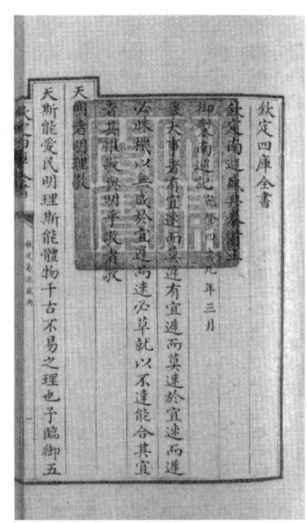  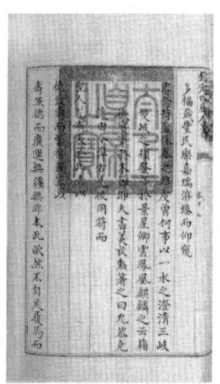

도116 『四庫全書』에 날인된 '太上皇帝之寶'(우) 와 '避暑山莊'(좌)의 인기

도115 『四庫全書』에 날인된 '文津閣寶'의 인기印記

원명원의 파괴와 문원각본文源閣本

도117 文源閣本에 날인된 '圓明園寶'의 인기

궁정의 내부에 있었던 원명원의 문원각文源閣은 함풍咸豊10년(1860) 영국·프랑스 연합군이 원명원을 파괴하였을 때 재가 되어서, 지금은 흔적도 없다. 원명원은 서양식 건축으로 정원의 돌기둥 등 지금도 잔해가 남아있는데, 도대체 어떤 기계를 사용하여 어떻게 파괴하면 이와 같이 되는지, 상상할 수도 없는 재난이다. 몇 만 책의 서적을 불태워버리는 화재는 도대체 어떠한 규모인지 어림짐작도 할 수 없다. 따라서 문원각본의

실체는 엿볼 수 없다. 타고 남아있는 영본으로서 '圓明園寶'(도117)라고 날인되어 있는 것이 약간 전해오는 정도이다. 함경당의 『사고전서회요』 1만 2천 책도 사라져버렸다. 겨우 100년에도 미치지 못하는 수명이었다. 제작에 쏟아 부은 혼은 어디로 간 것일까.

한림원에 있었던 복본도 영국·프랑스군의 베이징 침략과 앞에서 기술한 8개국 연합군이 광서26년(1900) 베이징을 휘저었을 때에 불태워지고, 약탈당하여 사라지고 말았다. 이 복본은 남각南閣의 것과 함께 허가를 받은 학자는 열람할 수 있었기에, 지금도 시장에 나오는 『사고전서』의 초본은 어쩌면 이러한 각종 기회를 통하여 필사한 전초본傳鈔本일지도 모른다.

태평천국군의 난입과 문란각본

남각본이라고 하면, 문란각본이 정병丁丙의 노력으로 태평천국 장발족의 난입으로 인한 피해를 면하였으며, 잃어버린 것은 다시 보충 필사하여 오늘날에 이른다는 것은 앞에서 기술하였다(40쪽 참조). 현재는 저장성도서관浙江省圖書館 고적부가 보관하고 있다. '古稀天子之寶'·'乾隆御覽之寶'라고 날인되어 있다. 양저우의 문회각, 전장鎭江 금산사의 문종각은 모두 태평천국으로 인한 화재의 희생이 되었다. 도광30년(1850) 광시廣西에서 일어난 난은 함풍2~3년에는 장쑤江蘇까지 밀려왔다. 원래 이 문회각과 문종각은 양회염운사兩淮鹽運使의 관리 아래에 있었는데, 그 곳의 뜻있는 사람이 피난을 권유했지만 듣지 않았다고 한다. 금산사의 승려들도 불경 등을 옮겼는데, 관리는 승려의 힘을 빌리지 못하고 적이 던지는 불덩이를 보며 단지 비탄의 소리를 낼 뿐이었다. 그러나 남쪽의 세 곳은 열람하고 빌려 베끼는 일이 가능하였기에, 민간에 빌려줘서 남아있는 것이 있을지도 모른다고도 한다. 하지만 실제로는 이 문회각과 문종각의 유물은 전혀 소식이 없다. 건축물과 함께 흔적도 없이 타버린 것에는 놀랄 수밖에 없다. 불탄 흔적에 무언가 남아있지 않을까 상상할 때마다 한숨이 나온다. 『사고전서』 본문의 필사는 모두 반 엽葉마다 8행 21자로서, 광곽匡郭은 붉은색으로 인쇄되어 있다. 본문은 손으로 썼는데, 북각본과 남각본의 서사書寫 풍격도 다르다. 판심의 서명書名이나 정수丁數를 쓰는 방법 등은 모두 공통이다.

반복하는 것 같지만, 서적의 생애와 운명, 역사를 생각할 때, 이 정도로 명이 짧은 권위 있는 서적은 찾아볼 수 없다. 7각 중 전멸한 3각에는 영원히 기념될 수 있는 무덤을 쌓아서 조문해야 할 것이다.

6) 궁궐 안의 화재 – '천록림랑天祿琳琅' 등

이상에서 살펴본 바와 같이 전쟁으로 인한 화재는 무서운 것이다. 그러나 실수로 인한 실화는 더욱 분하게 여겨진다. 명대 난징과 베이징의 궁궐 안 실화에 대해서는 이미 기술하였는데(197쪽 참조), 개인 장서루의 경우에도 그 재난을 두려워한 명가는 적지 않았다.

명의 왕오王鏊(1450~1524)는 쑤저우의 명가 출신으로 무영전대학사武英殿大學士가 되었던 사람인데, 그의 큰 아들인 왕연철王延喆은 『사기』의 출판으로 유명하며, 후세에 전해지는 장서는 몇 군데에 나누어 보관하여 화재에 대비하였다. 닝보의 천일각天一閣에서는 밤에 서고에 들어가는 것을 금하였으며, 담배도 금지하고 신중하게 보관한 끝에 오늘날에 이르고 있다.

명의 호응린胡應麟(1551~1602)의 『소실산방필총少室山房筆叢』권 3에는 다음과 같은 이야기가 기록되어 있다. 장문잠張文潛의『가산집 柯山集』초본鈔本 16질을 항저우에서 발견하여, 대단한 것이라고 생각하였으나 1전도 가지고 있지 않았다. 그 자리에서 교섭을 시작하였는데 결론이 나지 않아서 다음날을 기약하고 집에 돌아왔지만 한 숨도 잘 수가 없었다. 아침에 달려갔더니, 밤에 옆집의 불이 옮겨와 서점과 함께 타버렸다고 한다.

그 원통함은 상상하고도 남음이 있다.

'천록림랑天祿琳琅'의 소실燒失

청대가 되어 건륭41년(1776)에 완성한 새로운 문연각이 전화의 피해를 입지 않은 것은 불행 중 다행인데, 건청궁乾淸宮에서 일어난 가경嘉慶2년(1797)의 실화는 동쪽으로 인접한 소인전昭仁殿에까지 이르러, '천록림랑天祿琳琅'이라고 칭하였던 송원의 선본 중 가장 귀중하게 여겨졌던 송판『오경五經』등이 불에 타버렸다. 궁정의 장서는 역대의 유산으로 물려받은 판본과 새로 편찬된 백과총서로 이루어지는데, 이 '천록림랑'은 앞의 것 가운데 극상의 것이다.

고궁에서 남쪽의 오문午門으로부터 북쪽으로 걸어가면 태화전太和殿·보화전保和殿이 있는데, 다시 건청문乾淸門을 통과하면 건청궁이 있다. 순치제順治帝(재위 1643~1661)가 직접 쓴 '正大光明'이라는 커다란 편액이 걸려있는 궁전이다. 강희제까지 명청의 황제 16대가 거주하던 곳이었다. 그 서쪽에는 커다란 양심전養心殿이 있다. 옹정제 이하 8대의 황제가 거주하였던 곳으로, 순치·건륭·동치제同治帝는 이곳에서 붕어하였다. 건륭제의 삼희당三希堂도 이곳에 있었다. 서태

후가 동치·광서제의 배후에서 정치를 하던 곳도 이곳이다. 최후의 황제 푸이溥儀가 1912년 2월 12일 퇴위한 곳도 이곳이었다. 정치와 서적은 항상 한 몸이었다.

건륭제 '오경췌실五經萃室'의 화재

건륭제는 건륭9년(1744)에 대대로 수집한 송·원·명판을 모아서, 강희제의 침전이었던 소인전昭仁殿에 보관하였다. '五福五代堂古稀天子之寶'·'天祿繼鑑'·'乾隆御覽之寶'의 3대 인장을 권두에 날인하였으니, 이는 각종 도록에서 눈에 익은 것이다(도118·119). 문연각의 『사고전서』, 이조당의 『사고전서회요』, 소인전의 송원판은, 나중에 가경제嘉慶帝 때 완원阮元(1764~1849)이 『사고전서』에 수록되지 않은 책을 모아서 헌상한 것으로 귀중히 여겨진 『원위별장宛委別藏』(養心殿 수장)과 함께 궁전 내 장서의 정수이었다. 그 중에서도 상대악상台岳 씨의 간각에 의한 송간(현재는 원간으로 간주된다) 『오경』은 건륭제가 손에서 놓지 않은 애독서이어서, 특히 이 책을 위하여 소인전에 '오경췌실五經萃室'을 설치하였고, 건륭48년(1783) 「오경췌실기五經萃室記」를 지었다. 또한 무영전武英殿[64]에서 이 송판의 복각본을 출판하도록 하였다.

---

[64] 무영전武英殿: 무영전武英殿은 자금성紫禁城의 정전으로 명대 영락永樂 연간(15세기 초) 건축되었다. 처음에는 황제가 재계하거나 대신을 불러 만나는 곳이었는데, 청대 강희 연간부터 무영전에 서국書局을 개설하였다. 건륭 연간에는 황실의 출판소가 되어 정품 도서를 대량 간인하였는데, 흔히 이 책들을 '전본殿本'이라고 칭한다.

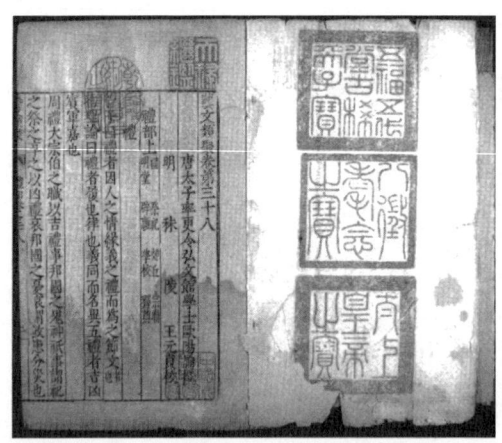

도118 '五福五代堂古稀天子之寶' 등 天祿琳琅의 인기

도119 '天祿繼鑑'·'乾隆御覽之寶'의 인기

그러나 가경2년(1797) 10월 21일, 환관의 실수로 인한 화재로『오경』을 비롯한 많은 송판이 재가 되었다. 황제가 얼마나 슬퍼하고 분하게 여겼는지, 환관 등에게 내린 죄는 가벼운 것이 아니었다.

푸이溥儀의 출궁과 선본의 유실

건륭40년(1775) 편찬된『천록림랑서목天祿琳琅書目』(前編)에는 4백 몇 십 부가 저록되어 있었는데, 화재 후 건청궁을 재건하고 송원판을 다시 수집하여 이 책의 '후편'을 편찬하였을 때에는 6백 수십 부에 달하였다고 하니, 황제 장서의 풍부함은 놀랄 정도이다. 그렇다고는 하지만, 역시 전편에 실렸던 송판의 질에는 미치지 못한다. 그로부터 100여 년이 지난 뒤, 앞에서 기술한 황제 푸이가 궁에서 나갈 때 이러한 선본들이 유실되었다(31쪽 참조). 즉, 민국13년(1924)부터 시작된 청실선후위원회의 조사로써 이 600부가 절반으로 줄었음을 알 수 있었다.

화재는 무서운 것이지만 전쟁으로 인한 재난과 마찬가지로 사람에 의한 인재이다. 관에서 소장한 장서를 관장官藏이라고 하며 민간 개인의 것은 사가장서私家藏書라고 하는데, 사가장서로서 관에 필적할 만한 것은 적지 않지만, 재난의 역사를 살펴보면 관장과 다를 바가 없다.

송대 이후 개인의 장서가 증가한 것은 장서목록의 증가에 의하여 쉽게 엿볼 수 있다. 관장, 황가장皇家藏에 비하면 그 규모는 작지만, 명대 후기나 청대에 이르면 특색 있는 장서가도 적지 않다. 사본寫本에 의한 복제, 독자적인 교정본의 제작, 송원판의 수집, 지방 문헌의 수집 등 질과 양뿐만 아니라 내용상 의미 있는 수집이 출현하여, 서적에 숨결을 불어넣었다. 사가장서의 역사는 최근 연구에서는『중국사가장서中國私家藏書』(貴州人民出版社, 2009) 등이 읽기 쉽다. 그러나 사가장서는, 최적의 주인을 만난 반면 그 결말은 산일되는 것이 보통이어서, 서적의 입장에서는 희비가 교차되는 느낌이다.

7) 사가장서의 재난 – 강운루絳雲樓 등

사가장서의 재난 중 가장 먼저 들 수 있는 것은 명말 문인 전겸익錢謙益의 장서루이었던 강운루의 화재이다. 강운루는 모진毛晉(1599~1659)의 급고각汲古閣이나 청대 구용瞿鏞의 철금동검루鐵琴銅劍樓 등 강남의 저명한 장서가가 모여 있던 창수常熟에 위치하고 있었다. 명대 후기 송판이나 원판 등 선본을 귀중히 여기는 풍조가 점점 확립되어 갈 때, 강운루와 급고각은 그 장서의 풍부함이라는 측면에서 탁월하였다. 중국에서 선본의 흐름은 여기로부터 시작된다고 하여도 과언이 아니다.

강운루와 급고각은 이후 자손인 전증錢曾(1629~1701)과 모의毛扆에 의하여 계승되었으며, 계진의季振宜(1630~?), 서건학徐乾學(1631~1694)이라는 대장서가에게 흡수된다. 그리고 이 서적들이 흩어진 뒤 다시 내부內府에 모여서 천록림랑天祿琳琅의 중심이 되기 때문에, 급고각은 말할 것도 없고 강운루가 서적 유통에 기여한 공적은 아무리 과장해도 지나치지 않다. 궁중 안과 쌍벽을 이루었던 이친왕부怡親王府 장서[65]의 핵심이 되었던 것도 급고각과 강운루를 원류로 한다.

이러한 장서의 주요한 흐름은 졸고「고서적 유통의 흐름(古籍流通の意義)」[66]을 참고하기 바란다.

강운루의 화재

강운루는 순치順治7년(1650, 전겸익 69세), 집 안 사람의 부주의로 촛불이 옮아 붙어서 큰 재난을 당하고 말았다.

이에 대하여 전겸익은, 명말 갑신의 난(1644)은 최대의 재난이었으며, 그의 집안의 화재는 강남 도서사에서 그에 다음가는 재난이었다고 술회하고 있다. 그 정도로 장서의 질이 자랑스러웠을 것이다. 그후 전겸익은 재난 후의 기억도 더하여서『강운루서목絳雲樓書目』을 편

---

[65] 이친왕부怡親王府 장서: 강희제의 제13자인 이현친왕怡賢親王 윤상允祥의 제7자 이희친왕怡僖親王 홍효弘曉에 의하여 수집된 이친왕부의 장서는 청대 굴지의 질과 양을 자랑한다. 장서루의 명칭은 명선당明善堂, 안락당安樂堂, 낙선당樂善堂이라고 알려져 왔는데, 이 가운데 낙선당樂善堂은 잘못 된 것이라는 의견이 최근에 제기되고 있다.

[66] 中國古籍文化硏究所編,『中國古籍流通學の確立』, 雄山閣, 2007년.

찬하여, 거기에 장서의 대요를 기록하였다. 그러나 그것은 소장하였던 장서 전체의 3할 정도라고 한다. 이에 의해서도 명말 최대의 장서가이었던 면목을 엿볼 수 있을 것이다.

도120 도쿄대학도서관의 화재 때 타고 남은 것이라고 한다. 淸刊本『十竹齋書畵譜』의 일부

물론 화재가 일어난 곳에서 남아있는 것을 건지는 일은 있다. 도판에서 볼 수 있는 것처럼 다이쇼大正 연간의 관동대지진으로 불타버린 도쿄대학도서관의 흔적에서 주워 모은, 타고 남은 서적들도 가슴 아프다(도120). 청 중기의 대장서가 황비열黃丕烈(1763~1825)은 일찍이 목격하였던 고응창顧應昌이란 장서가 소장하였던 송판『백씨문집白氏文集』이 "너덜너덜한 책 한 묶음"이고, "책 가운데에 불에 탄 흔적이 자주 보였다"고 하며, 이어서 이 책이야말로 강운루가 불에 타고 남아있던 것으로 전해진다며 탄식하였다. "한 묶음", "불에 탄 흔적"이라는 말에서 강렬한 여운을 느낀다.

재난을 모면한 전겸익의 장서

전겸익 장서의 풍부함은 화재 전에 전 씨의 손을 떠난 선본이 적지 않은 것으로도 알 수 있다. 역으로 말하자면, 그러한 책들은 재난을 모면했다고도 할 수 있다. 나중에 천록림랑에 소장되었던 송판『한서漢書』·『후한서後漢書』는 그러한 책 가운데 유명한 것이다.

전겸익은 반청활동을 하였기 때문에『천록림랑서목』의 해제에 "인품은 언급하기에 부족하다"라고 기록되어 있는데, 천록림랑의 소장품

Ⅲ. 서지학의 미래 | 217

에는 원판元版 『대광익회옥편大廣益會玉篇』이나, 현존하는 명간본 『위소주집韋蘇州集』(타이베이고궁박물원 소장) 외에도 강운루에 소장되었던 서적이 있었던 것으로 알려져 있다. 아마도 전겸익의 장서이었다고 특별히 강조하지 않았던 서적이 천록림랑 중에는 간간이 있었던 것 같다.

위의 두 『한서』는 원대 서예가 조맹부趙孟頫(1254~1322)가 소장하였던 것인데, 이후 명대 왕세정王世貞(1526~1590)이 소장하며 여러 판본의 으뜸이라고 자랑스러워하였다. 전겸익도 송간본의 으뜸이라고 하여 1200금을 투자하여 구입한 뒤, 사정이 있어서 숭정崇禎 연간 말기에 다른 사람에게 매도하고 말았다. 전겸익은 그 책을 매도하고 난 다음의 서재의 살풍경함과 허무함은 당시까지 경험한 적이 없었다고 하였다. 화재를 당한 후 순치順治15년(1658) 다시 이 책을 만났을 때, 귀중하게 수장되어 있는 모습을 보고 감탄하였다. 이 책이 천록림랑에 들어간 뒤, 건륭제도 이 책을 펼치면 묵향이 감도는 듯하며, 고금의 지극한 보물은 신불이 보호하는 것이라고 감동하였다. 숨을 삼키며 이 책을 보고 있는 황제의 모습이 눈앞에 떠오르는 듯하다.

그렇지만 아깝게도 이 책은 가경嘉慶 연간의 대화재로 인하여 불에 타버렸다. 일찍이 전겸익의 친우는, 자신이 이 송판을 소장하고 있었더라면, 매일 향불을 피워 예배하고, 죽을 때에는 반드시 함께 매장해 달라고 얘기할 것이라고 말하였다. 전겸익은 이 말을 듣고 부끄러움에 사로잡혔다고 한다.

재난은 이와 같은 다양한 생각들을 모두 억눌러버리는 무서운 것이다.

청대 후기로부터 왕조를 둘러싼 환경이 급변하여 민국시대에 이르기까지 서적의 집산은 더욱 우여곡절을 되풀이하였으며, 서지학의 부흥에 의하여 서적의 부활이 이루어질 때까지 아직 수많은 난관이 가로막고 있었다.

3. 서적의 집산集散(2) - 일본에 건너간 서적의 귀향

1) 행운과 귀향

이상과 같은 재난을 통과하여 오늘날 존재하는 고서적은 말로 표현할 수 없을 정도로 얻기 힘든 행운을 얻었다고 할 수 있다. 역사를 달려온 서적의 운명에는 또 하나, 앞의 '서적과 여행'에서도 기술하였듯이(127쪽 참조) 일찍이 본국을 뒤로하고 일본에서 유전하며, 타국의 전란을 통과하고 살아남은 행운도 있다.

헤안 시대의 귀족과 상급 관리들 사이에서 대륙으로부터 건너온 송판이 귀중하게 다루어진 것은 다이라노 기요모리平淸盛가 송판 『태평어람太平御覽』을 다카쿠라高倉 천황에게 헌상한 일 등으로 유명한데, 가마쿠라 시대에는 슌조俊芿(1166~1227) 등 송에 갔던 승려들에 의하여 대량의 송판이 수입되었으며, 그것들의 복제사업도 시작되어, 나중에 고잔五山판이라고 불리는 송판의 복각판이 융성해지는 기초를 쌓게 된 것도 특기할만하다. 또 호조 사네토키北條實時(1224~1276)가 창설한 가나자와金澤문고는 송판의 수집이 그 특징이었다. 이러한 책들은 본국의 재난을 곁눈질하면서 일본의 전란을 무사히 넘어서서 오늘날에 이르렀다.

  무로마치 시대에는 우에스기 노리자네上杉憲實(1410~1466), 우에스기 노리타다上杉憲忠 부자가 도치기栃木현의 아시카가足利에서 강대한 학문세력을 갖게 된 아시카가足利학교에 송판『오경五經』을 기부하여, 중국에서는 없어진 송판이 현재까지 전해진다. 이와 같은 무사武士의 문화사업 뿐만 아니라 '서적과 여행'에서 기술한 바와 같이, 유력한 선종사원에서는 유학승이 가지고 온 것이나 일송日宋 무역에 의한 구매품 등 중국의 오래된 간본을 보관하고 있다. 스오노周防의 오우치시大內氏에 의한 무역으로 영내의 고잔고쿠세지香山國淸寺에는 뛰어난 송판이 다수 수장되어 있다.

  이와 같은 특수한 기관이나 사원에 보관되어 있었던 서적은 전쟁으로 인한 화재를 모면한 예가 많으며, 대륙에서 산일된 것과는 그 상황이 상당히 달랐다. 에도 시대가 되면 수입되는 것은 명대·청대의 것이 주가 되며, 송원의 고간본은 들어오지 않았다. 따라서 메이지 유신까지 일본에 살아남아 있었던 송원의 선본은 그 대부분이 무로마치 시대 이전에 건너온 오래된 궤적을 지닌 것이다. 에도 시대에는 어느 쪽이냐 하면, 일본인이 저술한 한문의 전성기이며, 한문도 명대의 영향이 강하여서 송원의 오래된 것은 조용히 때를 기다리고 있었다. 막부 말기 가리야 에키사이狩谷棭齋(1774~1835)나 모리 다쓰유키森立之(1807~1885) 등 서지학자에 의하여 그것들은 다시 소생하였지만, 유신의 시세는 수백 년 된 귀중한 고서적 보존의 역사에는 냉정하여서, 그다지 평가하지 않았다.

양수경楊守敬에 의한 고간본의 수집

이상과 같은 상황일 때 양수경이 일본에 왔으니, 시기가 이 정도로 맞아떨어진 것은 기적이라고 할 수 있으며, 서적이 그를 기다린 것인지, 역사가 그것을 원한 것인지, 어떻든 서적의 운명이 크게 바뀌는 한 장면이었던 것은 틀림없다. 양 씨는 사고 싶은 대로 사 모았다. 아까워하는 사람은 아무도 없었다. 수백 년 동안 타국에 있었던 중국의 고간본이 한꺼번에 귀국하기 시작하였다.

다만 양 씨가 일본에 왔을 때, 중국에서는 없어진 서적을 일본에서 구하려고 하는 기획이 이미 있었던 것이 아닌가라고도 추측된다. 도판에 보이는 남송 가희嘉熙3년(1239) 쑤저우蘇州의 치사磧砂 연성원延聖院이 간행한 치사磧砂판 대장경의 일부 『인왕호국반야바라밀경仁王護國般若波羅密經』에 '양성오楊星吾가 일본에서 책을 찾아 탐방하다(楊星吾日本訪書之記)'라고 날인되어 있으며, 또 '쭌이遵義의 여黎 씨 졸존원拙尊園에 소장된 장서(遵義黎氏拙尊園珍藏)'라고 날인되어 있다(도121). 여서창黎庶昌(1837~1897)은 1881~1884년, 1887~1890년 사이에 일본에 왔던 주일공사이다. 양 씨는 여 씨보다 한 발 먼저 일본에 왔는데, 이 대장경은 양 씨와 여

도121 '遵義黎氏拙尊園珍藏'· '楊星吾日本訪書之記'의 인이 있다. 간본刊本의 일부.

씨가 일본에 왔을 때 교환대상으로서 지참한 것이 아닌가라고 상상하고 싶어지는데, 진상은 알 수 없다.

귀국한 대륙의 송원판

양 씨가 일본으로부터 가져간 것은 일본의 고사본이나 고간본이며, 양 씨가 수집에 가장 힘을 기울인 것도 이와 같은 일본 전승의 한적들이다. 그러나 실제로는 중국에서는 없어졌지만 일본에서 유전된 송원판도 그것들 못지않게 많은 부분을 차지하고 있었을 것으로 생각된다. 그런데 양 씨가 귀국한 뒤에 어찌된 일인지 송원의 선본을 매도해 버린 것도 많은 것 같다. 그러한 책들은 저명한 장서가에게 옮겨져서, 지금은 이곳저곳에 흩어져 있다. 그래서 그 하나하나의 소재를 찾아 전체상을 파악하는 것은 매우 곤란한 일이다.

하지만 그것을 추구하는 것에 서지학의 미래가 있다고 생각된다. 제Ⅱ부에서 기술한 송 사과謝邁의 문집 『사유반문집謝幼槃文集』(148~149쪽 참조)의 가장 좋은 선본으로는 남송 소흥紹興22년(1152)의 푸저우撫州 간본이 있는데, 대륙에서는 진즉 없어졌다. 이 남송 초기의 귀중한 문헌이 일본에는 당시와 같은 모습으로 남아있었다. 가리야 에키사이가 일찍이 발견하여 소장하고 있었다. 원래 어느 사원에 전해진 것으로 추측된다. 양수경은 모리 다쓰유키를 중개인으로 하여 이것을 손에 넣었다. 귀국할 때의 짐 속에 들어있었던 것은 말할 것도 없다. 그렇지만 그 다음 이 책은 장서가 반조음潘祖蔭(1830~1890)의 방희재滂喜齋로 넘어가, 현재는 상하이박물관에 소장되어 있으며, 1935년 상하이 상무인서관商務印書館에 의하여 영인 출판되었다(『續古逸叢書』). 이 영인본이 없었으면 양 씨가 이 책을 손에 넣은 것도 사람들이 알지 못하였을 것이다. 이렇게 보면 대륙에 있는 일급 선본 중에는 양 씨의 손에 의하여 귀국한 것이 적지 않다고 생각된다. 아무튼 시마다 간島田翰(1879~1915)에 의하면, 양 씨가 일본에 와서 한적 선본을 사모아서 도시가 텅 비었다고 하니, 일본에서 몇 백 년 동안 축적된 것이 사라졌다고 할 수 있다.

2) 양수경으로부터 명가로(1) - 리성둬李盛鐸의 장서

물론 일본에서 생명을 보존하고 있었던 서적을 대량 가지고 돌아간 것은 양수경뿐만이 아니다. 조금 늦게 일본에 온 리성둬李盛鐸(1859~1934)도 서적을 구입한 기세가 양수경에 못지않다. 일본에 온 것은 무술정변戊戌政變(광서24년, 1898) 무렵이므로, 양 씨보다 수십 년 뒤의 일이다. 이미 모리 다쓰유키 등 막부 말기 최후의 서지학자도 세상을 떴으며, 막부 말기의 선본 목록『게세키호코시經籍訪古志』에 기재되어 있는 서적도 거의 모두 원래 소장자의 손을 벗어났을 무렵이다. 리 씨의 장서는 현재 베이징대학에 일괄적으로 소장되어 있으며, 베이징대학도서관이 소장하고 있는 주요한 선본의 일각을 점하고 있다. 그 중 일본에서 가져간 것은 고잔五山판이나 고활자판古活字版, 에도 시대의 판본 등 팽대한 분량에 이른다. 그러나 나의 변변치 않은 감식 안으로 판별한다면 양 씨 장서의 질과 양보다 낫다고 말하기는 어려울 것 같다.

리성둬의 서적 구입과 그 뒤

리 씨는 광서15년(1889)의 과거시험 1갑 2등의 진사進士로서 한림원편수翰林院編修이며, 양수경과는 입장이 전혀 다른 대신급 인물이다. 서양에도 간 적이 있으며, 민국 시대에는 요직에 올라 일본과의 경제교류를 추진하기도 하였다. 은퇴 후에는 청말 대장서가 양楊 씨 해원각海源閣과 후난湖南 원방영袁芳瑛의 장서를 취득하였으며, 집안의 장서루 '목서헌木犀軒'은 푸쩡샹傅增湘의 장원藏園과 함께 당시 쌍벽을 이루었다.

리 씨가 톈진天津에서 세상을 떴을 때에는 장서가 천천히 유출되기 시작하였다. 민국25년(1936) 무렵으로 쇼와昭和 시대의 초기이었다. 일본의 문부성도 고관을 파견하여 리 씨 자손으로부터 일괄 구입을 도모하였는데 금액의 타협을 보지 못했다. 결국 당시 베이핑北平도서관 관장인 위안퉁리袁同禮 등의 노력이 결실을 맺어서 중국 교육부가 구입한 뒤 베이징대학에 보관되었다.

양 씨와 리 씨가 직접 서적을 교환한 것은 아니겠지만, 양 씨가 일본에서 얻은 서적 구입의 성과는 광서13년(1897) 간행된 『일본방서지日本訪書志』에 의하여 장서가들 사이에서 화제가 되었을 것이다. 그렇다고는 하지만 서지학의 대가 예더후이葉德輝(1864~1927)는 양 씨에 대하여 악평을 하였는데, 일본의 고사본 등에 이상한 식견을 보이는 양 씨의 동향은 당시의 전통적인 문헌학자들 사이에서 찬반의 양론이 있었을지도 모른다. 그와 같은 경향은 지금도 남아있어서, 일본의 고간본·고사본의 선본에 대한 참다운 평가는 아직 이루어지고 있지 않은 것이 현재의 상황이다.

양 씨로부터 리 씨에게 건너간 선본

그러나 양 씨는 금전의 이유 때문이겠지만 주옥같은 선본을 차례로 떠나보냈다. 그것이 리 씨의 손에 들어간 것이 적지 않은 것 같다. 이와 같은 사정은 도서관의 소장 목록으로는 알기 어려운 것이 보통이고, 서적과 만나는 것만이 유일한 근거이다.

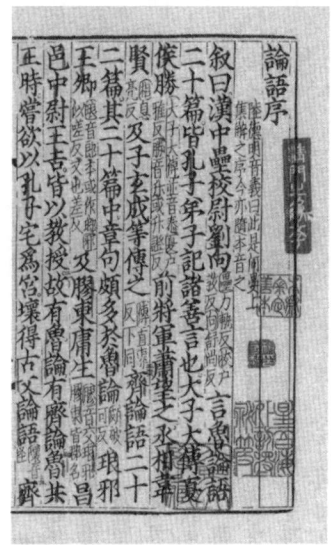

도122 李盛鐸이 소장하였던 송판 『論語』, '星吾海外訪得秘笈' '淸門之後學'의 인기가 있다.

이와 같은 경위를 가진 리 씨의 책을 나는 몇 번 만났다. 제Ⅱ부에서 기술한(127쪽 참조) 송간본 『감본찬도중언중의호주논어監本纂圖重言重意互註論語』도 그 가운데 하나이다(도 122). 양 씨는 도쿄의 린로카쿠琳琅閣서점으로부터 비싼 값을 주고 구입하였다고 한다. 압권은 송간본 『문선文選』26책과 고잔五山판(일본 난보쿠초南北朝 간) 『춘추경전집해春秋經傳集解』15책이다. 『문선』은 송 순희淳熙8년(1181) 구이츠貴池(지금의 안후이성)의 학교에서 간행한 이선주李善注의 텍스트이다. 경원慶元1년(1195)까지 10년 정도 사이에 상당한 부분이 보각되어, 쟝쑤江蘇성 포양鄱陽의 학교에서 인쇄된 것으로, 이 책에 대한 수요가 얼마나 많았는지를 얘기해준다. 순희淳熙8년에 출판을 담당하였던 사람 우무尤袤의 이름을 따서 우본尤本이라고 부른다. 나중에 청의 가경嘉慶 연간 호극가胡克家가 이 판본을 복각하여 이선주李善注 가운데 가장 좋은 판본으로서 지금도 사용된다. 완전본이 중국 국가도서관에 소장되어 있어서 『중화재조선본中華再造善本』에도 포함되었다. 그 밖에 잔본은 상하이도서관 등 몇 군데에 소장되어 있다. 베이징대학의 리성둬 판본은 권1에서 권12까지 결락되어 있는데, 실은 원래 완전본이었지만 양 씨가 구입하였을 때인가 그 이전에 어떤 사정에 의하여 앞부분 6책이 떨어져나갔다. 그 떨어져 나간 부분은 각지를 전전하다 도쿠토미 소호德富蘇峰의 손에 들어가, 오차노미즈도서관 세키도成簣堂문고에 소장되어 있다. 도쿠토미 소호는 오노 샤치쿠大野洒竹(1873~1913, 하이쿠俳句 작가·의사)가 소장하였던 것을 손에 넣었던 것이다.

그런데 이 『문선』 32책은 일찍이 도후쿠지東福寺에 있었던 것이다. 임제종臨濟宗 성일파聖一派의 학승으로 도후쿠지 닷추호쇼인塔頭寶勝院 제3세 닷스塔主이며[67], 도후쿠지 제2백세 주지인 호고 고린芳鄉光隣(天文5년·1536 입적)의 수택본이다. 호쇼인寶勝院은 『논어의소論語義疏』를 비롯하여 희귀한 판본을 세상에 전한 것으로 유명하다. 또 본서는 송판임에도 불구하고 종이가 일본의 것과 유사한 점, 무로마치 시대에 더해진 붉은 색의 표지가 그대로 남아있는 점 등은 연구해볼만한 여지가 있다. 양 씨의 형안과 보물이 절 밖으로 유출되던 시대의 흐름이 서로 맞아떨어져서, 양 씨가 이와 같은 선본을 입수하게 되었던 것이다. 본서의 가장 뒷부분에 첨부된 양 씨의 기다란 발문이 그와 같은 행운을 잘 전달하고 있다.

---

[67] 닷추塔頭: 선종에서 고승의 사리탑을 모신 곳. 호쇼인寶勝院은 도후쿠지東福寺의 여러 닷추塔頭 가운데 하나의 이름. 닷스塔主: 닷추塔頭를 총 감독하는 역할.

3) 양수경으로부터 명가로(2) - 반潘 씨 보례당寶禮堂·마나세 曲直瀨 집안 요안인養安院의 장서藏書

리 씨가 소장한 고잔五山판 『춘추』도 앞의 『문선』과 같은 경로를 거쳤다. 일본의 난보쿠초南北朝 시대에 송판을 복각한 것으로, 송판과 똑같은 복제품이다. 근거가 된 송판은 대륙에서는 이미 없어졌고, 일본에서만 전해온 것이다. 양 씨는 이것을 모리 다쓰유키로부터 손에 넣으며 그 가치를 충분히 전달받았는데, 스스로 교감해보고 그 본문의 뛰어난 체계에 기쁨을 금할 수 없어서 역시 장문의 발문을 기록하고 있다. 『고일총서古逸叢書』에 수록하고 싶었는데 받아들여지지 않은 것이 유감이라고 하였다. 고잔五山판은 교토·가마쿠라의 고잔五山을 중심으로 대륙에서 건너온 각공들에 의하여 출판된 송원판의 복각 시리즈이기에, 난보쿠초 시대 사람들에게는 뜻밖의 것이었을지도 모르지만, 수백 년이 지난 뒤 모국의 학자들에 의하여 귀중하게 여겨지게 되었다.

이 책은 무로마치 시대의 선승에게 읽혀졌다. 나중에 규슈九州 사이키佐伯의 장서가 모리毛利 집안이 소유하게 되었으며, 전전하다 에도 시대 후기 서지학을 개척한 이치노 메안市野迷庵(1765~1826)이 소장하였다. 이치노 메안은 아시카가足利학교 제9대 교장인 산요三要(간시쓰 겐키쓰閑室元佶, 호는 산요三要, 1548~1612)의 손때가 묻은 이 책을 보고서 산요의 발문을 그대로 베껴 썼다. 메안이 세상을 뜬 다음 제자인 시브에 추사이澁江抽齋(1804~1858)에게 건너갔으며, 시브에 추사이 사후에는 모리 다쓰유키의 서재인 가이만사쓰부開萬冊府에 소장되었다(도123). 이 책은 일본에서 유전된 특급품으로 리 씨가 소장한 일본 한적 가운데 첫 번째로 손꼽아야 할 것이다.

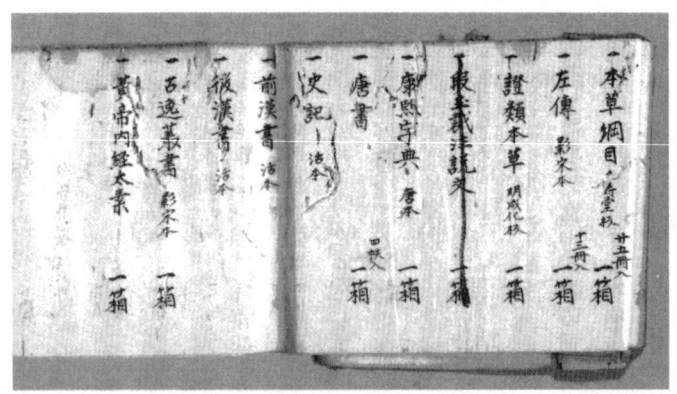

도123 『森氏開萬冊府藏書目錄』에 '左傳 影宋本'(제2행)이라고 기록되어 있다. 五山版일지도 모르겠다.

반판潘 씨 보례당寶禮堂 소장『찬도호주양자법언纂圖互註揚子法言』

광저우廣州의 중산中山대학도서관에 소장되어 있는 원간본元刊本 『찬도호주양자법언』(漢·揚雄 찬/ 晉·李軌, 唐·柳宗元 등 주)이 일본에서 가져간 양수경 소장본이었다는 것을 우연히 알게 되었다. 중산대학도서관의 목록에는 명초 간본이라고 되어 있다. 남송말 간본의 복각으로 보이는데, 원말의 정각본精刻本이라고 할 만한 요소를 인쇄면에 지니고 있다.

이 책은 양 씨가 구입하여 스스로 송본과 대조하였으며, 귀국 후에는 양 씨의 손을 벗어나 전전한 끝에 보례당寶禮堂 소장이 되었다가 현재는 중산대학에 귀속되어 있다. 보례당은 민국 시대 초기 가장 기세 왕성하였던 장서루로서 뛰어난 송판을 100부 이상 소장하였다. 그 소장목록으로는『보례당송본서목寶禮堂宋本書目』이 있다. 주인인 판쭝저우潘宗周(1867~1939)는 자가 밍쉰明訓이고, 광둥廣東 사람이며, 취푸曲阜 공부孔府에서 소장하고 있던 송판『예기정의禮記正義』의 취득을 기념하여 '보례寶禮'라는 이름을 장서루에 붙였다. 위안스카이袁世凱의 아들이며 장서가인 위안커원袁克文(1890~1931) 장서의 6~7할을 구입하였고, 장위안지張元濟·쉬썬위徐森玉 등과 교류가 있었다. 그 장서의 대부분은 아들인 판스쯔潘世玆에 의하여 국가도서관에 기증되었다. 저명한 송간본『사기史記』(黃善夫본),『맹호연시집孟浩然詩集』(眉山 간본 12행본),『당여랑어현기집唐女郞魚玄機集』(당·魚玄機 찬, 臨安 陳宅書籍鋪 간본)등은 모두 판 씨가 기증한 것이다.

당시 천칭화陳淸華(1894~1978, 字는 澄中)와 선본을 구입하는 일에서 쌍벽을 이루었다. 이『찬도호주양자법언』은 판 씨가 손을 대었다는 것으로써 역으로 그 가치를 알 수 있다는 것이다. 양 씨의 선본을 넘겨주기에 가장 적합한 장서가이었다.

마나세曲直瀨 집안 소장 '요안인養安院 장서藏書'

양 씨는『찬도호주양자법언』을 도쿄의 고서점으로부터 구입했다고 생각되는데, 이것은 에도 시대에 이미 흩어져버렸던 명의가名醫家 마나세曲直瀨 집안의 장서이었다. '養安院藏書'라는 인기印記가 그것을 말해주고 있다. 이 인장은 너무나도 유명하기 때문에, 위조되어서 나중에 날인된 것도 있는 것 같다. 원래 모모야마桃山 시대에 도요토미 히데요시豊臣秀吉·도요토미 히데쓰구豊臣秀次를 모셨던 의가 마나세 쇼린曲直瀨正琳의 장서인이라고 전해지고 있다. 우키타 히데이에宇喜田秀家의 아내의 병을 고쳐서 조선에서 건너온 조선 고판본을 다수 하사받았다고 알려져 있는데, 특히 뛰어난 조선 고활자의 선본에 이 장인이 날인되어 있다. 따라서 조선 고판본과 같은 시기에 날인되었다고 생각되는 판본은 필연적으로 16세기 이전의 오래된 서적이라고 할 수 있다.

이 『찬도호주양자법언』은 간기刊記에도 쓰여 있듯이 푸젠福建의 서점에서 찬도호주본纂圖互註本으로 4종(『순자荀子』·『양자법언揚子法言』·『노자老子』·『남화진경南華眞經』) 출판한 것 가운데 하나로서, 명초에 읽기 쉬운 책으로 유행되었다. 한편 조선도 명대의 전적을 수입 번각翻刻하는 데에 있어서는 성과가 있었기에, 소장된 경위로부터 살펴보자면 어쩌면 조선을 경유하여 들어온 것일지도 모른다. 어떻든 요안인養安院은 근세 초기의 일본에서 손꼽히는 소장 명가이었던 것은 틀림없다.

즉 필자가 양 씨가 소장하였던 책을 만난 것은 완전히 우연이지만, 양 씨가 이러한 선본과 만난 것은 단지 우연에 지나지 않는다고 할 수 없다.

4) 얻기 어려운 만남

제Ⅲ부 시작 부분에서 얘기한 바와 같이, 양 씨가 일본에서 중국으로 배에 실어간 서적의 실체를 파악하고 싶다는 희망사항을 만족시키기 위해서는, 이와 같은 우연한 만남을 하나하나 쌓아가는 수밖에 없다.

양 씨가 귀국 후 손에서 놓지 않고 소중하게 보관한 장서의 절반을 그가 세상을 뜬 다음 보관하였던 쑹포松坡도서관에 대해서는 최근 리즈중李致忠 씨가 『문헌文獻』(中國國家圖書館, 2009, 제1기)에 「량치차오梁啓超와 국립경사도서관(梁任公與國立京師圖書館)」이라는 제목으로 글을 발표하였는데, 그 중에서 양 씨가 일본에서 가지고 간 송판 대장경『쓰시판思溪版(思溪大藏經)』(浙江省 湖州의 資福寺에서 순희淳熙2년=1175년 간각된 것)이 1949년 쑹포도서관으로부터 경사도서관으로 옮겨졌다는 것을 소개하고 있다. 그런데 그 다음 현재의 중국국가도서관에 계승된 쑹포도서관이 소장하였던 양씨의 구장본은, 다른 장서들과 일련번호로 서고의 한 귀퉁이 서가에 꽂혀 있다. 즉, 독립된 컬렉션으로 되어있지는 않다. 따라서 현재는 이것들을 양씨 소장본으로서 검색하는 것은 불가능하며, 단지 서고에 들어갈 수 있는, 서고 사정을 잘 아는 고서적부 직원만이 전체상을 파악할 수 있다. 일찍이 베이징도서관의 연구원이었던 딩위丁瑜 선생이 몇 번부터 몇 번까지가 양 씨가 일본에서 가져온 책이라고 얘기해주었지만, 서고에 들어갈 수 없는 이상, 현재 이 상황을 잘 알고 있는 리지닝李際寧 연구원에게 물어볼 수밖에 없다.

장서가 구장서舊藏書의 복원 조사

장서가가 소장하였던 구장서의 복원 조사는 이처럼 대개 도서관 사업의 현상과 밀접한 관련을 맺고 있다. 어떤 사람의 구장서가 개인 문집으로서 단독으로 보관되고 있는지, 서고에 분류되어 산재하고 있는지에 의하여 그 운명이 크게 갈라지는 것이다. 서고의 공간이나 검색하는 데에 있어서 후자를 선택하는 것이 도서관으로서는 효율이 높다. 그러나 그 경우 전체상이 보이지 않기 때문에 수집한 사람의 의도가 지워져버리는 결점도 있다. 서지학의 미래는 이 문제의 해결에 밝은 길을 시사하고 있는가? 서적 자체가 산재하고 있어도 미리 그 총체를 나타내주는 목록이 작성되어 있다면 아직 희망이 있는데, 그것도 없다면 그 '의도'는 매몰될 수밖에 없다.

그 시비를 가리는 것은 차치하고, 양 씨는 귀국 후 후베이湖北의 황강黃岡이나 우창武昌에 있었기 때문에 후베이성에는 지금도 그 장서가 많이 존재하고 있다. 후베이성박물관에 일본의 고사본이 다수 소장되어 있는 것은 주지의 사실인데, 후베이성도서관에도 실은 양씨가 일본에서 가져온 서적이 다수 소장되어 있다. 그러나 그것은 서고에 산재하고 있기 때문에 집약하는 것은 거의 불가능에 가깝다. 양 씨의 구장본을 보고 싶어도 그것을 끄집어낼 방법이 없다.

후베이성도서관의 양 씨 구장본舊藏本

후베이성도서관은 민국 시대의 유력한 장서가이었던 쉬수徐恕(字는 行可)의 장서 10만 책이 그 선본의 핵심이 되고 있다. 금년(2010년)은 그가 도서를 기증한 50주년에 해당한다. 아들인 쉬샤오미徐孝宓도 서지학자로서 관장으로 근무하였는데 얼마 전에 타계하였다. 그 다음에는 서지학자 양하이칭陽海淸이 관장으로 근무한, 고서적 정리에 있어서 전통을 자랑하는 도서관이다.

작년에 도서관원인 쑨孫 군이 문득 꺼내 와서 보여준 것에 '飛靑閣藏書印'[68]이라고 날인되어 있어서, 이상한 인연을 느꼈다. 후베이에서 처음으로 양 씨의 구장본을 만난 것인데, 『대당서역기大唐西域記』 6책의 고활자판이었다. 간기刊記는 없지만 일본에서 16세기 말부터 17세기 초에 걸쳐서 목활자로 인쇄된 것으로, 도요東洋문고의 이와사키岩崎컬렉션에 있는 것과 같은 판본이다. 현재 전해지는 판본이 적은

---

[68] '飛靑閣藏書印'은 '星吾海外訪得秘笈', '宜都楊氏藏書記'와 같이 양수경楊守敬의 장서인藏書印 가운데 하나이다.

희귀본인데도 후베이성도서관에서는 선본에 포함되어 있지 않고, 일반 선장본의 서고에 꽂혀있었다. 이로써 이 책과 같은 양 씨의 구장본이 얼마나 많이 일반 서고에서 잠자고 있는지를 상상할 수 있다.

일본 고사본·고간본에 대한 평가

대륙에서는 일본에서 온 것 중 송판이나 일본의 고사권자본古寫卷子本은 선본으로서 주목하였지만, 근세 초기 고활자판의 가치까지는 아직 도달하고 있지 않았다. 중국에서 이러한 것은 일괄하여 화각본和刻本으로서 취급되었다. 서지학의 정의로서 화각본은 에도 시대의 것이며, 고활자판보다 이전의 것은 출판 사정이나 텍스트의 성격이 에도 시대의 것과는 달라서 귀중서로서 취급된다. 이 문제는 중국과 일본 서지학에 있어서 실은 깊은 골이 되고 있다.

물론 고활자판·고잔五山판은 일본 고사권자본과 함께 양 씨가 수집한 것 중에서도 주옥같은 컬렉션을 형성하고 있다는 것은 타이베이 고궁박물원이 소장하고 있는 양 씨 구장본을 한 번 보면 충분히 이해할 수 있다. 그러나 당시 대륙에서 일본의 고사본·고간본에 대한 가치 평가는 『고일총서古逸叢書』의 영향은 받았지만 그다지 높지 않았다고 생각된다. 따라서 양 씨가 타계한 후 후베이에서 일본의 고사본 종류가 대량 팔린 것으로 보이지만, 다투어 구매하였던 것 같지는 않다. 그래서 판즈제范之傑라는 장서가가 우연히 그 대부분을 구입하였다. 판 씨는 청대 한림원편수翰林院編修이었는데, 1921년 우창武昌에 재직하고 있을 때 양 씨의 일본 고사본 종류를 일괄 구입하였다. 그리고 그것이 전전하여 산둥山東의 장서가 장징스張景栻 씨의 수중에 들어갔다. 이 일은 산둥대학의 저명한 서지학자 두쩌쉰杜澤遜 선생이 소개하고 있으며(『藏書家』 제4집, 齊魯書社, 2001), 또 장징스 씨 자신도 목록을 작성하여 공표하였다. 이 목록을 보면 교토 고잔지高山寺의 보물이 많은 것에 놀라게 된다. 그러나 양 씨 컬렉션의 일부가 이처럼 산일되지 않고 보관되어 있는 것은 서적의 입장에서는 행운이다.

나는 베이징에서도 양 씨가 가져온 일본 고사경古寫經을 본 적이 있다. 이것들이 다시 한 군데에 모이는 일은 아마 없을 것이다.

5) 류허六合 서徐 씨의 서적 구입(1) - 서승조徐承祖가 일본에 사신으로 와서 취득한 것

양 씨가 일본에서 고서적을 섭렵하고 있었던 무렵 일본에서 문화 활동을 하고 있던 사람으로 야오원둥姚文棟(字는 子梁, 1853~1929)이 있었다. 이미 제Ⅱ부에서 언급하였지만(120쪽 참조), 야오원둥이 귀국한 이후 상하이 교외의 서고에는 일본의 고초본古鈔本이 산처럼 쌓여있었다고 하는데, 전화戰禍로 인하여 지금은 그 실체를 알 수 없다. 야오원둥의 방일은 광서 7·8년(1881·1882)에서 광서12년(1886) 사이에 있었기에, 양 씨의 광서6년에서 광서10년 사이의 일본 체재와 겹쳐 있다. 야오원둥은 모리 오가이森鷗外의 『시브에 추사이澁江抽齋』에도 등장하는데, 이 사람이 『게세키호코시經籍訪古志』(막부 말기의 선본 목록으로 근대 일본 서지학의 원점)를 서승조徐承祖에게 소개하여 출판을 재촉하였던 것이다. 『게세키호코시』는 몇 차례의 원고를 축적하면서도 출판에 이르지 않았는데, 최후의 편자인 모리 다쓰유키는 이를 계기로 교정하였으며, 모리 씨가 타계한 해에 마침내 서승조의 서문을 얻어서 상재되었다.

서승조徐承祖의 서적 수집 활동

서승조는 광서10년(1884)에 주일공사 여서창黎庶昌이 모친 서거로 인하여 귀국하게 되자 그 대리로서 공사관에 주재하였다. 그가 광서 13년(1887) 귀국하기까지 어떠한 활동을 하였는가? 광서11년에 『게세키호코시』의 서문을 썼으며, 광서12년에는 부친 서자徐鼒의 『주역구주周易舊注』 12권을 일본에서 출판하였다. 서자徐鼒는 제Ⅲ부 서두에서 얘기한 네모토 쓰메根本通明의 『시광고詩廣詁』의 저자이다. 류허六合(지금의 난징) 서 씨의 집안이다.

서자徐鼒는 도광25년(1845)의 진사이었는데, 푸젠福建 푸닝福寧의 지부知府로 근무할 때인 함풍咸豊8년(1858), 태평천국의 장발족이 고향 류허를 공격하여 형 서내徐鼐를 비롯한 거의 모든 일가족을 잃었다. 그것을 기록한 「가인순난기家人殉難記」는 당시의 처참한 상황을 전달해준다. 집안의 장서도 모두 불에 타버렸는데, 『미회재문집未灰齋文集』(咸豊11년 序刊)은 그것에 대한 애도의 문집이다(도124·125).

도124 徐鼒의 『未灰齋文集』
도125 태평천국의 난 때 가족이 죽임을 당한 일이 『未灰齋文集』에 기록되어 있다.

그 수십 년 뒤에 서승조가 일본에서 어떠한 서적 수집활동을 하였는지는 알 수 없다. 또 그 장서들이 지금 어떻게 되었는지도 분명하지 않다. 그래서 '六合徐氏孫麒珍藏書畵印'·'孫麒氏使東所得'이라는 서승조의 장인을 보았을 때에는 놀랐는데, 그가 일본을 방문하였던 당시의 모습이 눈에 보이는 듯하였다.

후베이성도서관 소장 『사서장구집주四書章句集注』

앞에서 얘기한 후베이성도서관에서 명대 내부內府 간행본의 조사를 하고 있을 때이었다. 명 정통正統12년(1447) 사례감司禮監 간본 『사서장구집주四書章句集注』를 꺼내 와서 보여주었는데, 이것은 즉 명대 관청에서 출판한 내부본으로 백면지白綿紙라는 상질의 종이를 사용하였으며, 황제가 열람하는 일도 있기에 큰 글씨로 된 대형의 훌륭한 만듦새이었다.

반드시 유서 있는 소장력을 지니고 있을 것이라고 예측하였다. 표지를 넘기니 '손기씨사동소득孫麒氏使東所得' 등 앞에서 말한 류허六合 서 씨의 2종의 인기印記가 눈에 들어온다. 서손기徐孫麒는 서승조徐承祖이다. 서승조가 일본에서 구입하여 가지고 온 구장서이었다. 그 원류도 그에 상응한 것일 것이라고 생각되어 추적해보니, 이 책에는 '尾府內庫圖書' '張藩圖書'라는 당당한 인기가 날인되어 있었다.

일본에는 옛날부터 중국을 모방하는 것이 격식 높은 것이라고 하여, 한학자의 이름이나 서재명 등을 중국식으로 생략하여 기록하는 일이 많다. 위의 2종의 인기도 그와 같은 예로서, 중국인이 본다면 중국인 소유의 것이라고 생각할지도 모르겠다. 그러나 실은 '尾府'·'張藩'은 모두 '尾張藩'·'德川家'의 생략을 의미한다. 이것은 진번秦

藩·진번晉藩·덕번德藩 등 명대의 번왕부藩王府와 같이 들려서 격조 높은 울림을 가지고 있다고 생각된 것 같다.

오와리尾張번의 구장서

오와리 도쿠가와尾張德川 가계의 장서는 현재 나고야시名古屋市 호사蓬左문고에 보관되어 있다. 오와리 도쿠가와 가계의 장서에는 다양한 종류의 장인이 날인되어 있는데, 이곳은 에도 시대에 가장 서적을 귀중히 여긴 번藩이었다. 이 오와리번의 장서 중에는 에도 시대에 유출된 보기 드문 예도 있는데, 이『사서장구집주』에는 '拂(지불하다)'라고 날인되어 있으니, 어떤 이유로 하여 매도되었던 책이다. 표지에 이어지는 아소비가미遊紙[69]로서 중국제의 문방용지가 부착되어 있고, 거기에는 근대 중국인의 필치로 선통宣統1년(1909) 영양英洋[70] 200원으로 구입하였다는 의미의 지어識語가 쓰여 있다. 아마 이 무렵 서승조의 장서가 흩어졌을 것이다. 지어에 의하면, 당시 원대 대덕大德 연간 간행된 책으로 팔렸던 것 같다.

이 책이 간행된 명대 정통正統12년은 일본 분안文安4년으로 무로마치 시대의 전기에 해당되며, 무역에 의하여 일본에 건너온 책일 것이다. 그리고 아마 유력자에 의하여 오와리尾張 가계에 기증되었을 것이며, 막부 말기나 메이지 시대에 서적상의 손에 넘겨져, 서승조의 눈에 띄었을 것이다. 명대 내부본內府本은 다이묘大名의 장서로서 어울린다. 고액이었을 터이니 학승 등에게 애용된 일도 적고, 따라서

---

[69] 서적의 면지面紙와 본문 사이에 붙이는 하얀 종이.
[70] 옛날 중국의 시장에서 유통되었던 멕시코 은화.

시중에서 유전된 일도 적었을 것이다. 중국의 수집가에게는 송원판 다음 가는 수확물이었을 것이다.

그렇다고는 하여도 우한武漢 땅에서 오와리尾張 가계의 구장서를 만나리라고는 생각지도 못하였다. 또한 양수경처럼 일본에서 손에 넣은 것을 특별히 강조하는, '일본에 사신으로 가서 취득하다(使東所得)'라는 전용 장서인이 날인되어 있는 것으로부터, 서승조가 일본에서 책을 구입한 기세를 충분히 엿볼 수 있다.

6) 류허六合 서徐 씨의 서적 구입(2) – 인기印記가 나타내는 유전流轉의 실태

만남은 계속된다.

광저우廣州 중산中山 대학도서관에 소장된 원간본元刊本『오조명신언행록五朝名臣言行錄』(송·朱熹 편)은 남색 비단 표지로서 소위 금양옥장金鑲玉裝으로 되어 있다. 즉, 하얗고 커다란 종이를 각 페이지의 안에 덧대어서 원지를 보호하는 방식으로서 중국의 전통적 장정법의 하나이다. 선통1년(1909) 쉬나이창徐乃昌(1868~1936)이 이 책을 바오위둥鮑毓東에게 보여주었다는 발문이 기록되어 있으므로, 적학재積學齋 쉬나이창의 구장서였던 것 같다. 또 쉬나이창의 인기印記도 있어서, 이 금양옥장 장정은 저명한 장서가이자 출판가이었던 쉬나이창이 제작한 것으로 생각된다.

이 판본은 몇 부가 유전되고 있어서 고본孤本은 아닌데, 이 책의 인쇄면을 정밀하게 조사하여보니, 송판에 상당히 가까운 것으로 생각된다.

막부 말기의 장서가로부터 서 씨에게

또 『오조명신언행록五朝名臣言行錄』을 조사하면서 신경이 쓰인 부분은 권말에 날인된 '子敬' 등으로 읽히는 삼각형의 인기印記가 있는 것인데, 이것은 일본의 중세 선승이 즐겨 사용하였던 것이다. 이 외에 또 '玄譽'라는 인기도 있고, '向山黃邨家藏書之印'이라고도 날인되어 있어서, 일본에서 전해온 판본임에 틀림없다.

이 장서인 가운데의 '무코야마 고손向山黃村(1826~1897)'은 막부 말기 행정부서의 수장으로서 장서가이었다. 국회도서관에 소장되어 있는 황비열黃丕烈 발문의『안남사략安南史略』으로 알 수 있듯이, 무코야마 고손은 아름다운 당본 수집에 힘을 발휘하였다. 종합적으로 살펴보면,『오조명신언행록』은 예로부터 일본에서 전해온 원대元代의 판본으로 보인다.

조심스럽게 한 페이지씩 살펴보니 외집外集 권4 끝부분에 마쓰자키 고도松崎慊堂(1771~1844)의 발문이 있어서 놀랐다. 마쓰자키 고도는 야스이 솟켄安井息軒이나 시브에 추사이澁江抽齋, 가이호 교손海保漁村(1797~1866)의 스승으로서 고증학의 대가이다. 가리야 에키사이狩谷棭齋하고도 교제가 있었으며, 막부 말기 서지학의 대가이기도 하다.

마쓰자키 고도가 덴포天保11년(1840) 이 발문을 기록하였을 때는 70세로서, 필적도 인기印記(松崎復·明復)도 틀림없다. 이 책에는 송대 경정景定 연간 신유辛酉년(1261)의 서문이 있어서, 마쓰자키 고도는 그것을 보고 이 책을 송 경정간본이라고 하였다.

또한 마쓰자키 고도는 이 책은 어느 사원의 승려가 가지고 온 것인데, 자신은 늙고 병들어 교감校勘할 수 없는 것이 유감이라고 하였다.

마쓰자키 고도가 결국 이 책을 소장하였는지는 알 수 없다. 그러나 그의 눈에 띈 선본이 지금 광둥廣東 땅에 있는 것에는 마쓰자키 고도도 놀랄 것이다.

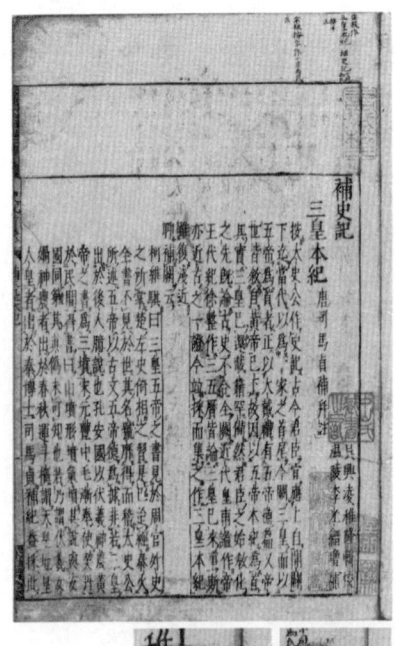

마쓰자키 고도 구장서는 거의 모두 시도斯道문고에 소장되어 있다(도126). 나는 평소 그의 구장서에 접하고 있었기에, 이 만남이 몹시 불가사의하게 생각되었다.

그리고 또한 우한武漢에서와 마찬가지로 '六合徐氏孫麒珍藏書畫印'·'孫麒氏使東所得'이라는 장인을 발견하였으니, 일본에서 대륙으로 회귀한 이 책의 경로가 분명해졌다. 이것도 서승조가 구입하여 가지고 간 것이었다. 당시 마쓰자키 고도의 증명을 얻은 이 책은 아마 마땅한 경로를 거쳐 서승조에게 돌아갔을 것이다. 무코야마 고손으로부터 건너간 것이라고 상상해본다.

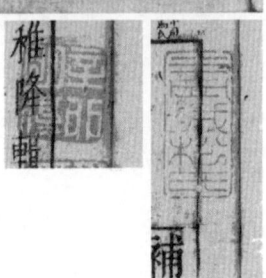

도126 松崎慊堂가 소장하였던 『史記評林』. 松崎慊堂의 인기印記 '益城松氏'·'辛卯明復' 등이 보인다. 난외의 교감은 그의 자필이다.

메이지 시대 초기의 일본 서지학계

어떻든 메이지 시대 초기는 마쓰자키 고도를 비롯하여 시브에 추사이澁江抽齋, 그리고 고지마小嶋 가계나 다키多紀 가계, 이자와伊澤 가계라고 하는 막부 말기 서지학에 대한 깊은 조예로 일세를 풍미하였던 의학자의 후손들이 세상을 떠나가는 시대이었다. 따라서 모리 다쓰유키 홀로 유로遺老로서 이들 서지학자가 소장하였거나 간과하였던 선본의 행방을 알고 있는 정도이었으며, 무코야마 고손 등과 같이 서지학자라기보다는 장서가가 활약하였다.

일본의 한적漢籍 선본은 다음에 활약하는 시마다 고손島田篁邨(1838~1898)이나 다케조에 세세竹添井井(1843~1917) 등의 학자를 기다리고 있는 시대이었다. 이러한 상황을 살펴볼 때 서승조가 일본에 와서 서적을 수집한 것은 양 씨도 마찬가지이지만 서적에게 있어서도, 또 그들에게 있어서도 의미 깊은 것이었다고 할 수 있다.

이처럼 일본에서 중국으로 돌아간 당본唐本의 전체상을 파악하는 도정은 단지 일중교류사라는 테마뿐만 아니라 서적 집산의 역사가 다시 쓰여지게 할 정도로 폭이 넓다고 생각된다. 그와 관련하여, 만일 서고 안의 책을 열람할 수 있다면 이와 같은 유전의 실태를 더 많이 만날 수 있을 터인데, 그것이 불가능하다고 생각하면 실망감에 어찌할 수 없는 상태가 된다.

이제부터 서지학이 어떻게 이 문제와 부딪혀갈까? 되풀이해서 말하지만 나는 여기에 서지학의 미래가 있다고 생각된다.

7) 징저우荊州 톈우자오田吳炤의 서적 구입 - 푸허우伏侯가 일본에서 정력적으로 모은 것

또 이러한 일도 있다.

장쑤성江蘇省의 쑤저우도서관蘇州圖書館은 강남 서적의 중심지답게 사본寫本이나 지방문헌 등 토지에 근거하는 장서가 풍부하다. 쑤저우도서관이 소장하고 있는 선본 가운데 뛰어난 것으로는, 폐품으로부터 발견되었다고 하는 명말 급고각汲古閣의 영송초본影宋鈔本(毛鈔) 『효경孝經·논어論語·맹자음의孟子音義』와 1978년 6천 원으로 구입하였다고 하는 송·가정嘉定5년(1212) 간본 『용재수필容齋隨筆』을 이 도서관이 소장하고 있는 쌍벽으로 들 수 있을 것이다.

그런데, 이번에 앞에서 얘기한 푸단復旦대학 천정홍陳正宏 교수(169쪽 참조)의 안내로 이 『용재수필』을 열람할 수 있는 기회를 얻었다. 이 책은 이미 『사부총간四部叢刊』에 영인 수록되었기에 일찍이 그 존재 가치는 알려져 있었는데, 새삼스럽게 종이의 질과 자양字樣, 필적의 박력에 압도되었다. 이 책이야말로 장시江西 지방에서 간행된 책 중 상등품이라고 할 수 있다

또 이 『용재수필』에는 '鞠山文庫'라는 일본인의 인기印記가 날인되어 있어서, 일본 전래본인 것을 알 수 있다. 『사부총간』의 영인본에도 이 인기가 있지만 사진으로는 일본의 것인지 어떠한지 판단을 내릴 수 없는데, 원본을 보면 분명히 일본의 인기인 것을 일목요연하게 알 수 있다. 이와 같은 극상품이 일본에 건너간 것은 무로마치 시대 이전일 것이며, 그 이상은 유래를 분명히 밝힐 수 없는데, 어떻든 일본의 사원에 오래 소장되어 있었던 것으로 생각된다.

그리고 이 책은 양 씨도, 서 씨도 아닌, 서 씨보다 십여 년 늦게 일본에 건너간 톈우자오田吳炤가 중국으로 가지고 간 것이다.

톈우자오田吳炤의 책 수집 활동

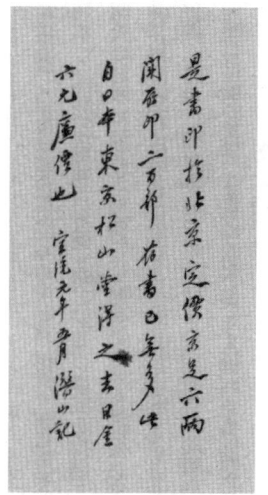

도127 宣統1년(1909)『邵亭知見傳本書目』에 기록된 田吳炤의 지어識語(이 책을 東京 松山堂에서 입수한 경위를 기록하였다)

톈우자오는 자가 푸허우伏侯이고, 일본과 구미 방문 후에 일본 유학생 감독이 되었다. 이『용재수필』에 날인되어 있는 인기 '전위의 후손(田偉後裔)'[71]·'첸산의 책이다(潛山讀本)'[72]·'박고당의 후손이 소장한 선본(後博古堂所藏善本)'[73]·'푸허우가 일본에서 열정적으로 모은 것(伏侯在東精力所聚)' 등이 그 사실을 말해주고 있다.

톈우자오는 일본에서 책을 수집하면서 미담을 남기고 있다. 쇼와昭和35년(1960) 간행된『즈쇼료텐세키가이다이圖書寮典籍解題』에 실려 있는 얘기이다. 당의 공영달孔穎達이 저술한『오경정의五經正義』는 원래 단행본으로 전해지는데, 송대에 당 이전의 주석까지 함께 간행한 소위 합각본이 유행하였다. 그것을 주소본注疏本이라고 하는데, 단소본單疏本은 대륙에

---

[71] 전위田偉는 송대 징저우荊州(지금의 후베이성)의 전田 씨로서, 송대의 저명한 장서가이고, 그 장서루는 박고당博古堂이다.
[72] 첸산潛山은 톈우자오田吳炤의 호이다.
[73] '박고당博古堂'은 톈우자오田吳炤의 선조인 전위田偉의 장서루이다.

서는 일찍이 사라져버렸고, 일본에서 고본孤本으로서 전해왔다. 그러나 『오경』 가운데 『춘추春秋』는 전해지지 않아서, 에도 시대 분카文化 연간에 곤도 모리시게近藤守重(1771~1829)[74]가 히타치노쿠니常陸國 쇼조지正宗寺에 전해지는 『춘추春秋』의 단소본單疏本을 서사書寫하였다. 그리고 나중에 이 서사본은 구나이쇼宮內省에 보관되었는데, 아깝게도 제8·제9의 2책이 결락되었다.

그런데 메이지 43년(宣統2년, 1910), 톈우자오 씨는 우연히 서점에서 손에 넣은 이 2책을 구나이쇼에 기증하여, 이 책은 다시 완벽해졌다. 그러나 쇼조지正宗寺의 원본은 불에 타버리고, 이 사본만 남아 있으며, 지금은 쇼조지본 『춘추정의春秋正義』로서 귀하게 여겨지고 있다.

『용재수필』에 일본인이 메모한 것

다시 『용재수필』에 대한 이야기로 돌아가자. 『용재수필』의 원본을 보고난 뒤 곤란한 일이 생겼다. 원본에는 일찍이 일본인이 써넣은 메모가 있었다. 훈점 및 지면 윗부분의 메모인데, 일반적으로 이러한 메모는 전해 내려오는 중요한 족적을 나타내는 일이 많다. 이 책의 경우 그렇게 오래된 메모라고는 생각되지 않았는데, 에도 시대에 송판에 메모를 써넣는 일은 그렇게 간단한 일이 아니다. 결국 그 메모의 내용을 자세히 밝힐 수 없었는데, 영인본인 『사부총간』본에서는 이 메모가 깨끗이 지워져있었기 때문에, 한정된 시간 안에 원본을 조사

---

[74] 곤도 모리시게近藤守重: 이름은 주조重藏, 모리시게守重는 휘諱이고, 호는 세사이正齋이다. 文化5년 쇼모쓰후교書物奉行가 되었으며, 저서로는 『세사이쇼자쿠코正齋書籍考』가 있다.

하여도 뜻을 이룰 수 없었다.

『사부총간』을 담당한 장위안지張元濟는 『함분루신여서록涵芬樓燼餘書錄』에 수록된 책 중의 하나인 송간본 『남화진경南華眞經』(현재 국가도서관 소장)에 대하여 다음과 같이 말하였다. 즉, 이 책은 일본으로부터 돌아온 것인데, 행간에는 일본인에 의한 가타카나로 된 메모가 쓰여 있으니, 이것은 진실로 책에 상처를 내는 것이라고 하였다. 중국인의 입장에서는 그러할지도 모르겠다. 그러나 오랜 역사를 지닌 서적일수록 그 수용과 유전의 실체를 나타내주는 흔적을 없애버리는 것은 결코 바람직한 일이 아닌 것처럼 생각된다.

다만 현대에는 그러한 행동은 하지 않는데, 가령 『고일총서삼편古逸叢書三編』(中華書局, 1986)에 영인 수록된, 양수경이 일본에서 가져간 송판 『상서주소尙書注疏』('楊星吾東瀛所得秘笈'이라는 인기가 있다)는 일본인의 훈점 메모를 원래대로 남겨놓고 촬영하고 있다.

메모의 연대 추정

메모의 연대를 추정하고 내용을 세밀하게 조사하여 밝히기 위해서는 원본을 열람하고 조사할 필요가 있다. 그것이 허락되지 않는 한 그 수용 상황의 참다운 가치를 설명할 수 없으니, 옛 사람이 서적에 불어넣은 호흡을 영원히 동결시켜버리게 된다.

그러나 이 문제는 미래에 있어서도 넘어설 수 없는 서지학의 한계일지도 모른다.

4. 고적古籍의 유통사 연구와 고적 보사普査

1) 고적의 유통사 – 장서인藏書印의 기능

제Ⅱ부 '서적의 생애'에서도 기술하였듯이 서적은 여행하여 이국에 머물거나, 혹은 조국으로 돌아가기도 하며, 현재에 이르기까지의 경로는 다양하다. 그 족적을 만약 유통流通이라는 말로 표현한다면, 개개의 서적에는 유통의 역사가 있으며, 서적 전체 유통의 개략을 정리하여 파악하는 것은 서지학 달성의 중요한 일부분을 차지하는 것이다.

고적古籍, 즉 고서적의 유통이라는 이름을 사용한 연구는 과거에도 이루어졌는데, 그것은 중국과 외국의 문헌교류이거나, 그렇지 않으면 사회현상으로서의 서적 수용을 물적 유통의 관점에서 고찰하는 것으로, 나의 관심과는 약간 거리가 있다.

또 장서라는 관점으로부터는 장서사의 연구, 장서인藏書印으로부터 살피는 장서자藏書者의 의식, 또 장서인 그 자체에 대한 연구 등 그 연구는 빈틈없다고 할 수 있을 정도이다. 그러나 가령 여기 저기 흩어져있는 양수경이 중국에 가지고 돌아간 서적과 같이, 구장서 복원의 문제에 이르면 그리 간단하지 않다. 이 문제를 위해서는 어떤 서적에 어떤 인기가 날인되어 있는지를 상세히 조사하지 않으면 안 되며, 고서적의 판본 감정도 당연히 관련되고, 현재에 이르기까지의 고서적을 둘러싼 정치의 흐름도 이해하지 않으면 안 된다. 앞 단에서 기술한 본문에 써넣은 메모가 있을 경우, 장서인과의 관련성을 추구하게 되면 사정은 더욱 복잡해진다.

일찍이 타이완 중앙도서관이 『국립중앙도서관선본제발진적國立中央圖書館善本題跋眞跡』(1982)을 영인 출판하였는데, 이 책의 목적은 저명학자의 제발題跋을 사진으로 보여주는 것이다. 획기적인 기획으로서, 다행히도 명인이 쓴 제발이 있는 서적 권두卷頭의 서영書影도 수록하였기 때문에, 권두의 장서인이 잘 보여서 그 책이 유전된 역사를 잘 알 수 있다는 부산물도 얻을 수 있었다.

중요한 인기印記의 정보

즉 장서인은 누가 어떤 목적과 상황으로 수집한 서적인지를 나타내 주는 중요한 증거이므로, 장서인 그 자체의 가치와 함께 어느 책에 날인되어 있는가라는 정보가 그 인기印記의 가치를 한층 더 높여 준다고 할 수 있다. 선본 중의 선본을 대상으로 한, 서적 전체 페이지의 모습을 알 수 있는 영인이나 디지털 화상이 존재하는 것은 그렇다 하더라도, 팽대한 분량의 보통 서적에 이르면 그 인기의 정보를 수집하는 것은 보통 일이 아니다.

2004년 중국국가도서관이 보통 선장본線裝本 170만 책으로부터 1,843종을 선정하여 2,671페이지의 서영書影을 첨부하여, 『국가도서관고적장서인선편國家圖書館古籍藏書印選編』(線裝書局)을 출판하였다. 이 책은 바로 어느 책에 어떤 장서인이 어떻게 날인되어 있는지를 보여주는 귀중한 서영이라고 할 수 있다.

가령 이와 같은 일도 있다. 앞에서 기술한 서승조가 일본에서 가지고 간 중산中山대학의 『오조명신언행록五朝名臣言行錄』(240쪽 참조)에는 '延古堂李氏珍藏'이라고 날인되어 있다. 이것만으로는 아무것도 알 수 없다. 그러나 『국가도서관고적장서인선편』을 펼쳐보니, 명간본

『모시정전毛詩鄭箋』에 이것과 같은 장서인이 날인되어 있는 것을 알 수 있었다(도128). 연고당延古堂 이 씨(텐진天津의 명가로서 지금도 이 씨 장경각藏經閣이 남아있다)가 어떤 장서를 자랑스럽게 여기었는지 이 일부분으로부터 충분히 실감할 수 있다.

참으로 고마운 참고서이다.

구전에 의한 유전流傳의 증거

도128 중앙에 『五朝名臣言行錄』과 같은 '延古堂李氏珍藏'이라는 인기가 있다.

그러나 장서인이 유전의 유력한 증거가 될 수 없는 경우도 있다. 그것은 책에 장서인이 없는 경우도 있기 때문이다. 그래서 책의 전래를 눈으로 보아 알고 있는 사람의 구전에 의지하는 일도 있다. 중국국가도서관의 초특급 선본의 일부를 이루고 있는 상무인서관商務印書館의 함분루涵芬樓 장서는 그 상당부분을 저장浙江의 재벌이었던 장루짜오蔣汝藻(1877~1954)의 밀운루密韻樓로부터 이어받고 있다. 그러나 이 사실도 이제는 주지하는 일이 될 수 없다.

밀운루는 전서당傳書堂이라고도 하는데, 송·원판이 200부에 가까운 높은 질을 자랑하였다고 한다. 장 씨와 동향인 왕궈웨이王國維(1877~1927)가 그 장서목록 『전서당장선본서지傳書堂藏善本書志』(158~159쪽 참조)를 편찬하였다. 이 책은 출판되는 일 없이 초본鈔本으로 전해졌으며, 1974년 타이완예문인서관臺灣藝文印書館이 영인하였다.

그리고 함분루 장서의 어느 책이 이 밀운루로부터 왔는지에 대해서는, 그 경위를 잘 알고 있는 후원카이胡文楷(1901~1988)라는 학자가 기록하였으며, 이후 그것을 구팅룽顧廷龍 선생이 필사하였다. 즉, 구팅룽 선생의 메모에 의하여 함분루 장서의 전래를 분명히 알 수 있게 된 것이다.

육심원陸心源 벽송루皕宋樓 장서의 원류

청말 4대 장서가의 하나인 육심원陸心源(1834~1894)의 벽송루皕宋樓·수선각守先閣의 장서는 현재 일본의 세카도靜嘉堂문고에 소장된 것으로 유명한데, 이 장서의 선본 원류는 상하이의 자산가 욱송년郁松年의 구장서이다. 욱송년의 장서 수십만 권은 의가당宜稼堂이라고 불리는 장서루에 보관되었는데, 그가 세상을 뜬 후 장서가 흩어졌을 때 해원각海源閣·철금동검루鐵琴銅劍樓 등 4대 장서가가 다투어 사들였다.

그러나 육심원이 책을 사러 달려간 것은 의외로 알려지지 않았다. 실은 욱송년의 책이 흩어지게 되었다는 얘기를 듣고 재빨리 달려간 것은 육심원이었다. 욱 씨의 집에 그 장서목록인 '의가당서목宜稼堂書目'의 초본이 있어서, 육심원은 이것을 보고 구입한 것 같다. 그 초본은 시마다 간島田翰이 손에 넣었고, 나중에 도쿄에서 푸쩡샹傅增湘이 입수하였다. 이로써 벽송루 장서의 원류가 상당히 밝혀지게 되었다.

이러한 예는 특수한 것인데, 이와 같이 서적 유통의 역사는 몇 개의 수단에 의하여 복원 재구축할 수 있다. 그러나 역시 장서인藏書印과의 만남이 가장 확실하고, 가까운 곳에 있는 방법인 것은 틀림없다.

2) 고적의 보사普查(1) - 광대한 시야

2007년 8월, 중국 문화부는 각 성, 자치구, 직할시의 문화청 등에 중요한 통지를 보내었다. 그것은 '전국고적보호공작전가위원회全國古籍保護工作專家委員會'를 민든다는 것이었디. 그래서 국기고적보호國家古籍保護센터라는 기구를 새로 설치하고, 고적보호규격古籍保護規格과 보사공작방안普查工作方案을 제정하여, 진귀한 고적(고서적)의 급수, 즉 선본의 등급을 정하고, 보존·파손의 등급도 정하여서, 전국고적중점보호단위全國古籍重點保護單位를 평가 감독한다는 것이다. 그 위원은 문헌에 상세한 전국의 대가 수십 명인데, 그들은 또 "고적 보호 사업을 사랑하고 원칙을 견지하며, 과학적이고 근엄하며 실사구시의 태도를 지녀서, 협조 단결할 수 있는 양호한 직업 도덕을 지닌" 사람이다.

'고적정급표준古籍定級標准'이란?

그리고 그 해부터 시험적으로 전국고적보사공작全國古籍普查工作이 시작되었다. 그것을 위해서는 우선 '고적보사규범古籍普查規範'·'고적정급표준古籍定級標准'·'고적 수복기술 규범과 질량 요구(古籍修復技術規範與質量要求)'·'고적특장파손정급표준古籍特藏破損定級標准'·'도서관고적특장서고기본요구圖書館古籍特藏書庫基本要求'를 작성할 필요가 있었다. 2006년부터 2008년에 걸쳐서 이것들이 차례로 정비 공포되었다. 이러한 기준 작성을 하는 한편 고서적의 등급에 응한 『국가진귀고적명록國家珍貴古籍名錄』・『전국고적중점보호단위명록全國古籍重點保護單位名錄』을 각 성별로 나누어 공표하기 시작하였다.

'고적정급표준'은 고전적의 기본 술어를 해설하고, 가치판단기준의 1급부터 4급까지의 등급 내용을 설명한다. 이것은 충분히 서지학 사전이라고 할 수 있는 것이다. 가령 '고적古籍'의 정의는 "1912년 이전에 서사 혹은 인쇄된 중국 고대의 서적을 가리키며, 중국 고전의 장정 형식을 갖춘 것"이라고 한다. '판본版本'은 "서사 또는 인쇄된 전본傳本, 또 서사와 인쇄의 형식, 내용의 수정, 존재하는 것과 없는 것, 인기印記, 비교批校, 제지題識 등도 가리킨다"라고 하며, '선본善本'은 "역사・학술・예술적으로 가치 있는 것, 특히 시대가 오래되고 희귀한 것, 또 교감, 초사鈔寫, 각인刻印이 정치한 것"이라고 하는 등이다.

1급 고적이란 어떤 것인가? 그것은 갑을병의 3등급으로 세분되며, 갑은 북송 및 북송 이전(중국에서 이전이라고 할 때 그 자체는 포함되지 않는다)・료遼・서하西夏의 각본刻本・초본鈔本, 을은 원대 및 그 이전・남송・금・몽고기의 각본과 초본, 병은 명청 시기 명가名家의 고본稿本, 비고제발본批稿題跋本, 조정의 대형 편찬물의 원본, 명대 및 그 이전의 동활자인본・목활자인본・투인본套印本・두판飯版・공화인拱花印, 또 특수한 기법의 인쇄・초본鈔本, 특수한 장정裝幀의 것, 청대의 자판磁版・니활자인본, 이라고 분류된다.

파손의 등급도 1급 파손은 산화가 PH4 이하라든가, 벌레 먹은 면적이 전체의 8할 이상이라든가, 5급까지 다양한 항목을 두어서 분류한다. 또 특장서고特藏書庫에 대한 기본적인 요구는, '특장特藏'을 특수한 형식과 내용을 구비한 문헌이라고 정의하고, 건축의 설계, 온도와 습도, 조명, 공기, 내화耐火, 내진耐震, 방충의 기준을 자세하게 정한다. 수복修復에는 재료·기법의 규정을 제시하고, 실제 수복된 것에 대해서는 '우수'에서 '불합격'까지 4단계로 평가하는 것이다.

『중화고적총목中華古籍總目』을 향한 축적

이와 같은 판단 기준을 자세히 정하고, 각 성에서 그 기준을 이해하는 인원을 교육하여, 감정능력의 향상을 위하여 노력함으로써, 각 도서관에 조사원을 배치한다. 그리고 정해진 양식에 의하여 조사서를 작성하여, 각 성에 설치된 고적보호센터에 제출한다. 그곳에서 기준을 따르고 있는지를 판단·점검하여, 결과가 좋으면 그 데이터를 국가보호센터로 보내어, 최종적인 확인을 받는다. 완성된 데이터는 축적되어서 『중화고적총목』의 항목으로 올라가는 것이다.

이와 같은 작업은 이미 국가도서관을 비롯한 57개 도서관에서 시도되어, 그 결과 확보된 정보에 의하여 『중화고적총목편목규칙中華古籍總目編目規則』이 2009년 10월 내부에서 검토되고 있다.

광대한 보사普査 사업

이 전국 규모로 행해지는 모든 고적에 대한 조사 작업은 지금 '고적보사古籍普査'라고 불리며, 문화부가 가장 힘을 기울이고 있는 사업으로서 내외의 주목을 받고 있다. 앞에서 기술한 『중국고적선본서목中國古籍善本書目』(7쪽 참조) 사업을 보통 책(이 규칙에서는 보본普本이라고 간칭한다)에까지 더욱 확대시켜, 정보량의 압도적 증가 및 데이터

입력에 의한 세계적 네트워크 형성을 시야에 넣고 공전의 대사업으로 발전시켰다. '중화재조선본中華再造善本'과 나란히 하는 위업이 되고자 나아가고 있다. 지금 대륙의 어느 도서관을 방문하여도 이 작업에 열중하고 있는 관원의 모습을 볼 수 있다. 이 광경을 볼 때마다 중국 고적古籍 문화의 역사와 무게를 새삼스럽게 자랑하고 있는 듯한 느낌을 받는다. 도대체 중국 외의 어느 나라가 이러한 대사업을 진행시킬 수 있을 것인가? 이 대담한 기획과 행동력에는 그저 놀랄 뿐이다.

동시에 서지학의 미래는 밝은 것이라고 확신할 수 있다.

3) 고적의 보사(2) - 상세한 신원 조사

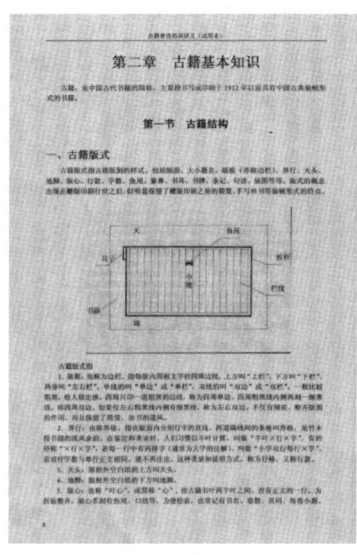

도129 고적보사古籍普査의 전국 연수회에서 사용된 텍스트의 일부

고적보사의 목적은 총체적 파악과 함께 보존 상태의 파악을 통하여 고적 보호사업의 근간을 명확히 하는 것, 그리고 고적 감정의 인재를 육성하는 것이다. 이러한 것은 서적 문화의 유산을 영원히 계승해가는 데에 있어서 불가결의 요소라고 할 수 있다. 인재 육성을 위한 연수(도129)도 이미 수십 회에 이르렀으며, 참가인원은 2천 명을 넘는 기세라고 한다.『중화고적총목분성권中華古籍總目分省卷』이 차례차례 간행되는 것은 시간의 문제일 것이다. 그 중에서도

『국가진귀고적명록國家珍貴古籍名錄』의 선정은 신속히 진행되고 있어서, 각 성에서는 여기에 자신이 속한 성의 선본이 얼마나 선정될 것인지를 경쟁하는 풍조가 나타날 정도이다.

또 문물국文物局은 전국의 역사적 유적 등에 대하여 중점보호단위로 지정하여 성급이나 시급의 등급을 넘어서는 국가의 보존기관을 설정하고 있는데, 이번에 이와 똑같은 제도를 고적에도 적용하여, 전국고적중점보호단위(선본을 많이 소장하고 있는 기관)를 정하게 되었다.

보사공작의 실제

그러면 그 보사공작은 어떻게 진행되고 있는 것일까? 조사원은 우선 고적의 외형, 판본, 장정, 분류를 터득하고 있지 않으면 안 된다. 이러한 목적을 위해 필요한 참고서의 리스트가 담긴 수첩이 배부되었다. 이 참고서는 중국 모든 도서관의 고적부에 상비되어 있으며, 어느 도서관의 것도 손때 투성이어서 그 팽대한 사용 빈도수를 나타내주고 있다.

판본의 감정은 풍부한 경험을 필요로 하는 것이지만, 인쇄·서사의 연대 추정이나 출판지, 또 고본稿本이나 전초본傳鈔本의 식별 등을 매뉴얼에 정해진 방법에 의하여 경험이 별로 없는 사람도 어느 정도 판단하지 않으면 안 된다. 이러한 훈련이 드디어 결실을 맺게 된다는 것은 제1부에서 기술하였다. 곤란하다는 말만 하고 있을 수는 없는 것이다.

이러한 감정을 할 때 영인이나 도록, 서영書影과 같은 것이 얼마나 쓸모가 있는지, 그 효용은 이루 헤아릴 수 없다는 것도 이미 기술하였다. 영인사업을 카피의 덤핑인 것처럼 비난하는 경향도 있다. 일리는 있지만, 서지학에 있어서 그것은 가뭄에 대지를 적셔주는 은혜로운 비와 같은 것이라고도 할 수 있다.

드디어 판본등기版本登記라는 작업에 들어가게 된다. 요컨대 고적의 정보를 정해진 서식의 화면에 입력해가는 작업이다. 제1표의 기본 상황은, 분류·서명 저자·판본·판식版式·장정裝訂·채방采訪·명록名錄, 제2표는 그 밖의 서명, 제3표는 자목표子目表, 제4표는 편목표篇目表, 제5표는 부건표附件表, 제6표는 각공표刻工表, 제7표는 비교제발표批校題跋表, 제8표는 영인표鈐印表라는 순서로 진행해간다. 각 항목의 상세한 부분에 대해서는 모두 기술할 수 없지만, 제8의 항목에 대하여 살펴보자. 이것은 장서인의 조사이다.

장서인의 조사

장서인의 요소를 6종의 항목으로 세분하여, 인印의 석문釋文, 소유자의 조대朝代, 소유자의 성명, 인문印文의 유형(음각·양각), 인의 형상(종장縱長이나 횡장橫長 등의 모양), 인장의 위치를 각각 확인한다. 석문은 가장 곤란한 항목이다. 전서篆書가 기본인데, 너무나도 변화가 많기 때문이다. 장서인은 거의 명대나 청대의 것이다. 저명한 장서가는 곧 알 수 있지만, 그렇지 않은 사람의 것은 판단하기 어렵다. 인문이 같아도 크기가 다양하며, 음각과 양각의 구별도 있다. 이것은 앞에서도 기술하였지만 장서인을 날인하는 데에는 그 장소에 순서가 있다. 이러한 정보를 종합하면 그 장서인이 신용할만한 것인가 위조인가, 어떤 순서로 소장되었는가, 등의 중요한 사실을 알 수 있다.

앞에서 기술한 선본의 등급을 정하는 요소에 장서인의 항목은 들어

있지 않으며, 장서인과 제발題跋이나 비교批校가 겹쳤을 때 비로소 장서인이 부상하는 것이다. 역으로 말하자면, 보통 서적 가운데에도 명가의 장서인이 날인된 것이 다수 존재할 가능성이 있는 것이다. 확실히 장서가는 어디까지가 저명한 장서가인가에 대해서 말하기로 하면 그 기준은 애매한 것이 되어버린다.

보사와 고적의 이력履歷

그러나 보사 덕분에 모든 고적에 날인된 인장의 정보를 획득할 수 있게 되면, 고적 전체 유전流傳의 역사가 분명해질 것이다. 양수경이 소장하였던 장서에 대한 종합적 실태 파악도 꿈이 아닌 것이다. 각각의 고적에 대하여 이만큼 자세하게 정보가 분명해진다는 것은 사람과 마찬가지로 서적의 호적이 정리된다는 것이며, 영인표鈴印表는 바로 이력서가 되는 셈이다. 물론 이 작업에는 앞으로 여러 가지 난관이 도래할 것이지만, 이전과 같은 전화나 재난이 없는 한 중국의 고적 보호사업은 무서울 정도의 성과를 올릴 것이다. 바로 유향劉向 이래의 문헌학이 면면히 계승되어 가고 있다는 증명이 되어 줄 것이다. 일본 고래의 한자 문화는 중국으로부터 배운 것이니, 서지학도 또 겸허하게 중국 문헌학을 배워 의지해야 할 것이다. 그리고 이러한 융화야말로 서지학의 미래에 있어서 커다란 힘이 되어 줄 것이다.

5. 서지학의 실현 - 총체와 상세함

1) 서지학의 실현 - 총체와 상세함

젊고 혈기왕성할 때에는 모든 서적을 훑어보고 판본에 정통하고자 하는 큰 뜻을 품었는데, 경험을 쌓아가면서 그러한 일은 불가능하다는 것을 알게 되었다. 일찍이 청대인 시문집의 판본 목록을 만들려고 하였는데, 무리한 일이라고 생각하였다. 그러나 커위춘柯愈春의 『청인시문집총목제요淸人詩文集總目提要』(北京古籍出版社, 2001) 등도 나왔으며, 장위안지張元濟에게 사사한 산둥山東대학의 왕사오청王紹曾은 『청사고예문지습유淸史稿藝文志拾遺』(中華書局, 2000)를 출판하였고, 왕 씨의 제자 두쩌쉰杜澤遜 선생이 지금 『전국청인문집총목全國淸人文集總目』을 편찬하고 있다.

또 『사고전서』에는 본문은 없고 목록의 저록만으로 그치는 것이 많다. 그것을 '존목存目'이라고 한다. 따라서 그것들의 텍스트를 다시 한 번 찾아볼 필요가 있다. 구팅룽顧廷龍 선생은 이 문제에 대하여 강조하였으며, 나도 이전부터 염두에 두고 있었지만 대단히 무리한 일이라고 생각하였다. 그러나 구팅룽 선생이 주편이 되어 팽대한 『사고전서존목총서四庫全書存目叢書』(齊魯書社, 1995~1997)가 완성되었다. 두쩌쉰 선생은 『사고전서』의 존목 해설에 판본 주석을 더하여, 『사고존목표주四庫存目標注』(上海古籍出版社, 2007)를 출판하였다. 놀랍게도 꿈이 척척 실현되어 가는 것이다.

서지학을 추진하는 목록

땀을 비 오듯 흘리면서 정력적으로 수집하였던 서적에도 점점 싫증이 나기 시작하고, 정열도 시들해지게 된다. 이것은 즉 서적의 무게에 눌려서 찌브러지게 되었다는 것에 다름 아니다. 그러한 때 에너지를 공급해주는 것은 '목록'이다. 전단에서 기술한 바와 같은 세밀한 작업이 1~2행의 저록에 집약되어서, 그것이 전체 가운데 의미를 지니게 되기 때문이다. 그것은 역사상 저명한 목록(「藝文志」나 內府 목록)이나 장서가의 목록(『鐵琴銅劍樓藏書目錄』등)뿐만 아니라, 고서점이나 서적 경매의 목록에도 해당되는 이야기이다.

가령 유리창琉璃廠의 『내훈각서목來薰閣書目』 등은 얼마나 많은 정보를 환기시켜주는지 헤아릴 수 없다. 민국18년(1929)의 제1기를 살펴보면, '유리판琉璃版'(캘러타이프)·'월각粤刻'(廣東刊)·'민각閩刻'(福建刊)·'통행본通行本'(유포본)·'죽지竹紙'·'백지白紙'·'면지綿紙'·'원간原刊'·'중간重刊'·'국간局刊'(書局刊) 등 학습한 서지학 용어가 눈에 들어온다. 그러면 실제로 목록을 읽어가면서 실물을 상상하는 일이 가능하다. "五經 怡府巾箱本 開化榜紙 二八本"이라고 되어 있으면, 건륭제의 종형제에 해당되는 장서가 이친왕怡親王 홍효弘曉의 것이며, '안락당安樂堂'이라는 장서인이 날인되어 있을 것이다. 또한 장정이 아름다운 소형본(巾箱)으로 질이 좋은 하얀 종이(開化榜紙)로 인쇄되어 있다. 이 인쇄용지는 청대 중기 것으로 보이니, 이 책은 홍효와 같은 시기의 판본이 아닐까라고 상상하는 것이다. 여기에 서지학의 참다운 맛이 있다.

일본의 목록에 보이는 귀중본

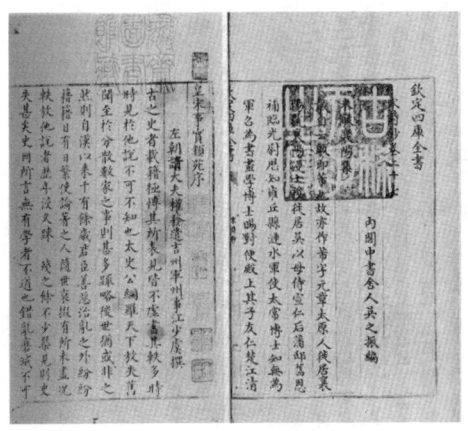

도130 『四庫全書』宋詩鈔, '古稀天子之寶'의 인기가 있다.

일본으로 눈을 돌려보자. 쇼와40년(1965)의 어떤 목록에 "永樂大典 卷一四四六二·一四六二二·一四六二七精鈔"라고 되어 있다. 앞에서 기술한 베이징도서관출판사의 현존본 영인에는 포함되어 있지 않은 것이다 (200쪽 참조). 이러한 것이 있으리라고는 생각지도 못했다. 도대체 어디에 있던 것일까? 쇼와33년(1958)의 어떤 목록에는 "四庫全書·宋詩鈔卷二七·二八"이라고 되어 있다. '古稀天子之寶'라고 날인되어 있으니, 문란각본文瀾閣本일 것이다(도130). 쇼와47년(1972)의 어떤 목록에는 "廣韻 宋版 初印美本 五冊"이라고 되어 있다. 도판으로는 송말원초의 것으로 보인다. 놀랍게도 이것은 유명한 닛코산日光山 린노지輪王寺 지겐도慈眼堂의 경루經樓에 소장되어 있던 것과 같은 판본으로 나가사와 기쿠야長澤規矩也가 '금간본金刊本'이라고 판정한 것이다. 지금도 어딘가에 소장되어 있을 것이다. 다소 시들해진 정열도 이러한 정보를 접하면 갑자기 되살아나는 것 같다.

쇼와37년(1962)의 목록을 보면, "皇宋事實類苑六三卷 明鈔本 黃氏士禮居·汪士鐘舊藏本 二四冊"이라고 되어 있다(도131). 이것은 송대 강소우江少虞가 편찬한 잡기雜記로서, 송판이 있었는데 없어져버렸다.

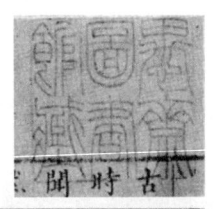
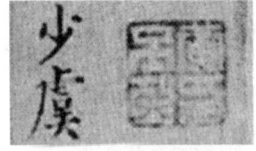

도131 『皇宋事實類苑』, 윗부분에 '愚齋圖書館藏', 아래에 '黃丕烈印'의 인이 보인다.

그 송판을 근거로 겐나元和7년(1621) 고미즈노오後水尾 천황이 동활자를 사용하여 출판한 소위 칙판勅版이 전해오는 것으로 유명한데, 중국에서는 초본鈔本만 전해온다. 『황조유원皇朝類苑』이라고도 하는데, 이것과 같은 서명의 것은 샤먼廈門대학도서관에 잔본이 있을 뿐이다. 그런데 이 목록에 실려 있는 것은 황비열黃丕烈과 그의 장서를 이어받은 왕사종汪士鐘의 구장서이므로, 그 가치는 한층 더 높다. 지금 어느 곳에 있을지 상상해본다. 또 이 책에는 저명한 실업가이며 장서가인 성선회盛宣懷(1844~1916)의 장서인 '愚齋圖書館藏'이 날인되어 있다. 우재愚齋 장서의 전모도 앞으로의 연구 과제이다. 그의 장서가 일본에 비교적 많이 전해지는 것도 그 이유의 하나이다.

황비열의 장서는 그 자체만으로도 귀중하다는 것을 기술하였지만 (26쪽 참조), 쇼와33년(1958)의 목록에 "盧文弨·黃丕烈手校 周禮注疏 蕘翁·復齋의 지어識語가 있다"라고 되어 있는데, 아직 보지 못한 것도 있다. 저명한 한학자 후지쓰카 린藤塚隣박사의 구장서라고 한다. 박사는 책을 사랑하는 사람으로서 정간精刊·정사본精寫本을 구비하고 있었다고 한다. 황비열의 『요포장서제지蕘圃藏書題識』에 발문이 수록된 것의 자필 원본일 가능성이 많다. 놀랄만한 것이다.

쇼와47년(1972)의 목록을 다시 한 번 보기로 하면, "文中子 明古活字版 養安院·楊守敬舊藏"이라고 되어 있다(도132). 현재 어딘가에 있을 것이다. 앞에서 기술한 요안인養安院의 것을 양수경이 수집한

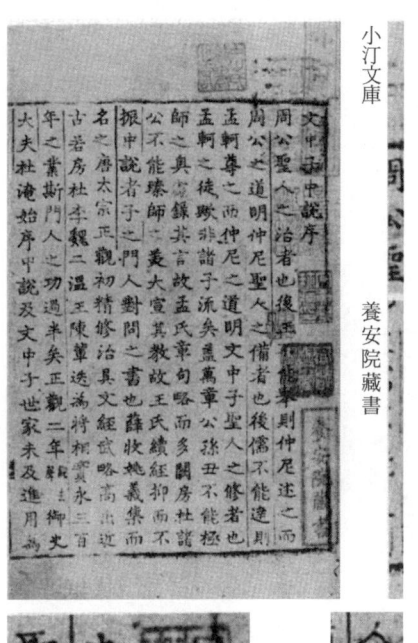

도132 『文中子』. '楊守敬印'·'星吾海外訪得秘笈'·'養安院藏書'·'向黃村珍藏印'·'小汀文庫' 등의 인기印記가 보인다.

것인데(229쪽 참조), 어찌된 영문인지 일본에 남아있는 것이다. 이 책은 아무래도 조선의 활자본으로 보인다. 나중에 동양사학자 나카야마 규시로 中山久四郎(1874~1961)의 손을 거쳐 경제평론가이자 장서가인 오바마 리토쿠小汀利得가 소장하였던 것이다.

이처럼 상하좌우 종횡무진으로 나타나는 고서적에 대하여 생각하면 생각할수록, 목록학은 판본이나 도서유통의 연구와 관련되어 있어서, 종합적인 사업과 돌발적인 발견, 그리고 상세한 조사를 기반으로 하여 의미 있게 발양되어가는 것임을 여실히 느낄 수 있다. 즉, 다양한 관심이 모여서 종합적인 사업으로 연결되어갈 것이다.

2) 서지학의 미래 - 독서와 교감

옛날에 아직 고전의 정본이 정해지지 않았을 때 한 사람이 '本'을 가지고 있고, 다른 한 사람이 '書'를 읽으며(131쪽 참조), 서로 원망하듯이 마주 앉아서 텍스트를 비교하고 정본定本을 만들었다고 한다.

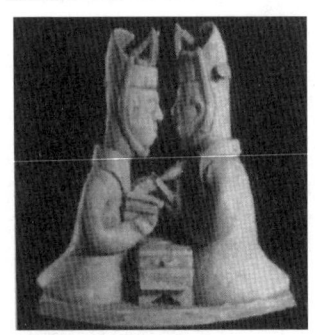

도133 校讎(西晉俑)

'교수校讎'라는 말이 생겨나게 된 까닭인데(도133), 한의 유향劉向이 그렇게 이름 붙였다고 한다. '書'를 읽으며, 다른 책과 비교하여 오자를 수정하는 것, 이것이 원래 문헌학의 시작이며 전통이라고 해도 과언이 아니다. 왜냐하면, 시대가 뒤로 갈수록 문자의 오류가 커다란 사건으로 발전해버리는 사례가 예를 들 수 없을 정도로 많기 때문이다.

문자가 불러일으키는 오해

『한비자韓非子』(외저설좌상外儲說左上)에 있는 이야기이다. 옛날에 영郢(초나라의 수도)에 사는 사람이 연燕의 재상에게 편지를 쓸 때, 밤이었기에 어두워서 "촛불을 들어라(擧燭)"라고 하인에게 말하였는데, 편지를 받아쓰던 사람이 그것을 편지의 내용이라고 생각하여 받아 적었다. 이 편지를 받아본 연의 재상은 이 '擧燭'이라는 두 글자를 보고 한바탕 연구한 뒤, 이것은 현명한 사람을 채용하라는 의미라고 해석하였으며, 그 결과 나라가 잘 다스려졌다고 한다. 문자에 본래와 다른 의미를 부여한 예이다.

『경전석문經典釋文』(당·육덕명陸德明)의 『장자음의莊子音義』(천하편天下編)에서 말하기를, 고대 정鄭나라 사람은 아직 연마하지 않은 옥을 '박璞'이라고 하였다. 또 주周나라 사람은 아직 말리지 않은 쥐를 똑같이 '박璞'이라고 하였다고 한다. 그래서, 주나라 사람이 "박 사세요"라고 팔러오자, 정나라의 상인이 잘됐다라고 생각하고, "주세요"라고 하였더니, 쥐가 튀어나와서 깜짝 놀랐다는 우스운 이야기가 있다. 위에서 예로 든 두 종류의 이야기는 청·완원阮元의 『경의술문經義述聞』(청·王引之)의 서문에 나오는 것으로, 옛 서적을 오해하는 것은 이와 같은 것이라고 한다.

이상한 이야기를 약간 부언하자면, 완원의 서문(『연경실집孹經室集』 수록)에는 "아직 말리지 않은 쥐(鼠未臘)"라고 되어 있으며, 송판 『장자음의莊子音義』에는 "말린 쥐(鼠臘)"라고 하여 '未'자가 없다. 또한 『후한서後漢書』(남조 송·범엽范曄)의 「응소전應劭傳」(권48)에는 "옛날에 정나라 사람은 말린 쥐를 박璞이라고 하였다"라고 하여, '주'가 '정'이 되어 있다. 이렇게 되면 신경이 쓰인다. 당대 이현李賢 등의 『후한서주後漢書注』에서도 이것을 고증하고 있다. 『후한서주』에 의하면, 『윤문자尹文子』의 예는 완원阮元의 설과 같으며, 『전국책戰國策』도 그와 마찬가지이다. 즉, 『후한서』의 예와는 상반된 의미로 사용되었다고 한다. 작은 일이라고 생각할지도 모르지만, 교감校勘은 이처럼 필요한 일이다.

백납본百衲本[75] 이십사사二十四史를 편찬한 장위안지張元濟의 『교사수필校史隨筆』에는 여러 가지 교감의 이야기가 실려 있다. 남조의 역사를 기록한 『남사南史』(당·李延壽) 「강필전江泌傳」에 의하면, 강필이 수레를 타고 염오두染烏頭라는 곳에 갔더니 한 노인이 있어서, 노인을 수레에 태우고 자신은 걸어서 '染烏頭'를 떠났다고 한다. 이 이야기를 들은 무제武帝는 강필을 남강왕자南康王子 림琳의 시독侍讀으로 채용하였다고 한다. 그런데 통행본에는 "스스로 걸어갔는데,

---

[75] 백납본百衲本: 서적의 출판용어로서, 각종의 많은 판본을 취사선택하여 만든 책.

梁武帝가 南康王子 琳의 侍讀으로 삼았다(躬自步去, 梁武帝以爲南康王子琳侍讀)"라고 되어 있어서, 무제武帝를 양무제梁武帝(재위 502~549)라고 하는데, 실은 "스스로 染을 떠났는데, 무제가……(自步去染, 武帝以爲……)"가 올바른 것이며, 여기에서 '染'은 '染烏頭'의 생략형으로, '染'과 '梁'의 두 글자가 비슷하여서 '染'이 '梁'으로 변해버렸고, 결국 남강왕자 림의 부친은 양의 무제가 되어버린 것이다. 원래 제齊의 무제武帝(재위 482~493)가 옳다. 실제로 명·청의 판본에는 '梁'으로 잘못 기재되어 있다. 송대에 각인한 미산眉山 칠사본七史本은 틀리지 않았다고 한다.

이러한 예는 교감의 필요성을 절실하게 나타내주는 것으로서, 교감은 한편으로는 독서인의 즐거움이었다고도 할 수 있겠다. 다만 문자의 정정訂正은 그렇게 간단한 일은 아니어서, 잘 모르면서 아는 체하게 되면 '아는 척하는 사람'이라고 비웃음을 당하게 되니, 충분히 조심할 필요가 있다.

교감의 효용

목록의 전통과 함께 교감의 방법도 연구되어 왔다. 목록의 역사·이론의 연구와 목록을 작성하는 실천, 교감의 역사·방법을 분석하는 연구와 교감의 실천, 이러한 것이 하나가 되어 하나의 커다란 학문을 형성하고 있다.

예더후이葉德輝의 『장서십약藏書十約』에서는 교감의 기능을 8종 들었는데, "고요한 생활을 하고 마음을 수양한다(習靜養心)", "번거로움을 없애고 욕심을 단절시킨다(除煩斷欲)", "긴 여름 날 졸음을 없앤다(長夏破睡)", "추운 겨울에 추위를 막는다(嚴冬禦寒)", "침식을 잊는다(廢寢忘餐)", "어려운 상황에서 쉽게 지낼 수 있다(難境易過)" 등으로, 마치 교감에 의하여 심신을 단련할 수 있다고 말하는 듯하다. 예더후이는 앞에서도 기술한 바와 같이 평범한 인물이 아니기에(46쪽 참조), 이러한 설도 수긍이 간다. 또 예더후이는 교감의 방법으로 '활교活校'와 '사교死校'가 있으며 각각의 방법을 실천한 학자가 있다는 것을 지적하고 있다. 즉, 황비열黃丕烈이나 고천리顧千里는 교감에 사용한 원서의 오류까지도 충실하게 남기고자 노력하였다고 한다. 황비열이 출판한 유명한『사례거총서士禮居叢書』는 그 실천의 성과로서, 황씨의 교본 비교는 이미 잃어버린 텍스트의 이동異同을 나타내주는 일도 있는데, 이것을 '사교死校'라고 한다. 또 다른 판본과의 교이校異를 거쳐서 오류를 정정하고, 옳은 것을 선택하여 교정하는 것을 '활교活校'라고 하며, 청대 노문초盧文弨나 손성연孫星衍의 방법이 이것이라고 하였다. 즉, 손성연의『평진관총서平津館叢書』에 나타난 것과 같은 성과이다. 나중에 이 두 학파가 다툼을 일으키는 일도 있었지만, 그 근원은 멀리 한대漢代에서 찾아볼 수 있다고 예더후이는 말한다.

서적에 담겨진 뜻

이와 같이 서지학은 독서를 위한 학문이어야 한다. 독서에 의하여 생겨나는 다양한 문제를 해결하는 학문이 되지 않으면 안 된다. 그러한 목적을 위해서는 '고요한 생활을 하고 마음을 수양한다(習靜養心)' 뿐만 아니라 서적을 여러 가지 각도로 정리해야 한다. 사람과 서적은 한 몸이며, 없어진 서적도, 선본도, 보통 책도 사람과 함께 동일한 씨름판 위에서 얘기되어 지는 것이다. 서지학은 단지 지식을 몸에 익혀서 서적에 대하여 자세히 알게 되는 학문이 아니며, 서적에 담겨진 여러 층의 뜻을 분명히 밝혀야할 미래를 짊어지고 있는 것이다.

參考文獻

■文獻學全般
杜澤遜,『文獻學槪要 修訂版』(中國語), 中華書局, 2008

■中國印刷史
米山寅太郎,『圖說中國印刷史』(日本語), 汲古書院, 2005
張秀民/韓琦增訂,『中國印刷史 挿圖珍藏增訂版』(中國語), 浙江古籍出版社, 2006

■版本學
毛春翔,『古書版本常談 挿圖增訂本』(中國語), 上海古籍出版社, 2002
陳先行,『古籍善本』(中國語), 台北: 貓頭鷹出版社, 2004
陳正宏·梁穎 編,『古籍印本鍵定槪說』(中國語), 上海辭書出版社, 2005
嚴佐之,『古籍版本學槪論』(中國語), 華東師範大學出版社, 2008
冀淑英/李文潔 挿圖,『冀淑英古籍善本十五講』(中國語), 固家圖書館出版社, 2009

■校勘學
倪其心/橋本秀美·鈴木かおり日本語譯,『校勘學講義』, すずさわ書店, 2003

■目錄學
張之洞/範奇曾 補正,『書目答問補正』(挿圖本·中國語), 廣陸書社, 2007
井波陵一,『知の座標 - 中國目錄學』(日本語), 白帝社, 2003
京都大學人文科學硏究所附屬漢字情報硏究センター 編,『漢籍目錄 - カードのとりかた』(日本語), 朋友書店, 二〇〇五

■藏書史

肖東發 主編,『藏書·中國』(「中國官府藏書」·「中國書院藏書」·「中國宗教藏書」·「中國私家藏書」)(中國語), 貴州人民出版社, 二〇〇九

■圖錄·書影

國家圖書館古籍館 編,『中華典籍聚珍 — 國家珍貴古籍特展圖錄』, 浙江古籍出版社, 2009

中國國家古籍保護中心 編,『第一批國家珍貴古籍名錄圖錄』, 國家圖書館出版社, 2008

주요한 한적 소장 기관 · 데이터베이스

■日本

宮內廳書陵部 http://ww.kunaicho.go.jp/kunaicho
　　〒 100-8111 東京都千代田區千代田 1-1
國立公文書館內閣文庫 http://www.archives.go.jp/
　　〒 102-0091 東京都千代田區北の丸公園 3-2
國立國會圖書館 http://www.ndl.go.jp/
　　東京本館 〒 100- 8924 千代田區區永田町 1-10-1
　　關西館 〒 619-0287 京都府相樂郡精華町精華台 8-1-3
東京大學東洋文化研究所 http://www.ioc.u-tokyo.ac.jp/
　　〒113 - 0033 東京都文京區本鄕 7-3-1(東京大學 本鄕キャンパス內)
京都大學人文科學硏究所附屬漢字情報研究センター
　　http://www.kanji.zinbun.kyoto-u.ac.jp/
　　〒 606-8265 京都市左京區北白川東小倉町 47
慶應義塾大學附屬研究所斯道文庫 http://www.sido.keio.ac.jp/index.php
　　〒 108-8345 東京都港區三田 2-15-45(慶應義塾大學 三田キャンパス內)
東洋文庫 http://www.toyo-bunko.or.jp/
　　〒 113 - 0021 東京都文京區本駒込 2-28-21
靜嘉堂文庫　〒 157-0076 東京都世田谷區岡本 2-23-1
全國漢籍データベース http://www.kanji.zinbun.kyoto-u.ac.jp/kanseki/
* 일본의 주요한 대학도서관과 공공도서관이 소장하고 있는 한적漢籍의 서지정보를 검색할 수 있다

■中國・臺灣

中國國家圖書館(北京) http://www.nlc.gov.cn/
上海圖書館 http://www.library.sh.cn/
北京大學圖書館 http://www.lib.pku.edu.cn/portal/index.jsp
復旦大學圖書館(上海) http://www.library.fudan.edu.cn/
國家圖書館(臺湾) http://www2.nlc.edu.tw/mp.asp?mp=2
臺北故宮博物院文獻館 http://www.npm.gov.tw/
中文古籍書目資料庫
http://rarebook.ncl.edu.tw/rbook.cgi/frameset4.htm
* 중국국가도서관(北京), 국가도서관(臺灣), 아메리카의회도서관 등 중국, 홍콩, 마카오, 타이완, 아메이카의 도서관이 소장하고 있는 한적을 검색할 수 있다.

중국 간본의 명칭

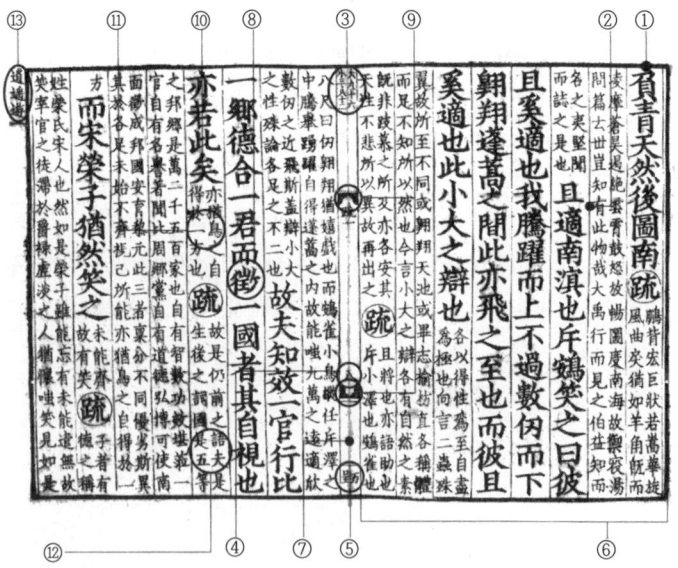

『南華眞經』卷第一 (靜嘉堂文庫藏)

① 변변邊(광곽匡郭·판광板框) ② 계계界(난선欄線) ③ 크고 작은 글자의 수(大小字數, 대○○자 소○○자)(각공은 판심에 글자 수를 새기고, 자신의 이름을 기록하여 임금을 받았는데, 실제보다 많이 쓰여 있는 경우가 많다) ④ 정부丁付(페이지 수) ⑤ 각공의 이름(이 책에서는 '呈万'이라고 쓰여 있다 ⑥ 외곽外郭(광곽의 치수는 좌우 양면 중 반절을 측정한 것인데, 바깥쪽의 굵은 선을 외곽外郭, 안쪽의 가는 선을 내곽內郭이라고 한다) ⑦ 판심版心(중봉中縫) ⑧ 결필缺筆(여기서 본래의 글자는 '徵'이다. 송대에는 황제의 본명에 해당되는 글자의 사용은 엄금하였으며, 그 글자는 마지막 획을 결락시켰다) ⑨ 어미魚尾 ⑩ 본문本文 ⑪ 주注 ⑫ 소疏(주를 보충하는 주석) ⑬ 이격耳格(이지耳子) (표제어)

자금성紫禁城의 평면도

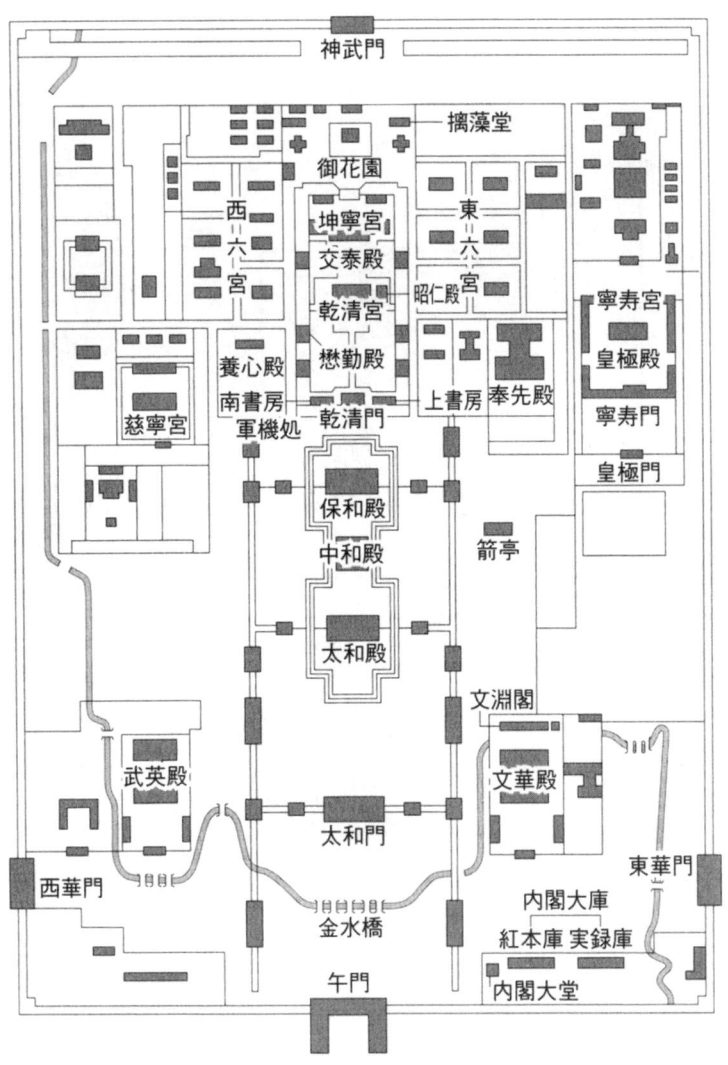

청대 말기의 베이징 성

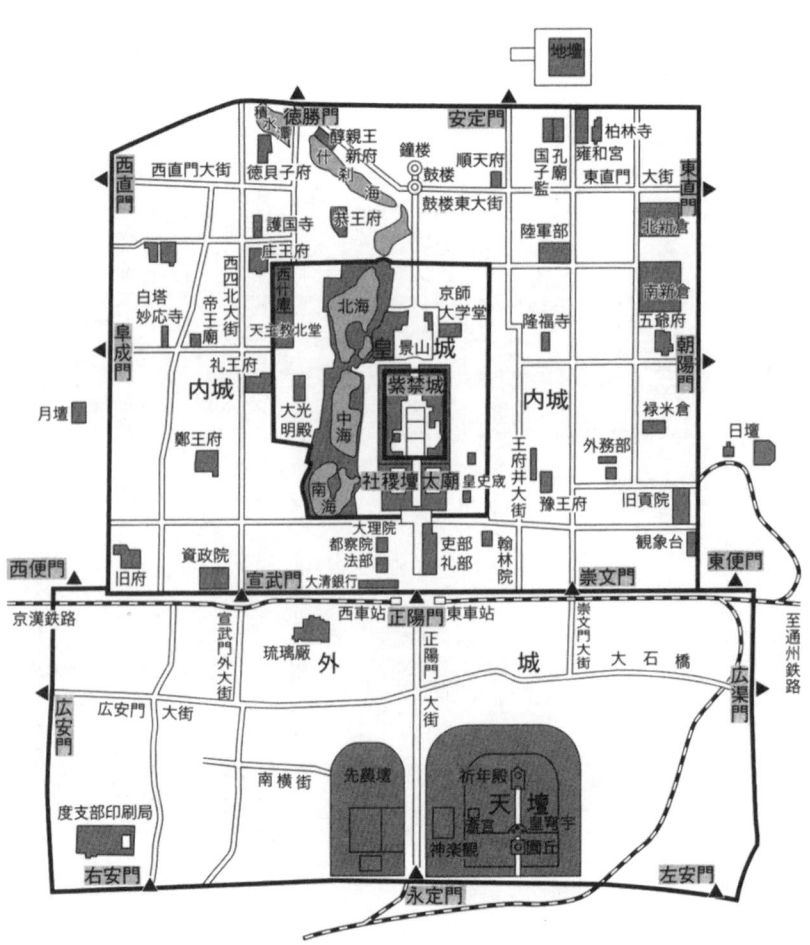

찾아보기

용어 색인

ㄱ

가각본家刻本 ·················21, 57
가나자와金澤문고 ·················129
가업당嘉業堂 ·················100
가이만사쓰부開萬冊府 ·················227
가정본嘉靖本 ·················26
가키이레(書き入れ) ·················76
가키코미(書き込み) ·················76
가탁假託 ·················136
가혜당嘉惠堂 ·················40
각풍刻風 ·················69
간기刊記 ·················143
간년刊年 ·················34
간다神田 ·················62
간본刊本 ·················27, 133
간사년刊寫年 ·················34
감본監本 ·················164
감정鑑定 ·················87, 175, 177, 179, 181
감청砍靑 ·················19
강남도서관江南圖書館 ····4, 25, 41, 94
강운루絳雲樓 ·················124, 215
개장改裝 ·················54
개화지開化紙 ·················203, 207
건상본巾箱本 ·················43, 126
격세유전隔世遺傳 ·················87

경사도서관京師圖書館 ····4, 14, 27, 94
경적처經籍處 ·················196
경절장經折裝 ·················29
경창經廠 ·················43, 200
경창본經廠本 ·················44
고간본古刊本 ·················26, 152, 188, 222
고궁박물원도서문헌관故宮博物院
  圖書文獻館 ·················111
고바야시세한小林製版 ·················101
고방庫房 ·················110
고본孤本 ·················32, 63, 66, 121
고본稿本 ·················11, 132, 152
고사본古寫本 ·················33, 35, 151, 152,
  153, 188, 222
고서점 ·················95
고잔五山판 ·················168, 223, 233
고적古籍 ·················18, 246, 251
고적보사古籍普查 ·················252, 253
고적보호규격古籍保護規格 ·················250
고적정급표준古籍定級標准 ·················250
고적정리古籍整理 ·················17
고조칸興讓館 ·················38
고증학 ·················10
고초본古鈔本 ·················168
고활자판 ·················233

고활자판古活字版 ·················223
공문서인본公文書印本 ·············165
과록過錄 ·······················80
관각館閣 ·················160, 195
관문전觀文殿 ··················192
관식款式 ······················61
관장官藏 ·····················215
관해당觀海堂 ··········118, 119, 188
광곽匡郭 ······················66
교감校勘 ··················82, 264
교감학校勘學 ···················11
교경서원校經書院 ················59
교본校本 ···············24, 82, 152
교서校書 ······················10
교수校讎 ·····················262
구간본舊刊本 ··················152
구양순체 ······················64
구초본舊抄(鈔)本 ···············147
구초본舊抄本 ··················152
국가고적보호國家古籍保護센터 ···250
국가도서관國家圖書館 ············95
국간局刊 ·····················258
국립고궁박물원國立故宮博物院 ···113
국립고궁박물원관리위원회國立故宮
 博物院管理委員會 ············114
국립고궁중앙박물원연합관리처
 國立故宮中央博物院聯合管理處 112
국립베이핑도서관國立北平圖書館 ·94
국립중앙도서관國立中央圖書館 ···107
국립중앙박물도서원관연합관리처
 國立中央博物圖書院館聯合管理處
 ···························109

국자감國子監 ·········44, 164, 196, 201
권자본卷子本 ··················29
귀중서 ·······················21
근대도서관 ················34, 94
글자수 ·······················61
금석문자학金石文字學 ············70
금양옥장金鑲玉裝 ·········126, 238
급고각汲古閣 ······27, 95, 124, 149-50,
 179, 215

➡ ㄴ

나이카쿠內閣문고(國立公文書館)
 ·······················21, 202
난대蘭臺 ····················190
난징도서관南京圖書館 ············41
남감본南鑑本 ··················44
남격藍格 ····················132
남구북양南瞿北楊 ···············3
남삼각南三閣 ·················206
남인본藍印本 ··················38
내부內府 ··············82, 117, 216
내부본內府本 ············200, 237
내제內題 ······················33
내훈각來薰閣 ··················97
녹격綠格 ····················132
니시키에錦繪 ··················77

➡ ㄷ

단본端本 ······················30
당본唐本 ··············43, 152, 241
대본大本 ······················43
대자본大字本 ··················91

대찬자代撰者 ···137
도록 ···254
도비라扉 ··55
도서유통 ··261
도후쿠지東福寺 ····································226
돈황경敦煌經 ··4
동관東觀 ··190
동방도서관東方圖書館 ···················4, 100
동활자 ··203
두판䩱版 ··77

➡➡ ㄹ

록錄 ···140
린노지輪王寺 지겐도慈眼堂 ···········259

➡➡ ㅁ

메모 ···244, 245
면지綿紙 ···44, 258
명야산방鳴野山房 ·······························121
명판明版 ··47
명흑구본明黑口本 ·································26
모초毛鈔 ···150, 179
목目 ···140
목간木簡 ··29
목록학 ·····································11, 140, 261
목서헌木犀軒 ··224
무영전武英殿 ··213
문규당文奎堂 ···97
문란각文瀾閣 ···························40, 98, 206
문란각본文瀾閣本 ······················210, 259
문소각文溯閣 ··205
문연각文淵閣 ·······························199, 205
문연각본 ···207
문원각文源閣 ·································98, 205
문원각본文源閣本 ······························209
문전각文殿閣 ···97
문종각文宗閣 ······················99, 210, 206
문진각文津閣 ··205
문진각본 ···208
문헌학 ····································8, 11, 18, 256
문헌학자 ···68
문화대혁명 ···6
문회각文匯閣 ································99, 205, 210
미노가미美濃紙 ······································48
미노판美濃判 ···43
미카에시 ··55
민각閩刻 ···258
밀운루密韻樓 ·······························159, 248

➡➡ ㅂ

반구서숙半九書塾 ·································57
반지본半紙本 ···43
반지판半紙判 ···43
발간跋刊 ··51
발문跋文 ··50, 52
방희재滂喜齋 ·······························73, 121, 222
배인본排印本 ··133
백구白口 ··34, 66
백서帛書 ··29
백지白紙 ···258
번각翻刻 ··96
번각본翻刻本 ··133
번각품翻刻品 ··177
번부본藩部本 ···44

번탄飜灘	19
베이징도서관北京圖書館	32, 34
베이하이도서관北海圖書館	34
벽송루甓宋樓	3, 41, 149, 249
보각補刻	165, 167
보례당寶禮堂	227, 228
보본普本	252
보사普查	246, 250, 256
보사補寫	167
보사공작방안普查工作方案	250
보산루寶山樓	73
보초補鈔	166
복각覆刻	17, 56, 166
복각본覆刻本	13, 133
복제품複製品	20
본本	131, 261
봉면封面	54, 57, 144
북감본北鑑本	44
북사각北四閣	206
비교批校	68, 76, 78, 80, 82
비서감秘書監	196
비서성秘書省	192

➡➡ ㅅ

사가장서私家藏書	215
사각본寫刻本	142
사고저록四庫著錄	40
사고전서관	204
사교死校	265
사당재四當齋	27
사례감司禮監	44, 200
사문전四門殿	194
사본寫本	11, 82, 147, 151, 152
삭죽削竹	19
삼조본三朝本	165
상무인서관商務印書館	4, 100
상하이도서관上海圖書館	6, 7, 14
서書	131, 261
서간序刊	51
서관	188
서목書目	24
서문序文	50, 52, 139
서붕본書棚本	150
서사書肆	77, 78
서영書影	12, 13, 14, 15, 63, 247, 254
서원書院	4
서의書衣	50
서제書題	68
서지학	3, 8, 11, 17, 45, 61, 68, 94, 182, 256, 265
서호서원西湖書院	164
서후書後	139
석가여래도釋迦如來圖	85
석실石室	190
석인石印	15
석인본石印本	50
선본善本	4, 21, 24, 28, 42, 52, 94, 143, 251
선장본線裝本	19, 20, 247
선지宣紙	19
세카도靜嘉堂문고	3, 66, 149, 249
소문관昭文館	193
소본小本	43
송원판	222

송판宋版 ·············10, 83, 90, 93
쇄지曬紙 ·····················19
수경당修硬堂 ·················97
수고본手稿本 ················132
수금체瘦金體 ·················92
수문전修文殿 ················192
수발手跋 ·················52, 68
수선각守先閣 ················249
술고당述古堂 ················124
숭문관崇文館 ················193
시도斯道문고 ············37, 240
시무학당時務學堂 ············59
식구덕재食舊德齋 ·············31
쑤저우도서관蘇州圖書館 ·····242
쑹포松坡도서관 ········188, 230

➡ ㅇ

아사쿠사淺草문고 ············154
아소비가미遊紙 ··············237
아시카가학교足利學校 ····10, 174, 220
악록서원岳麓書院 ············59
안락당安樂堂 ················258
안진경체 ·····················64
어미魚尾 ·····················34
여씨만권당余氏萬卷堂 ········95
연고당延古堂 ················248
연기緣起 ····················139
연역루研易樓 ················121
연인본鉛印本 ················133
연활자鉛活字 ·················3
염유재恬裕齋 ················124
영각본影刻本 ·················13

영권零卷 ·····················30
영본零本 ·················29, 33
영송간본影宋刊本 ············179
영송초본影宋抄本 ····24, 148, 149, 179
영엽零葉 ·····················30
영인影印 ·············12, 17, 254
영인표鈐印表 ················256
오경췌실五經萃室 ············213
오와리 도쿠가와 가계 ········237
오카다문고 ···················36
오코토점 ·····················35
오쿠가키奧書 ················143
오쿠라슈코칸大倉集古館 ·····101
오쿠즈케奧付 ················143
오호五好 ·····················22
옥신전玉宸殿 ················194
와이솽시外雙溪 ··············113
완물상지玩物喪志 ·············42
요본僚本 ·····················98
요안인養安院 ····227, 229, 230, 260
용도각龍圖閣 ················194
우본尤本 ····················225
우재愚齋 ····················260
원각原刻 ·····················96
원간原刊 ····················258
원본 ·····················12, 16
원장原裝 ·····················54
원주문元朱文 ·················70
원판元版 ·····················47
원표지元表紙 ·················54
월각粵刻 ····················258
위조품 ······················178

찾아보기 | 277

유공권체 ································64
유리창琉璃廠 ·····················96, 258
유리판琉璃版 ························258
유서類書 ····························160
의가당宜稼堂 ·························249
이록移錄 ·····························80
이조당擒藻堂 ·······················205
인引 ································139
인기印記 ··········67, 71, 74, 238, 247
인본印本 ····························17
1급 고적 ····························251
일존서佚存書 ························35

➡➡ ㅈ

자수字數 ·························58, 62
자양字樣 ·················90, 93, 128
자장엄감自莊嚴堪 ·····················22
자지榨紙 ····························19
장서가 ·················11, 68, 95, 231
장서인藏書印 ··········22, 67, 74, 246, 249, 255
장서인보藏書印譜 ·····················75
장원藏園 ····························224
재조再造 ··········17, 175, 178, 179, 181
재조물再造物 ·························181
재조선본再造善本 ················18, 20
저자 ································136
전각가篆刻家 ·························69
전국고적보사공작全國古籍普查工作
 ··································250
전국고적보호공작전가위원회全
 國古籍保護工作專家委員會 ······250

전국고적중점보호단위全國古籍重
 點保護單位 ·················250, 254
전서篆書 ·····························69
전서당傳書堂 ························248
전시루傳是樓 ························143
전초본傳鈔本 ························152
접본摺本 ····························152
정병丁丙 팔천권루八千卷樓 ·········39
정본正本 ·····························82
제題 ································139
제단題端 ····························139
제발題跋 ·······················139, 142
제사題詞 ····························139
제자題字 ·····························54
제첨題簽 ·····························54
조맹부체趙孟頫體 ·····················201
조지操紙 ·····························19
족본足本 ·····························29
종덕당種德堂 ························145
좌우쌍변左右雙邊 ·····················66
주석자 ·····························136
주인본朱印本 ························38
죽간竹簡 ·····························29
죽지竹紙 ·······················126, 258
중간重刊 ····························258
중본中本 ·····························43
중앙연구원中央研究院 ···············26
중화재조선본中華再造善本 ···17, 131, 175
지어識語 ·······················22, 139
진보초神保町 ························62
진택서적포陳宅書籍鋪 ···············95

진품 ···181
집현서원集賢書院 ····························193

➡➡ ㅊ

책자본 ··30
천록림랑天祿琳琅 ····31, 211, 212, 216
천일각天一閣 ·······················203, 211
철금동검루鐵琴銅劍樓 ····3, 123, 124, 215, 249
청실선후위원회清室善後委員會 ····31, 106
초본抄本 ·········17, 25, 27, 82, 132, 147
초본鈔本 ··147
초인본 ··46
촉간본蜀刊本 ·································63
촉대자본蜀大字本 ··························91
춘료椿料 ··19
췌문재萃文齋 ································97

➡➡ ㅋ

캘러타이프판 ································15

➡➡ ㅌ

타운헌朶雲軒 ································89
탑본搨本 ······································152
태사련지太史連紙 ·······················203
태청루太淸樓 ·······························194
통행본通行本 ······························258
투인본套印本 ································77

➡➡ ㅍ

판목版木 ·················163, 164, 165, 167

판본版本 ···························251, 261
판본등기版本登記 ························255
판본학 ··11
판식版式 ··································34, 61
판심版心 ··································34, 61
팔천권루八千卷樓 ······················3, 25
패기牌記 ······································143
페이지 ··61
포배장包背裝 ······························207
포잔수결抱殘守缺 ··············32, 33, 37
폭서정曝書亭 ·······························202
표점본標點本 ······························133

➡➡ ㅎ

하카세케博士家 ·····················35, 174
학당 ··4
학승 ··129
한림원翰林院 ······························198
한적漢籍 ··21
함경당含經堂 ·······························205
함분루涵芬樓 ······················4, 100, 248
합중도서관合衆圖書館 ··················6
해원각海源閣 ·····22, 121, 150, 224, 249
해원각解源閣 ··································3
행행 ··34
행수行數 ····························58, 61, 62, 66
협판夾板 ··30
호사봉좌문고蓬左文庫 ···············237
호쇼인寶勝院 ······························226
호접장胡蝶裝 ······························180
홍격紅格 ······································132
화각본和刻本 ························152, 233

화보재華寶齋 ·················19
화본和本 ··················43
활교活校 ·················265
황사성皇史宬 ··········197, 199
후베이성도서관 ············232
후인본 ···················46

훈점訓點 ·········35, 36, 47, 170
흑격黑格 ·················132
흑구黑口 ··················34
흥문서興文署 ·········164, 196
히초고로쿠가미斐楮交漉紙 ·····48

인명 색인

ㄱ

가노 나오키狩野直喜 ·········100
가리야 에키사이狩谷棭齋 ····170, 220, 222, 239
가이호 교손海保漁村 ·········239
간 도쿠안管得庵 ············78
계진의季振宜 ··············216
고상顧湘 ··················124
고염무顧炎武 ·······142, 201, 202
고조 데키치古城貞吉 ·········100
고천리顧千里 ··········27, 265
구라이시 다케시로倉石武四郎 ····14
구양순歐陽詢 ···············71
구용瞿鏞 ·······123, 124, 138, 215
구제강顧頡剛 ············6, 134
구팅룽顧廷龍 ······5, 12, 14, 16, 20, 69, 88, 101, 176, 249, 257
궈보궁郭伯恭 ··············207
규카九華 ··················173
기노시타 사이탄木下犀潭 ·····100
기무라 가헤木村嘉平 ·········168

기요 호슈岐陽方秀 ··········173
기윤紀昀 ··················205

ㄴ

나가사와 기쿠야長澤規矩也 ··62, 101, 259
나카야마 규시로中山久四郎 ·····261
네모토 쓰메根本通明 ·········185
노문초盧文弨 ···········10, 265
누키나 가이오쿠貫名海屋 ······78
능몽초凌濛初 ···············77

ㄷ

다나카 게타로田中慶太郎 ······78
다이라노 기요모리平清盛 ·····219
다케조에 세세竹添井井 ···100, 241
대진戴震 ··················205
덩방수鄧邦述 ···············25
도쿠토미 소호德富蘇峰 ···153, 226
돤팡端方 ············25, 27, 41
두쩌쉰杜澤遜 ·········233, 257

둥캉董康 ………………………………101

➡ ㄹ

라오서老舍 ………………………………7
량치차오梁啓超 …………………59, 230
런쑹루任松如 …………………………207
루쉰魯迅 …………………………7, 94
류자오위劉肇隅 ………………………60
류청간劉承幹 …………………………99
류치루이劉啓瑞 ………………………31
류환천劉煥辰 …………………………59
리성둬李盛鐸 ……………3, 22, 129, 223
리즈중李致忠 ……………19, 181, 230
린선칭林申淸 …………………………75

➡ ㅁ

마나세 쇼린曲直瀨正琳 ………………229
마쉬룬馬敍倫 …………………………94
마쓰자키 고도松崎慊堂 …………239, 241
마쓰자키 쓰루오松崎鶴雄 ……………100
마헝馬衡 …………………………94, 108
막군진莫君陳 …………………………156
먀오취안쑨繆荃孫 ……………4, 94, 139
모리 다쓰유키森立之 ……14, 137, 220, 222, 227, 234, 241
모의毛扆 ………………………………216
모진毛晉 ………………124, 149, 179, 215
무코야마 고손向山黃村 ………………241
민제급閔齊伋 …………………………77

➡ ㅂ

반조음潘祖蔭 …………70, 71, 122, 222
봉연封演 ………………………………157

➡ ㅅ

사명하이沙孟海 ………………………20
사조제謝肇淛 …………………………201
샹쓰向斯 ………………………………189
서건학徐乾學 …………………142, 216
서승조徐承祖 …………………234, 236, 241
서자徐鼒 ………………………………235
선셰위안沈燮元 ………………………7
선원쥐沈文倬 …………………………135
선젠스沈兼士 …………………………107
선중타오沈仲濤 ………………121, 123
성선회盛宣懷 …………………………260
소네 로안曾根魯庵 ………………37, 38
손석孫奭 ………………………………136
손성연孫星衍 …………………61, 265
순욱荀勖 ………………………………190
쉬나이창徐乃昌 ………………………238
쉬샤오미徐孝宓 ………………………232
쉬수徐恕 ………………………………232
쉬훙바오徐鴻寶 ………………………23
스저춘施蟄存 …………………………70
스쭈이류石醉六 ………………………59
시마다 간島田翰 ……………9, 223, 249
시마다 고손島田篁邨 …………………241
시브에 추사이澁江抽齋 ·227, 239, 241
심괄沈括 ………………………………20
심대성沈大成 …………………………80
심복찬沈復粲 …………………………121

심사沈思 ……………………………156
심해沈偕 ……………………………156
쑨뎬치孫殿起 ………………………96
쑨위안커孫元可 ……………………70
쑨쥔孫峻 ……………………………138
쓰다 호케津田鳳卿 …………………49

■➡ ㅇ

아베 류이치阿部隆一 ………87, 179
야마노이 테山井鼎 …………………10
야스다 안쇼安田安昌 ………………78
야스이 솟켄安井息軒 …134, 185, 239
야오원둥姚文棟 ……………120, 234
양사기楊士奇 ………………………197
양수경楊守敬 ………13, 48, 118, 119,
    120, 129, 137, 146, 170, 185, 221, 260
양이증楊以增 ………………………124
양징푸楊敬夫 ………………………22
양청표梁淸標 ………………………202
양하이칭陽海淸 ……………………232
여서창黎庶昌 ……………48, 168, 235
여인중余仁仲 ………………………92
엽몽득葉夢得 ………………28, 156
엽석군葉石君 ………………………124
엽창치葉昌熾 ………………………60
예더후이葉德輝 ………46, 59, 224, 264
예뤼추차이耶律楚材 ………………196
예징쿠이葉景葵 ……………………5, 6
오규 소라이荻生徂徠 ………………10
오대징吳大澂 ………………………70, 71
오바마 리토쿠小汀利得 ……………261
오옥륜吳玉綸 ………………………58

오카다 신岡田眞 ……………………36
오쿠라 기하치로大倉喜八郞 ………101
오타 젠사이太田全齋 ………………49
오효현吳孝顯 ………………………80
옹방강翁方綱 ………………………205
와타 쓰나시로和田維四郞 …………153
완원阮元 ……………10, 134, 146, 263
완효서阮孝緖 ………………………191
왕검王儉 ……………………………191
왕궈웨이王國維 ……………158, 248
왕사오청王紹曾 ……………………257
왕사정王史亭 ………………………81
왕사종汪士鐘 ………………150, 260
왕셴첸王先謙 ………………59, 187
왕원진王文進 ………………………97
왕중지王仲至 ………………………156
왕퉁위王同愈 ………………………6, 70
요내姚鼐 ……………………………56
요자추姚子樞 ………………………81
우무尤袤 ……………………………225
우에스기 노리자네上杉憲實 ………220
우에스기 노리타다上杉憲忠 ………220
우저푸吳哲夫 ………………………207
우창숴吳昌碩 ………………………70
우훙牛弘 ……………………157, 192
우후판吳湖颿 ………………………71
욱송년郁松年 ………………………249
원방영袁芳瑛 ………………………224
웡퉁허翁同龢 ………………………59
위안커원袁克文 ……………129, 229
위안퉁리袁同禮 ……………94, 224
위징魏徵 ……………………………192

유공권柳公權 ·················92
유보남劉寶楠 ················186
유진옹劉辰翁 ·················76
유향劉向 ············11, 140, 190, 262
육심원陸心源 ·······3, 8, 9, 41, 53, 124,
　149, 249
육전陸佃 ···················57
이상李常 ··················156
이석주李錫疇 ················138
이숙李淑 ··················156
이와야 이치로쿠巖谷一六 ·········187
이충李充 ··················191
이치노 메안市野迷庵 ········170, 227
이친왕怡親王 ················258
이토 가이후伊藤介夫 ············35
이현李賢 ··················263

➡ ㅈ

자오수루趙叔孺 ···············70
자오완리趙萬里 ··············6, 34
장금오張金吾 ·············26, 124
장루짜오蔣汝藻 ············158, 248
장뱌오江標 ················58, 71
장용경張蓉鏡 ················124
장위章鈺 ···················27
장위안지張元濟 ········4, 5, 6, 16, 100,
　163, 245, 263
장윤수張允垂 ·················80
장이기張爾耆 ·················80
장정석蔣廷錫 ················203
장제스蔣介石 ············113, 115
장즈둥張之洞 ············94, 139

장징스張景栻 ················233
장천스張忱石 ················199
장타이옌章太炎 ················73
장팡녠蔣放年 ··············19, 20
장푸충蔣復璁 ················114
장환江澣 ····················4
저우수타오周叔弢 ·········22, 129
저우언라이周恩來 ············7, 123
저우젠궈周建國 ················74
전겸익錢謙益 ········124, 215, 217, 218
전증錢曾 ·············24, 124, 216
전호田鎬 ··················156
정묵鄭默 ··················190
정병丁丙 ··················210
정신丁申 ···················39
정전둬鄭振鐸 ·················23
정허성鄭鶴聲 ················189
정허춘鄭鶴春 ················189
조공무晁公武 ················156
조학전曹學佺 ················142
좡상옌莊尙嚴 ············105, 114
주균朱筠 ··················205
주대소朱大韶 ·················85
주밀周密 ··················156
주이존朱彝尊 ················201
주희朱熹 ··············128, 171
증공曾鞏 ··················156
지수잉冀淑英 ··················7
진계유陳繼儒 ·················76
진규陳揆 ··················124
진몽뢰陳夢雷 ················203
진제陳第 ··················201

진진순陳振孫 ·················136, 156

➡➡ ㅊ

차이위안페이蔡元培 ···········94, 107
채륜蔡倫 ······················20
천덩위안陳登原 ··········189, 193, 201
천덩중陳澄中 ···················122
천바오전陳寶箴 ··················59
천위안陳垣 ··················94, 107
천정광陳正廣 ····················98
천정훙陳正宏 ·················169, 242
천쥐라이陳巨來 ··················70
천칭화陳淸華 ··················229
초순焦循 ····················57, 133
초징焦徵 ······················134
초횡焦竑 ······················201
취치자瞿啓甲 ···················125
치바이스齊白石 ··················70

➡➡ ㅋ

캉유웨이康有爲 ··················59
커위춘柯愈春 ···················257

➡➡ ㅌ

탄쓰퉁譚嗣同 ···················59
톈우자오田吳炤 ·············242, 243

➡➡ ㅍ

판스쯔潘世玆 ··················229
판즈제范之傑 ··················233
판징수潘靜淑 ···················71
판징정潘景鄭 ··············72, 122

판쭝저우潘宗周 ·················228
판펑수范鳳書 ··················202
포정박鮑廷博 ····················82
푸시녠傅熹年 ··············19, 63, 90
푸쓰녠傅斯年 ···················94
푸이溥儀 ····················31, 214
푸쩡샹傅增湘 ······3, 22, 34, 90, 224, 249

➡➡ ㅎ

하시카와 도키오橋川時雄 ············14
하안何晏 ················128, 171, 173
하야시 라잔林羅山 ·············78, 154
하여장何如璋 ··················186
하작何焯 ······················79
하주賀鑄 ······················156
항원변項元汴 ···················201
해진解縉 ··················161, 198
형병邢昺 ··················128, 171
혜동惠棟 ······················79
호광胡廣 ······················161
호사카 세소蒲坂靑莊 ···············49
호응린胡應麟 ··················212
호정언胡正言 ····················77
호조 사네도키北條實時 ············129
홍매洪邁 ······················157
황간皇侃 ······················128
황비열黃丕烈 ········26, 53, 60, 260, 265
황융녠黃永年 ····················28
황정감黃廷鑑 ··················124
황쭌셴黃遵憲 ····················59
후원카이胡文楷 ·················249
후지쓰카 린藤塚隣 ···············260

도서 색인

ㄱ

간시군코韓子訓詁 ·····················49
간피시산분韓非子纂聞 ··············49
간피시요쿠제韓非子翼毳 ···········49
감본찬도중언중의호주논어監本纂圖
 重言重意互註論語 ···········127, 225
강운루서목絳雲樓書目 ·············216
게세키호코시經籍訪古志 ····223, 234
경사도서관선본서목京師圖書館善
 本書目 ································4
경의술문經義述聞 ····················263
경전석문經典釋文 ··············91, 262
고궁계간故宮季刊 ···················116
고궁도서계간故宮圖書季刊 ······116
고궁동기도록故宮銅器圖錄 ······112
고궁명화삼백종故宮名畫三百種 ···112
고궁문물월간故宮文物月刊 ······117
고궁문헌계간故宮文獻季刊 ······116
고궁물품점사보고서故宮物品點查
 報告書 ····························118
고궁서화록故宮書畫錄 ············112
고궁선본서목故宮善本書目 ·······24
고궁선본서영故宮善本書影 ·······14
고궁통신故宮通迅 ···················116
고궁학술계간故宮學術季刊 ······116
고금도서집성古今圖書集成 ···83, 162,
 203, 208
고금전적취산고古今典籍聚散考 ···189
고서판본감정古書版本鑑定 ···87, 181

고일총서古逸叢書 ····48, 168, 179, 233
고일총서삼편古逸叢書三編 ···16, 245
고적정리개론古籍整理概論 ·········28
공양전公羊傳 ·························93
공총자孔叢子 ····················16, 88
관고당휘각서·소간서觀古堂彙刻書·
 所刊書 ·····························60
관장정품館藏精品 ····················15
구경서영舊京書影 ····················14
구당서·경적지舊唐書·經籍志 ···194
국가도서관고적장서인선편國家圖書
 館古籍藏書印選編 ·············247
국가진귀고적명록國家珍貴古籍名錄
 ·······································254
국립고궁박물원보통구적목록國立故
 宮博物院普通舊籍目錄 ··········117
국립고궁박물원선본서목國立故宮博
 物院善本書目 ······················117
국립고궁박물원송본도록國立故宮
 博物院宋本圖錄 ··················119
국립중앙도서관선본서발집록國立中
 央圖書館善本序跋集錄 ·········53
국립중앙도서관선본제발진적國立
 中央圖書館善本題跋眞跡 ····53, 247
국사경적지國史經籍志 ·············202
군벽루선본서록群碧樓善本書錄 ·····25
군서사부록群書四部錄 ·············194
군재독서지郡齋讀書志 ·············156
근대장서삼십가近代藏書三十家 ·····23

금강반야바라밀경金剛般若波羅蜜經
　⋯⋯⋯⋯⋯⋯⋯⋯⋯⋯⋯85, 176
금석록金石錄 ⋯⋯⋯⋯⋯⋯⋯⋯⋯86
급고각교각서목汲古閣校刻書目
　⋯⋯⋯⋯⋯⋯⋯⋯⋯⋯⋯⋯⋯141
급고각진장비본서목汲古閣珍藏秘本
　書目 ⋯⋯⋯⋯⋯⋯⋯⋯⋯⋯⋯96

➡ ㄴ

낙빈왕문집駱賓王文集 ⋯⋯⋯⋯65
남사南史 ⋯⋯⋯⋯⋯⋯⋯⋯⋯263
남화진경南華眞經 ⋯⋯⋯⋯⋯245
내훈각서목來薰閣書目 ⋯⋯⋯258
논어의소論語義疏 ⋯⋯⋯171, 173
논어정의論語正義 ⋯⋯⋯⋯⋯186
논어주소해경論語注疏解經 ⋯171
논어집주論語集注 ⋯⋯⋯⋯62, 171
논어집해論語集解 ⋯171, 172, 173

➡ ㄷ

다라니경陀羅尼經 ⋯⋯⋯⋯⋯175
당감唐鑑 ⋯⋯⋯⋯⋯⋯⋯⋯⋯16
당유선생문집唐柳先生文集 ⋯35
대광익회옥편大廣益會玉篇 ⋯218
대당서역기大唐西域記 ⋯⋯⋯232
도서관학계간圖書館學季刊 ⋯⋯5
독서민구기讀書敏求記 ⋯⋯⋯24
독서민구기교증讀書敏求記校證 ⋯27

➡ ㄹ

루텐 신초히호流轉 淸朝秘寶 ⋯200

➡ ㅁ

맹동야시집孟東野詩集 ⋯⋯⋯150
맹자孟子 ⋯⋯⋯⋯⋯⋯⋯⋯⋯10
맹자정의孟子正義 ⋯⋯⋯133, 136
명대출판사고明代出版史稿 ⋯44
명대판각도석明代版刻圖釋 ⋯15
명대판본도록明代版本圖錄 ⋯14
명청장서가인감明清藏書家印鑑 ⋯74
명청저명장서가·장서인明清著名藏
　書家·藏書印 ⋯⋯⋯⋯⋯⋯74
무로마치지다이고쇼혼「론고싯카이」
　노겐큐(室町時代古鈔本「論語集解」
　の研究) ⋯⋯⋯⋯⋯⋯⋯⋯188
무본점교중언중의호주상서礬本點校
　重言重意互注尙書13권 ⋯⋯125
문록당방서기文祿堂訪書記 ⋯97
문선文選 ⋯⋯⋯⋯⋯⋯⋯56, 225
문연각서목文淵閣書目 ⋯⋯⋯197
문원영화文苑英華 ⋯⋯⋯159, 160
문헌文獻 ⋯⋯⋯⋯⋯⋯⋯90, 230
문헌대성文獻大成 ⋯⋯⋯⋯⋯198
문헌통고·경적고총서文獻通考·經籍
　考總叙 ⋯⋯⋯⋯⋯⋯⋯⋯194
문헌휘편文獻彙編 ⋯⋯⋯⋯⋯203
미공진선생평주노자준미公陳先生評
　注老子雋 ⋯⋯⋯⋯⋯⋯⋯76
미회재문집未灰齋文集 ⋯⋯⋯235

➡ ㅂ

발산서영盋山書影 ⋯⋯⋯⋯⋯14
백납본이십사사百衲本二十四史 ⋯16
백송일전서록百宋一廛書錄 ⋯26

베이징대학도서관장선본서록北京大
　學圖書館藏善本書錄 ················15
베이징도서관선본서목北京圖書館善
　本書目 ·······························179
베이징문물정수대계 - 고적선본권
　北京文物精粹大系 - 古籍善本卷 ·15
베이핑도서관관간北平圖書館館刊 ···5
베이핑도서관선본목록北平圖書館善
　本目錄 ································34
벽송루장서지䰟宋樓藏書志 ·········179
보례당송본서목寶禮堂宋本書目 ···228
봉씨문견기封氏聞見記 ···············157
비서총목秘書總目 ······················194

➡ ㅅ

사고전서四庫全書 ··4, 17, 39, 82, 118,
　162, 204, 211, 213
사고전서답문四庫全書答問 ··········207
사고전서존목총서四庫全書存目叢書
　······································16, 257
사고전서찬수고四庫全書纂修考
　···207
사고전서찬수지연구四庫全書纂修
　之研究 ·······························207
사고전서총목四庫全書總目 ··137, 205
사고전서회요四庫全書薈要 ·119, 205,
　208, 213
사고존목표주四庫存目標注 ·········257
사례거장서제발기士禮居藏書題跋記
　·····································53, 60
사례거총서士禮居叢書 ···············265
사부총간四部叢刊 ·······4, 16, 242

사서장구집주四書章句集注 ·········236
사유반문집謝幼槃文集 ···············222
상주서소尙書注疏 ·····················245
서목답문서目答問 ···············94, 139
서박용담書舶庸譚 ······················101
석림연어石林燕語 ·······················28
석포헌문집惜抱軒文集 ·················56
선본서실장서지善本書室藏書志 ···138
선본장서인장선수善本藏書印章
　選粹 ····································75
선본제발진적善本題跋眞跡 ·········142
세서기사시歲書紀事詩 ·················60
세선당장서목록世善堂藏書目錄 ···202
세카도간세키모쿠로쿠靜嘉堂漢籍
　目錄 ··································179
세카도히세키시靜嘉堂秘籍志 ·····179
소실산방필총少室山房筆叢 ·········212
속수사고전서續修四庫全書 ····16, 17
송원본행격표宋元本行格表 ···········60
송원판각도석宋元版刻圖釋 ···········15
송존서실송원비본서목宋存書室宋元
　秘本書目 ······························24
송촉각본당인집총간宋蜀刻本唐人
　集叢刊 ··················16, 65, 196
쇼헤반론고정평판논어正平版論語 ·········170
수계선생교본당왕우승집須溪先生校
　本唐王右丞集 ·························76
수도도서관관장진품도록首都圖書館
　館藏珍品目錄 ·························15
수서·경적지隋書·經籍志 ·········192
숭문총목崇文總目 ······················194
시고주동파시施顧注東坡詩 ········159

시쇼와이헨四書匯編 ……………37, 38
시치케모시고분七經孟子考文 …………10
신당서・예문지新唐書・藝文志 …………194
심씨연역루선본도록沈氏研易樓善
　本圖錄 ……………………………122
십삼경주소十三經注疏 …………52, 141
십삼경주소교감기十三經注疏校勘記
　……………………………………10
십죽재서화보十竹齋書畫譜 …………77
십행본주역주소十行本周易注疏 ………61

➡ ㅇ

애일정려장서지愛日精廬藏書志 ……26
양조어람兩朝御覽 …………………15
역경易經 ……………………………10
역대각서고술歷代刻書考述 ………87
역조황궁보적歷朝皇宮寶籍 …………189
연경실집揅經室集 …………………263
영겸각총서靈鶼閣叢書 ………………60
영락대전永樂大典 ……17, 43, 161, 198,
　199
영락대전사화永樂大典史話 …………199
영서우록楹書隅錄 ……………………24
예문유취藝文類聚 ……………………204
오잡조五雜組 …………………………202
오조명신언행록五朝名臣言行錄 …238
왕마힐문집王摩詰文集 ………………64
요포장서제지蕘圃藏書題識 …53, 260
용재수필容齋隨筆 ………157, 242, 244
운어양추韻語陽秋 ……………………16
원위별장宛委別藏 ……………………213
위소주집韋蘇州集 ……………………218

유리창소지琉璃廠小志 ………………96
유진보留眞譜 ……………13, 137, 146
윤문자尹文子 …………………………263
음학오서音學五書 ……………………142
의문독서기義門讀書記 ………………79
이아신의爾雅新義 ……………………57
이원빈문집李元賓文集 …………63, 64
이태백문집李太白文集 ………………64
인쇄지광印刷之光 ……………………15
인왕호국반야바라밀경仁王護國般
　若波羅密經 ……………………221
일본방서지日本訪書志 ………………224

➡ ㅈ

자치통감강목資治通鑑綱目 …………89
장서십약藏書十約 ……………………264
장쑤성립국학도서관도서총목江蘇省
　立國學圖書館圖書總目 …………4
장씨사당재장서목章氏四當齋藏書目
　………………………………6, 27
장위안지푸쩡샹논서척독張元濟傅增
　湘論書尺牘 ……………………23
장자음의莊子音義 …………………262
저장도서관관장진품도록浙江圖書館
　館藏珍品圖錄 …………………15
전국고적선본서총목全國古籍善本書
　總目 ……………………………14
전국책戰國策 ………………………263
전국청인문집총목全國清人文集總目
　…………………………………257
전당위선생문집錢塘韋先生文集 …90
전서당장선본서지傳書堂藏善本書志

················158, 248
정전둬서신집鄭振鐸書信集 ···········23
제동야어齊東野語 ················156
조주맹자趙注孟子 ················35
주고쿠고세키류쓰가쿠노가쿠리쓰
　(中國古籍流通學の確立) ········216
주역정이전周易程頤傳 ·············179
주역주소周易注疏 ················153
중경中經 ·······················190
중경신부中經新簿 ················190
중국고대인쇄사도책中國古代印刷史
　圖冊 ·························15
중국고적고초교본도록中國古籍稿鈔
　校本圖錄 ·················15, 75
중국고적선본서목中國古籍善本書目
　··············7, 11, 18, 28, 136, 137, 252
중국국가도서관고적진품도록中國國
　家圖書館古籍珍品圖錄 ····15, 64, 66
중국근대고적출판발행자료총간中國
　近代古籍出版發行資料叢刊 ······97
중국문헌학개요中國文獻學槪要 ····189
중국사가장서中國私家藏書 ········215
중국사가장서사中國私家藏書史 ····202
중국장서가인감中國藏書家印鑑 ·····74
중국총서종록中國叢書綜錄 ··········6
중국판각도록中國版刻圖錄 ··········6
중정내각대고잔본서영重整內閣大庫
　殘本書影 ····················14
중화고적총목中華古籍總目 ·······252
중화고적총목분성권中華古籍總目分
　省卷 ·······················253
중화미술도집中華美術圖集 ·······112

지부족재총서知不足齋叢書 ··········82
직음방훈상서구해直音傍訓尙書
　句解 ························130
직재서록해제直齋書錄解題 ··136, 156

➡ ㅊ

찬도호주양자법언纂圖互註揚子法言
　·····························228
찬수사고전서당안纂修四庫全書檔案
　·····························207
창수옹씨장서도록常熟翁氏藏書圖錄
　······························15
천력간예기집설天曆刊禮記集說 ·····35
천록림랑서목天祿琳琅書目 ···24, 205,
　214
철금동검루서영鐵琴銅劍樓書影 ···125
철금동검루송금원본서영鐵琴銅劍樓
　宋金元本書影 ··················14
철금동검루장서목록鐵琴銅劍樓藏書
　目錄 ····················125, 137
청대판각도록淸代版本圖錄 ·········15
청사고예문지습유淸史稿藝文志拾遺
　·····························257
청인시문집총목제요淸人詩文集總目
　提要 ························257
초서자서鈔書自書 ···············202
초창운어草窓韻語 ···············158
춘추春秋 ······················227
춘추경전春秋經傳 ················32
춘추경전집해春秋經傳集解 ····33, 35,
　145, 159
칠략七略 ·····················140

칠록七錄 ·················191
칠지七志 ·················191

⇒⇒ ㅋ
쾌재잡저夬齋雜著 ············82

⇒⇒ ㅌ
태평광기太平廣記 ············160
태평어람太平御覽 ········160, 219

⇒⇒ ㅍ
판서우기販書偶記 ············97
팔행본주역주소八行本周易注疏 ····61
평진관장서기平津館藏書記 ········61
평진관총서平津館叢書 ·········265

⇒⇒ ㅎ
한비자韓非子 ··············262
한서漢書 ·················217
한서漢書·예문지藝文志 ········11
한수산방죽존선본서목寒瘦山房鬻存

선본서목善本書目 ·········25, 26
함분루신여서록涵芬樓燼余書錄 ··100,
 245
함분루원존선본초목涵芬樓原存善本
 草目 ·················101
합중도서관장서목록合衆圖書館藏書
 目錄 ··················6
햐쿠만토다라니경百萬塔陀羅尼經 176
향정문고香亭文稿 ············58
호각통감교송기胡刻通鑑校宋記 ····27
홍무정운洪武正韻 ········44, 162
황람皇覽 ·················160
황씨사례거총서黃氏士禮居叢書 ···180
황조사학규범皇朝仕學規範 ········90
황조유원皇朝類苑 ············260
황청경해皇淸經解 ············134
황청경해속편皇淸經解續編 ·······187
효경·논어·맹자음의孝經·論語·孟子
 音義 ··················242
후한서後漢書 ··········217, 263
후한서주後漢書注 ············263

문자·사회·문화총서 27

서지학에의 권유
중국의 책 사랑 문화를 배우다

1판1쇄 발행 2016년 5월 30일
1판2쇄 발행 2017년 7월 31일

원 제	書誌学のすすめ: 中国の愛書文化に学ぶ
지은이	다카하시 사토시(高橋 智)
옮긴이	고인덕
펴낸이	김진수
펴낸곳	**한국문화사**
등 록	1991년 11월 9일 제2-1276호
주 소	서울특별시 성동구 광나루로 130 서울숲 IT캐슬 1310호
전 화	02-464-7708
팩 스	02-499-0846
이메일	hkm7708@hanmail.net
홈페이지	www.hankookmunhwasa.co.kr

책값은 뒤표지에 있습니다.

잘못된 책은 구매처에서 바꾸어 드립니다.
이 책의 내용은 저작권법에 따라 보호받고 있습니다.

ISBN 978-89-6817-374-5   93010

이 저서는 2010년도 정부재원(교육과학기술부 학술연구조성사업비)으로 한국연구재단의 지원을 받아 연구되었음(NRF-2010-361-A00018).